上海旧事

崔淑雯 著

中央编译出版社

图书在版编目（CIP）数据

上海旧事／崔淑雯著．
—北京：中央编译出版社，2014.9
ISBN 978-7-5117-2271-3

Ⅰ．①上…
Ⅱ．①崔…
Ⅲ．①上海市-地方史-近代
Ⅳ．①K295.1

中国版本图书馆 CIP 数据核字（2014）第 183601 号

上海旧事

出 版 人：刘明清
出版统筹：董　巍
责任编辑：王忠波
责任印制：尹　珺
出版发行：中央编译出版社
地　　址：北京西城区车公庄大街乙 5 号鸿儒大厦 B 座（100044）
电　　话：（010）52612345（总编室）　　（010）52612352（编辑室）
　　　　　（010）52612316（发行部）　　（010）52612317（网络销售）
　　　　　（010）52612346（馆配部）　　（010）66509618（读者服务部）
传　　真：（010）66515838
经　　销：全国新华书店
印　　刷：北京京华虎彩印刷有限公司
开　　本：787 毫米×1092 毫米　1/16
字　　数：249 千字
印　　张：17
版　　次：2014 年 9 月第 1 版第 1 次印刷
定　　价：68.00 元

网　　址：www.cctphome.com　　邮　箱：cctp@cctphome.com
新浪微博：@中央编译出版社　　　　微　信：中央编译出版社（ID: cctphome）
淘宝店铺：中央编译出版社直销店（http://shop108367160.taobao.com）

本社常年法律顾问：北京市吴栾赵阎律师事务所律师　　闫军　梁勤
凡有印装质量问题，本社负责调换，电话：（010）66509618

序

　　上海,久负盛名的东方巴黎,带着它辉煌的历史在21世纪的舞台上闪亮登场。尤其是2010年上海世博会的召开,更是给这座城市通往世界的道路大添一抹亮色,适值此盛况之后的今日,再来翻开我院崔淑雯教授所撰写的《上海旧事》,随她重回那曾经惊天动地,曾经神秘莫测,甚或曾经不堪回首的往日,来追忆和探索上海那些尽管已铸成历史,然而却又正在渐渐淡出人们记忆的历史,可以说,那实在是一场妙趣横生的上海的世纪旅行。

　　从一个宋代的小渔村在元代时演变成为一座城市,到清代又一度发展为中国最重要的海港城市,及至20世纪时,更是作为五光十色的百万人口的一个大都市登上了世界的舞台,于是,这座城市越来越让每一个亲近她的人着迷,无论是居民或游客,来自本国或外国,商界大亨或文人名流等各阶层人士。

　　谈论上海的书已经很多,但崔淑雯教授的书尤其吸引人,因为她是以一种不同寻常的方式研究和叙述了老上海租界。对于那一段历史,很多中国人仍怀有强烈的民族主义情绪,而本书却展现出了作者超越这一情结的能力,客观地呈现出租界对这座城市持久的影响,以及在更广大的中国产生的回响。今日的中国以前所未有的规模成为了不容置疑的世界经济引擎。面对中国在当今世界中不断提升的地位和声望,本书让我们清醒地回忆了那一段过去,那段被戏说甚至矮化的历史。

　　作者以独特的视角将艺术、人文历史以及建筑组织进同一个生动的故事。在探究过上海的中国传统建筑和殖民地建筑之后,她又转向了城市景观背后的那些令人惊叹和哀婉的故事和人物。

　　当我们从这一桩桩难以逝去的"上海旧事"中自拔出来之后,再来赏鉴而今已被视为中国现代化引擎的国际大都市上海,那已经不是万千感慨所能释然的了。

　　世界各地的顶尖建筑师已被吸引至此,竞相设计规模宏大、高耸入云的建筑,展现出纷繁多样的风格,城市规划人员甚至来不及绘制出其周边区域的地图。正是这一延绵曲折、充满创意的成长过程才造就了21世纪备受世界瞩目的"新"的大上海。

　　我向那些希望从文学艺术、人文历史甚至是建筑角度来了解上海的读者推荐这本书。它的确很有价值,适合在有阳光的午后手捧一杯绿茶静心阅读。

上海电影艺术学院院长
美国洛杉矶电影学院院长

2013年12月16日

引 子

　　从一片泥泞的沼泽之地到1843年的开埠港,从传统的渔村,演变成为远东当时第一港湾的国际型城市,参差林立的建筑是东西方文化融合的产物,沉淀着人文景观生活习俗的演变。在租界与上海县城的历史史册中,记录下来的是中国人在西方文明入侵之时的困惑、迷惘与觉醒后的奋斗。建筑、历史及其文化等在租界与上海县城并存的这个特定的城市背景之下,交融渗透、绵延流长……

前 言

中国城市的风景绚丽多彩,各有千秋。

假如让我在诸多城市中,选择出能够使我心旷神怡,并留下深刻印象的风景,那么,我会选择:北京的故宫、颐和园和雄伟的万里长城;我还会选择:有着厚厚积雪的哈尔滨的松花江畔,气势雄伟的祁连山,以及浩瀚无垠的塔克拉玛干大沙漠;但我更会选择:上海老城厢那段残留的为抵抗外来侵略而筑起的古城墙,中西合璧的石库门里弄,林立着高楼大厦的外滩以及沐浴在和煦阳光之中曾经的沙逊大厦。

历史将思绪驰往远古。

当脚步在这里停留,你会在历史的寻访中感受到时代的脉搏,触摸到那些从古希腊、古罗马时代走来,跨越了中世纪、文艺复兴时期和古典主义,来自英、法、美、西班牙、德国、意大利、日本、俄罗斯等国家不同风格的建筑,那一片片斑驳的墙壁与砖石,凝聚着中外建筑师和工匠们共同的智慧和心血;在风吹雨打的岁月流逝中,它们默然无语地见证着那逝去的无法掩饰的豪华,那似乎依稀可见的隐隐透露出的神秘……由此会使您不由自主地联想到它昔日的主人——或历史伟人,或社会名流,或军政要员,或商业巨贾那一段段不寻常的经历和鲜为人知的一个又一个故事。

我认为大地的辽阔与时间的长久相辅相成,那么也就理所当然地存在着该看的东西、该品尝的东西、该去倾听的东西、该被感动的东西,同时,也必然存在着与此同等分量的、该避讳的东西、该批判的东西以及该反省的东西。

不过,应该说,假如让我从自己接受到的这些无止境的正负面的铭感之中,再做一次选择的话,那么,直到最后留下来的依然会是——上海!这座城市有着古老与近代的历史建筑，有着当今拔地而起的现代化建筑，古今交错、相互辉映、珠联璧合。因为这是一座被分割成两个性质完全不同的空间的城市，一个是以旧上海县城为中心的拥有700年历史的传统空间，另一个则是以"租界"为中心的只有近百年历史的近代空间。

我绝不会忘记当我一步迈进这两个空间，或从远处遥望它们时，所感受到的那种不可抗拒的振奋与激动。之所以提到了上海以及与上海有关的建筑，确切一点儿说，也许是因为自己的喜爱和兴趣所致，才来解开租界和上海县城的历史。不过，如果让我全身心地感受到中国城市的秀美风景所给予的那股凌驾于这些之上的磁力，或是精通了中国历史，通晓了这些场所和空间所具有的重大意义，那么，这种出于个人背景的尘芥也许早已不复存在。

上海老城厢那段残留的为抵抗外来侵略而筑起的古城墙，外滩上高耸入云的摩天大楼，中西合璧的石库门里弄，以及那座曾风靡19世纪二三十年代的沙逊大厦，分别象征着过去和近代。

在上海城市的风景中体会到了诸多的感动，似乎是一眼便可看出隐藏在那其中无穷无尽的千变万化。究其根底，恐怕是收敛了东西方建筑文化的碰撞与融合的缘故吧。

为什么我会以租界和上海县城作为背景来写《上海旧事》这本书呢？这其中好像并没有什么理由，其实不然。之所以要切入到风貌变化显著的旧上海城市这一主题上，是因为它既拥有举世无双的"江南"这一宏大的传统文化背景的上海县城，又拥有西方列强殖民地的"租界"，这两个背反的异质空间相互冲突、相互融合的同时，却又相互侵犯乃至相互渗透。那么，这个引起国内外诸多学者深深关注的旧上海滩究竟是东西方建筑文化渗透的产物，还是中国人民血和汗的结晶呢？我想将这些动荡在褒贬毁誉中的纷纭众说，在本书中予以揭示和探讨。

因而，我开始去研究、去探讨、去查阅、去读、去写、去装订，用这些古典的撰写建筑史和都市史的手法，来作为攻略近代上海的方法。针对这个城市中各个不同的建筑人物及风景，采取各个不同的接近方法。不过，对于这个情绪极易感染的近代上海，只有理性，才能对它作出最公正的描述和回顾。

目 录
Contents

1. 变幻莫测的上海风云
1.1 向心性的城池衙门 /2
1.2 上海版图现租界 /5
   1.2.1 首开先例的英租界 /5
   1.2.2 几经波折的法兰西租界 /15
   1.2.3 备受奚落的美租界界址 /22
   1.2.4 合与分的困惑 /26

2. 闯荡上海滩的西方文化
2.1 泥泞小路现外滩 /30
2.2 西洋景初进上海滩 /41
2.3 粉墨登场 /48

3. 困惑、碰撞与接纳
3.1 西风东渐 /54
3.2 难分彼此 /61
3.3 "马桶"的趣闻轶事 /66
3.4 谁主沉浮 /69

4. 迷雾重重的土地扩张
4.1 扩张与阴谋 /82
4.2 "里弄"春秋 /90

5. 悄然潜入的异化思维
5.1 权力的象征 /96
5.2 移花接木 /100
5.3 轿子的悲哀 /106
5.4 魔都之赌 /112

6. 百年租界沧桑岁月
6.1 苏伊士运河以东的喧嚣 /120
6.2 一古脑儿冒出来的大公馆 /122
6.3 太平洋上的博弈 /128
6.4 "伊甸园"今在何方 /131

7. 几易其主的都市政治生涯
7.1 军阀之争 /138
7.2 国父的遗愿 /141
7.3 命运多舛的"大上海计划"/146
7.4 "收回上海租界!"/151
7.5 踏在租界上的日本军靴 /155

8. 百年租界上留下的脚印
8.1 一代宗师梁思成与林徽因 /162
8.2 重返人间 /170
8.3 殊途同归 /175
8.4 邬达克情陷上海滩 /179
   8.4.1 初入上海滩 /179
   8.4.2 声名鹊起 /181
   8.4.3 代表作品 /183
8.5 雕栏玉砌的艺术之魂 /186
8.6 有情人终成眷属 /191
8.7 哈同花园的悲欢离合 /196
8.8 乱世之双雄 /205
8.9 浪迹天涯 /208

9. 历史曾在这里驻足

9.1 犹太人的第二故乡 /214
9.2 德国人的一枕黄粱梦 /219
9.3 不散的竞争之魂 /221
9.4 山外有山 /228
9.5 华灯初上的不眠之夜 /233
    9.5.1 人间天上"大世界" /233
    9.5.2 前世今生"夜来香" /235
    9.5.3 百年电影、电影人 /239

10. 笑迎曙光的大上海

10.1 日本帝国的终结 /246
10.2 萧瑟秋风今又是 /248
10.3 春风吹翠了黄浦江畔 /251

参考文献 /254

后　　记 /256

第一章

变幻莫测的上海风云

1.1 向心性的城池衙门

公元1267年，南宋咸淳三年，上海建镇，遂开始派镇将驻守，因其地处"上海浦"西侧，即今南市区小东门十六铺之岸边，故名曰上海镇。

元初，因吴淞江上游淤塞，航道难行，"市舶司"官府便由原青浦"青龙镇"迁至"上海浦"附近，成为与广州、泉州、温州、杭州、庆元、澉浦等地并列的全国七大"市舶司"之一。于是，上海迎来了历史上的第一个发展机遇期，它由华亭县的一个海口渔村镇，一变而成为商贸重镇。"蕃商云集"，"有市舶、有榷声、有酒肆、有军隘，官署、儒塾、佛宫、仙馆、亡氓、贾肆鳞次栉比……"①

1292年，上海正式设县，成为一级地方行政机构，出现在大元帝国的版图上，延续至今。

上海历史文化最肥沃的一块土地，无疑就是上海镇和上海县的起点古城厢，椭圆形的城墙围起来的这座古城镇，便是上海文化最早的发源之地。

按中国镇县等级制度，县城是可以修造城墙的。但令人不可思议的是，上海在建县后的261年里，却是一个一直没有城墙的县城。

当然，其中最主要原因是上海偏安于海滨南蛮之地，自古以来就不是一个兵家必争的战略要地，反而是中原逃荒避灾之人的隐居场所。"广积粮，高筑墙"，城墙的功能主要是军事目的，防止外族入侵、内部叛乱。上海很少打仗，很晚才看见兵匪，所以城墙非迫不得已不造。

元末，日本九州的封建诸侯、大名等纠集武士、商人、海盗，勾结中

---

① 唐时措：《建县治记》，转引自弘治《上海县志》。

国沿海奸商、恶霸、海盗坐地分赃，在后者的指引下，不断骚扰我国沿海富庶地区，烧杀抢掠，无恶不作。明中叶起，朝廷政治日趋腐败，直接的后果便是海防松弛、边境空虚，因此倭寇有恃无恐，上海地区深受其苦。自嘉靖三十二年夏到三十八年秋，倭患历时长达6年之久。

历史记载，嘉靖三十二年（1553年），在中国海盗王直的引导下，倭首萧显率数百人突袭嘉定、宝山。登陆后一路烧杀到上海县城，劫掠满载而去。不久又聚众数千，连舰数百，蜂拥而来。上海一带倭寇络绎不绝，民无宁日。从四月中到六月末，倭寇五次焚掠县镇，一时居民死伤累累，县镇半成丘墟。至此，历遭劫难的上海官民们才开始警醒，决意筑城御倭。

从清代《上海县志》的记载中可以看出，当时县民筑城之心之坚，之踊跃，可谓众志成城。若没有真正的切痛深恨，是不足以让众人自觉地几近倾家荡产来修这道城墙的，且只用了短短三个月，便垒起一道长九里、高二丈的城墙。与此同时记载下来的还有当时人们筑城的情景：

官民竞相资助，县学博士王相尧拆屋捐地，倾家财助役；顾从礼捐粟4000石，助筑小南门；太常卿陆深的夫人梅氏捐田500亩、银2000两，拆屋数千楹，助筑小东门，故小东门又名"夫人门"；贡生张津不仅散家资助役，还亲自参加筑城，"手口尽瘁，遂病不起"[①]。上海民众踊跃担土运石，"畚插云集"，登高历险，"百堵偕作"[②]。农历十月动工，至十二月一座城池便拔地而起了，"落成之日，四民欣喜"。在完成了中国传统意义上正规城池所必须修建的城墙、护城河、雉堞等诸多防御工事之后，又立起了一道"雉堞巍峨"、"金汤之固"的屏障，致使与四野隔开的上海县城，逐渐地发展成为一座初具规模并兼有政治和经济、军事等多重功能的中世纪城市。

我们可以看一张椭圆形的上海县城图。

这道高7米，厚4米，东西长约1.7公里，南北长约2公里的椭圆形城墙，其周围环绕着一条宽为18米、深约5米的"护城河"，河水缓缓地流淌着，从穿过城墙的水门流进城里。

---

① 清同治《上海县志》。
② 明万历《上海县志》。

■ 同治年间上海县城图

这道城墙，把上海县城划分成了物质和精神的两个"世界"。这里是以记载在汉代的《周礼·考工记》中的传统规范为基准，非常完美地体现出由儒家教育来管理这座城市的意识形态。于是，诞生出来的这座上海县城，成为以当政者的城池衙门为要塞的向心性城市。

从这幅图中我们似乎还可以隐隐约约地感觉到，透过上海县城的这道城墙所折射出来的中国人在悠久的历史中所培养起来的那种闭关自守的都市和生活之观念。尽管城墙的式样及内部分配，均被儒家的意识形态所统治，但在小东门和黄浦江码头之间的十六铺这里，却挤满了福建商人和广东商人的

■ 挤满了船只的上海县城外

商店和船只。他们与中国沿海各个城市的繁荣贸易，实际上早已经在这里开始了。

当时所反映出的中国商人们那种商魂和气魄，其实，早在租界刚刚成立之时，就已经穿过小东门，从新北门和老北门漾溢出来了。其后，又迅速地波及法租界，不久，便覆盖了整个公共租界的所有地域。

1.2 上海版图现租界

1.2.1 首开先例的英租界

回首19世纪终于蹒跚着走完的那段沧桑岁月时，许多疑惑和迷惘会不期而至。外国人为什么会闯入上海？他们为什么会在我们的土地上建起自己的租界来？那么，他们又是靠什么，竟然横行霸道掌控上海长达近百年之久？让我们带着这些困惑和不解走进历史，走进上海，走进这离我们已渐行渐远的世纪风雨中，去探查、去了解……

1588年5月20日，西班牙的"无敌舰队"由西班牙里斯本启航，浩浩荡荡杀向英吉利海峡，与英国舰队展开了一场势力悬殊的战斗。然而，战斗的结果却大大出乎人们之意料，战前一直被誉为当之无愧的世界海上霸主的西班牙"无敌舰队"竟然全军覆没，败在了当时尚无国家海军力量的英国一支专属英女王个人统帅的皇家海军舰队面前。

由此而激起了英国人无止境膨胀的狂妄野心。他们开始肆无忌惮地进行大规模的殖民地侵略，并随之制订出了一系列"堂而皇之"的英国殖民地政策。

他们首先瞄准了广阔的东南亚地域。公元1600年，先是在印度创办了一家东印度公司；而后到公元1715年时，又在爪哇建起了一个万丹王国商馆；公元1786年占据了马来西亚的槟城；接下来又在公元1819年时独揽了新加坡的土地开发和建设大权。

侵略者的胃口越来越大，19世纪初，他们竟然把矛头对准了中国，将大量鸦片输入中国，并以此来作为他们攻略东方的重要战略部署之一。

鸦片俗称大烟，含有大量吗啡，是一种吸上了瘾就不易戒掉并可以从生理和精神上摧毁人意志的毒品，由此便可一目了然英国侵略者不言而喻的狼子野心。

据粗略的统计：清朝道光年间，光是英国商人每年向中国输入的鸦片就达两千吨左右，由此而流失的白银竟然有近三千万两之多。

面对着如此严重威胁着大清国国民的鸦片，1839年6月，无奈的道光皇帝被迫下诏，命湖广总督林则徐为钦差大臣，前往广东查禁鸦片。

林则徐一到广州，立即处死了一批鸦片贩子，并将对内贿赂守关总督、对外为英商贩卖鸦片的益和行老板何敬容关进了监狱，这使以颠地为首的英鸦片商们大为惊慌，不得不向大清国政府交出了两万多箱鸦片。这一消息令道光皇帝异常兴奋，随即命令林则徐在广州虎门将所有收缴的鸦片全部销毁。

一时间，人们奔走相告，一群群祖胸赤脚的工人、兵勇都齐聚到了广州虎门的海滩上，他们将一筐筐的鸦片、盐巴、石灰，倒入硕大的化鸦片烟池。鸦片最后被化成黑色的浊流，流入大海之中。

毋庸置疑，此举给了英国鸦片商们重创，大灭他们的嚣张气焰。但恼羞成怒、心怀叵测的英国政府岂能善罢甘休。他们以此为借口，于1840年6月，派遣英国军舰直接向广州海湾开炮，发动了历史上有名的第一次鸦片战争（1840年6月—1842年8月）。

此时，中国沿海地区，除林则徐指挥下的广州进行过战备之外，其余均无严密之防备。8月，英舰以惊人的速度攻城抵达天津大沽口外，面对步步逼近京城的英舰，本来还积极主张查禁鸦片烟的道光皇帝，此时却闻风丧胆，慑于兵威，他开始动摇。

据资料显示：1842年8月，道光帝为了讨好英国佬，竟然将本来为国为民查禁鸦片的正义行动抹黑，批答英国书，令直隶总督琦善代替林则徐任钦差大臣前往广东，并让他转告英国侵略者，允许通商和下令严惩林则徐，以此求得英舰撤至广州，遂派琦善南下广州谈判；此举正和英方之意，于是他们欣然同意中方南下广东进行谈判。10月，直隶总督琦善署理两广总督，林则徐、邓廷桢被革职。

1841年2月，英军乘琦善撤除战备之机，攻克了广州的虎门，5月又占领了泥城，以四方炮台，炮击广州。8月，英军扩大侵略战争，攻陷厦门。第二年，他们又沿长江向上游进攻，6月攻陷吴淞，7月攻陷镇江，进犯南京。此时腐朽的清政府只是一个劲儿地向侵略者屈膝投降，致使英国反败为胜，藉此，英侵略者便乘机向清政府提出了割让香港岛之要求，并进而提出广州、厦门、福州、宁波、上海等五港开埠之要求。

1842年8月19日，英国与清政府代表签署了《江宁条约》，由于这是在泊于南京长江里的英军旗舰"康华丽"号上签署的一个条约，所以，又将其称之为《南京条约》，这是中国近代史上与外国签订的第一个丧权辱国的不平等条约。从此以后，英侵略者更加疯狂地对中国进行控制和掠夺，致使延续几千年的中国封建社会逐步解体，沦为一个半殖民地半封建社会。

急欲占领上海的英国政府，就在《南京条约》签订不久的1842年12月1日，便任命了曾参加过第一次中英鸦片战争的上尉军官乔治·巴富尔（George Balfour，1809年－1894年）为第一任英国驻上海领事。

接到了任命的巴富尔，迫不及待地于1843年11月8日匆匆搭乘了"威克森"号舰船从广州启程前往上海。途经舟山时，他又转乘了"麦都萨"号舰船，当天晚上，船靠岸停泊在了上海十六铺大关码头。

秋风萧瑟，苍茫的夜幕已笼罩着整个码头。他孤寂地走下了船梯，没有人来迎接第一次以领事身份登陆上海的这位外国人。

走下船来的巴富尔，环绕着码头转了一圈，在不绝于耳的黄浦江水的涛声和若明若暗灯光的伴随下，又重返"麦都萨"号舰船夜宿。

第二天，这位领事官便与他的翻译麦华陀（1823年—1885年），著名传教士麦都思之子，还有那位日后成为第九任英国驻上海领事以及兼任领事助手的外科医生海尔及职员斯特拉钦等随行人员一同前去拜访上海道台宫慕久。

在官衙内道台宫慕久例行公事般客气地接待了巴富尔一行,出于中国的传统礼仪,还于当晚在海关设下宴席,为巴富尔一行接风。他并在11月10日登上了停靠在十六铺大关码头上的"麦都萨"号舰船,对巴富尔进行了礼节性的回访。所有礼尚往来步骤都进行完毕之后,便开始了中英双方代表的实质性谈判。巴富尔开门见山地提出要在上海开埠通商,并要在上海建立大英帝国领事馆。这些要求事关重大,岂能即刻作答。面对着巴富尔的宫慕久,一脸茫然地呆望着天花板,久久地沉默着,竟然一言不发。

谈判似乎是陷入了僵局。

究竟应该如何回答巴富尔的这些要求,这无疑是让宫慕久陷入了两难境地。因为当时上海有个不成文的规定,一切外省来沪人员都不能在县城内安置。作为一个初来乍到的外国人,巴富尔当然不可能理解上海的这些规矩,况且,当时的上海县城区域,还仅局限于今天的南市老城厢一带,即便是将城墙以内的旧城区和东门外沿黄浦江的码头等地加在一起,实际的城区面积还不到2平方公里,那时北门以外的外滩地块还是一片荒芜。然而就在这不足2平方公里的区域内,却居住着超过20万之多的人,其拥挤嘈杂之况,可想而知。因此,要想在县城内找出一块建造英国领事馆的空地,那真可以说是白日做梦。

当然,客观情况是一方面,而最主要的还应该是宫慕久的主观意识。本来,对这位生于山东东平,嘉庆二十四年(1819年)考中举人,道光二十三年(1843年5月)任上海道台的宫慕久来说,他从小受到的是几千年来闭关自守的传统的祖宗成例和儒家教育,因此,对这位张口就想在自己的国土上安营扎寨的外国人甚是反感,只不过是迫于大清王朝举国的衰败和无能,他又不得不无可奈何地在其位谋其职罢了。面对他已看透的已经在"危机政治"中摇摇欲坠的晚清政治,他的确是失望至极。从1840年的鸦片战争开始,表面看起来曾不可一世的大清朝廷,其实早已丧失了对政治局势和外来侵略的驾驭能力,只会逆来顺受卖国求荣,对此他深恶痛绝。所以,面对着坐在自己面前的这位"洋鬼子",他只好假惺惺地以城内实在拥挤,找不出一点空地和空房为由，婉言拒绝了巴富尔将英国领事馆设在县城内的要求，而答应可以考虑给他提供一块上海县城外的空地，最好能将领事馆建在那里。

不管怎么说，谈来谈去，总算是谈出了一块地，对巴富尔来说，什么城内城外，反正都是上海的地，他满心欢喜地接受了这个建议。

宫慕久之所以答应给巴富尔一块地，是因为他想到了上海县城北门以外的一片荒草丛生，坟冢遍野的荒芜之地。于是乎他如此这般地绞尽脑汁盘算起来，终于计上心来，倘若能把这块地以每亩1500文铜钱的年租金租给巴富尔，那么，这块荒地不但得到了利用，而且还会因此给大清朝换来大把大把的铜钱。更何况，按中国人当时的迷信说法，在这块有坟冢的土地上建屋造房，会惹怒鬼神而导致诸人不得安宁……若真如此，那就让这些洋鬼子栽跟头去吧，让他们在上海的所有计划全都泡汤……宫慕久得意地陶醉在自己的如意算盘之中。

对初来乍到的巴富尔来说，当然是无论如何也不会看透宫慕久的这些神机妙算的。

然而，令宫慕久万万没有想到的是跟随巴富尔同行的那位翻译麦华陀竟然是个中国通。当然他立即就向巴富尔挑明了宫慕久暗藏的玄机，得知真相的巴富尔气得火冒三丈，大发雷霆，他不但全部推翻了自己刚才的应允，而且还态度蛮横地表示，大英帝国的领事馆一定要建在城内，决不退出城外半步；如果城内真的找不到合适的地方，那么，即便是在城内的庙宇或庭院中搭建帐篷居住和办公，或是找个亲善英方的官员宅院借住，他都可以接受。总之一句话，城内建馆，雷打不动，谁也别想再来改变。

首轮谈判就这样以不睦而散。

然而，城内建馆又谈何容易？几天过去了，却无任何消息和进展。

正在巴富尔万分沮丧、不知所措之时，没想到一位在上海经商并自我介绍说姓姚的广东人却突然出现在了他的面前，他告诉巴富尔，只要价钱合适，他有足够的房屋可以出租。这让苦闷至极的巴富尔真是喜出望外，这不正是踏破铁鞋无觅处，得来全不费工夫嘛。

也许是某种巧合，也许仅仅是为赚钱而已。总之，今天的我们已经无法考证清楚这位姚氏商人这样做的真正目的和动机。但不可否认的是，他的出现的确是帮了巴富尔的大忙，让这位刚上任还分不清东南西北的英国第一任领事竟然能绝处逢生。

巴富尔在当天给英国侵华全权代表璞鼎查的信中，毫不掩饰地表达出了他找到了房子的喜悦心情："我已在上海城内租到一所房屋，地段适中，每年租金400元，如果做好设立领事馆的准备，我打算明天就搬进去。"不知来龙去脉，只看到这封报喜信的璞鼎查，当然是从心里暗暗佩服巴富尔果断的办事能力，于是，二话没说，一切照准。

就这样，英国领事馆如期在上海城内顺利开张。

1843年11月14日，巴富尔向所有在沪的英国人（当年12月登记的在沪英商及传教士为25人，见《上海公共租界史稿》第317页）发出告示，通告英国领事馆业已设立，地点位于东门和西门之间的城墙附近。并同时宣布，上海将于11月17日正式对外开埠通商，届时，中英之间签署的所有条约的相关条款，均同时生效。1843年11月17日上海成为正式开埠的通商口岸。

接着，清政府又与欧美列强陆陆续续签订了许多同样的条约。1844年与美国签订了《中美望厦条约》之后又与法国签订了《中法黄埔条约》。在签订了《南京条约》的第二年，清政府又与英国签订了带有附加条件的《虎门条约》。这几个条约的一个共同之处就是都毫无例外地接受了外国殖民者的通商条件。

通商就意味着要解决西洋人在中国的居留问题，既然要给登陆上海口岸通商的外国商人找地方居住，允许他们建造房屋，那就要给他们解决土地问题。可大清律例严禁买卖土地，因此就只好租借土地。这种从原所有者那里租地的方式，是当时上海出现的一种租借形式，英国人顺应其意，便将他们划出界址范围内的租地，均命名为"租界"。

在一系列的矛盾和混乱之后，租地协议断断续续理清，1845年英国驻上海第一任领事巴富尔与上海道台宫慕久，签署交换了可以说是见证了上海英租界诞生瞬间的《上海土地章程》，他们将《上海土地章程》以大字告示的形式悬挂在外滩新海关大楼。

■ 1845年英国驻上海第一任领事巴富尔与上海道台宫慕久签订的《上海土地章程》

尽管这是一份连个像样标题都没有的告示,可是,在那只有23项直白条款中的"兹体察民情,斟酌上海地方情形,划定洋泾浜以北、李家庄以南之地,准租与英国商人,为建筑房舍及居地之用"寥寥数语,却给英国的商人们开启了一条入侵上海的绿色通道。这个章程允许了英国人在县城北郊的规定区域内租借房产,成立"租界",但租界并不等同于殖民地,主权仍然属于中国,而其中的"华洋分离"这一条款,实质上是从清政府的角度来考虑,将中国人与"外国人"发生冲突的可能性降到最低限度。

正是这张告示,将长年闭关自守的上海县城,推向了一个历史将被改写的命运拐点。

在此后长达一个多世纪的岁月中,人们将这份告示不间断地进行了重重的包装,并按其所需给它披上了"上海土地章程"、"租地章程"、"第一次土地章程"等等各种不同名目的外衣,使其成为西欧列强闯入中国大门、进行领土扩张的一个重要"法宝"。

此外,在这个章程中还确立了一项土地要随着租界的境界线来划定的借贷关系。拥有土地的中国出租人与借方英国人之间要签订土地合同书,盖上中国方面的官印之后方能生效。这便意味着:其中包含着中国方面对租借出去土地所保留的管辖权力。租借方英国人,平均一亩地每年要交纳1500文铜钱的地租。而在签订合同时,还需要交纳10倍地租的押金。

作为一种"永久借贷"的形式,出租方与租借方要互相交换记有以上内容的合同书，这类合同书即为"道契"。

按照《上海土地章程》之规定，中国人是不可以在租界内租地和建造房屋的，加之历年来"中外有别"这一清规戒律的严格履行，由此才使这些殖民者钻了空子，在中国的国土上，肆意地建起了一个"国中之国"租界的自由天堂。

英租界成立之后，英国人便于1848年开始了对中国土地的肆意掠夺和扩

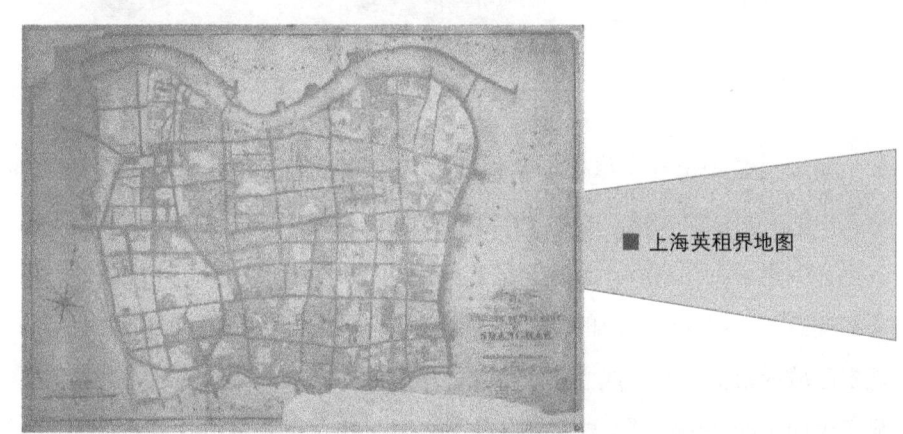

■ 上海英租界地图

张，在第一次的扩张中，英租界的北境界就延伸到苏州河，而西境界又扩展到了泥城滨（现西藏路），使其面积一下子从830亩扩张到2820亩，并自此便一发而不可收地持续着一次又一次的更大扩张。

从以下介绍的两张奇特的地图中便可一目了然他们的扩张贪婪之野心。

一般说来，不论到哪个城市去，都会有一张专门介绍这个城市地理环境的地图，不论这张地图出现在哪种刊物上，地图的版本都是完全一样的。然而，在成立之初的上海租界，却同时出现了两个不同版本的上海地图。本来租界在建立之初，就已经确立了一个1851年版本的地图，这张地图最初是出现在一本1852年版的《上海导游指南手册》上，它曾给那些初到上海的外国人，帮了不少的忙，为他们在异国他乡的日常生活提供了诸多方便。

可是，到1853年时，一张与1851年版本完全不同的地图却突然出现在租界上。不可思议的是在这张地图的租界和上海县城以外的位置上竟然还出现

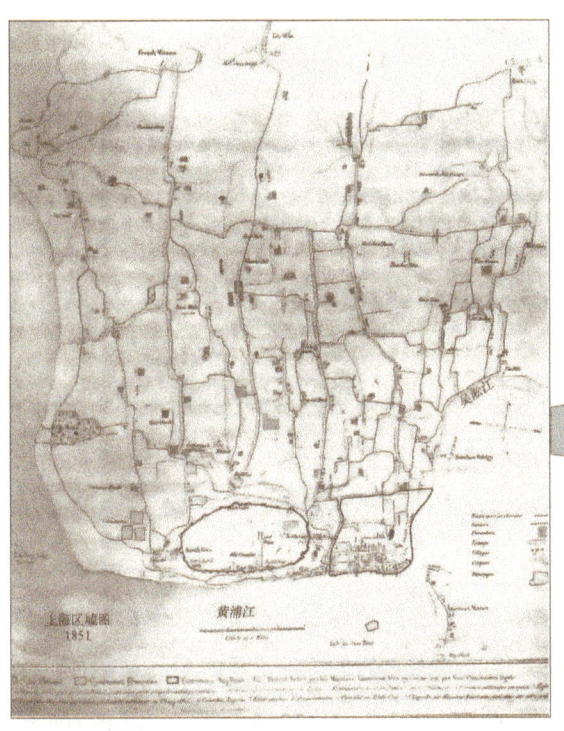

■ 图为1851年版本的上海地图

了许许多多雾状的虚点线。

在上海的英文名字尚未定下来是叫"shanghae"还是叫"shanghai"的时候，绘制成的这两张地图上，就已经呈现出了租界成立五六年之后的一些情况。但不可思议的是图中所表示的那些方位，以"北为上"的绘图方法，是我们小学就曾学过的制图常识。可是，这两张图的制图者却违反了这一常

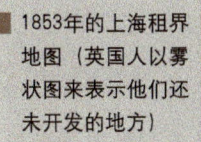

■ 1853年的上海租界地图（英国人以雾状图来表示他们还未开发的地方）

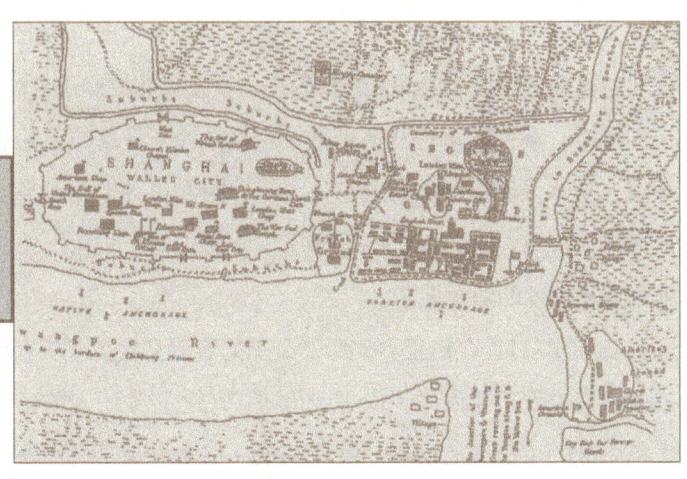

规画法，而是将宛若飞龙般疾驰的黄浦江，一左一右地流动在以"西为上"的版面上。在1853年的这张地图上，还依稀可见停泊在黄浦江的两艘船，一艘似乎是竖立着三根桅杆船，如若仔细观察，似乎还可看出桅杆上飘着的英国国旗。很可能这是一艘从英国出发，绕过好望角，可以中途不停直达上海的三桅杆全装的西洋船。而另一艘呢，模模糊糊不清楚，好像是一艘下了帆的中国木造帆船。因为从它后部鼓起的船体来看，可以猜测这是一艘与三桅杆西洋船不同的木造帆船。

之所以用以"西为上"的方法来绘制这两张地图，也许制图者是想让这些从船上走下来的人，边看着地图边行走，这么一来，可以很方便顺时针与他们行走的方向一致，并由此而将他们的视线全都集中到这张与实际距离不差分毫的地图方向中。

从西方来到上海的船运商人，他们主要是靠运送本土和其他殖民地的货物来赚钱。因此，对这些人来说，地图上的方位就更显重要，在给他们作出方向提示的同时，也具象地显示出了他们的存在价值。其实，这种方位的表示与出现在1853年地图上的雾状虚点线所表示的意义是相同的。

制图人将西洋人能够控制的范围绘制成白色，将还未控制、或是根本就无法控制的地方绘制成雾状虚点的"暗色"，以此来辨别两者之间的不同。

由此，我们便可以一目了然地图上所标记出的上海县城上方和下方处"郊外"这一词的含义。而这些被断开来的雾状虚点线的"暗色"之处，也就理所当然地应该是西洋人想开发还未开发、想控制还未控制的地方。

同时，我们还可据此清晰地分辨出地图上被掌控或是还未被掌控的一些区域。从这张图上所涂的白色处，可以断定租界、上海县城和其"郊外"均属西洋人所掌控区，而那些布满了雾状虚点的"暗色"处，无疑那一定会是他们还未开发的处女地。

1848年3月，在离租界大约25公里的青浦县发生了三个传教士被袭事件，就强烈地表现出了西洋人向雾状虚点"暗色"处侵入的野心以及对这件事持抗拒态度的中国人的反应。开埠初期，按条约是不允许外国人到租界外面去的。青浦县的中国人狠狠地揍了这三个打破禁令的传教士，显然是对撬开这一"暗色"大门的西洋人一种理所当然的报复。

1.2.2 几经波折的法兰西租界

其实，在上海开埠之初，法租界就已经与英租界、美租界并存了。

据资料记载，法国与中国之间悠久的历史往来始于1776年，那时法国就曾向中国广州派遣过领事。但这种友好往来却在1810年时中断，至于这其中之原因，却不得而知。

《南京条约》的签订，给法国政府带来了再入中国之启迪，于是，他们立即派出了曾任法国驻希腊公使的剌萼尼为全权公使来到中国，经过一番"苦心经营"之后，他们想方设法，终于使清政府接受了他们的无理要求，派出了钦差大臣耆英，于1844年10月在广州黄埔停泊的"阿吉默特号"的法国军舰上与剌萼尼签订了一份《黄埔条约》，这才将久已中断的中法关系又重新连接起来。

1847年1月，第一代领事敏体尼上任，虽说他的上任比英国领事晚了几年，可实际上，在英租界开设两年多之后，法国就已进入了为在上海能有自己的独立租界而处心积虑的准备工作中了。

其实，在《黄埔条约》刚签订完时，剌萼尼就已经率团到宁波、上海等地进行过考察，在几个通商口岸的反复比较和选择中，他们最终选择的立脚点是最具潜在优势的口岸城市上海。而在上海开设法国领事馆的念头，也正好迎合了两年多之后赶到上海来赴任的领事敏体尼之意愿。

不顾旅途疲劳的敏体尼，马上开始行动起来。工夫不负有心人，在他到达上海的第三天，通过主教赵方济，就在县城和洋泾浜之间的地界上租了一幢房子，尽管房子既小又破，可他在给公使的一封信中，却不乏激动地写道："房屋很小……但住在里面，就像是在法国一样。"

经过两个多月的装修和补漏，总算是改装出了一处符合敏体尼要求的房子。1848年4月，敏体尼在这幢房子的屋顶上升起了三色法国国旗，于是，这

■ 法国领事馆

幢再普通不过的房子转瞬之间变成了法国领事馆。

之所以要尽快地将法租界设立起来，主要是起因于第一个来到上海的法国商人雷米，他向敏体尼提出了租借土地的要求。接到此要求的敏体尼，于1848年8月6日向上海道台吴健彰写了一份正式设立法租界要求的报告。

这份已经成为历史重要文件的报告，全文登载如下：

大法兰西国领事敏体尼为照会事：

据法中和平通商条约第二十二款规定，凡法兰西人至五口通商地方居住，听其租赁房屋或租地自行建屋、建行、建坟地、礼拜堂、学房、医人院各项。地方官会同领事官酌议定法兰西人宜居住宜建造之地。

凡地租、房租多寡之处，彼此在事人务须按照地方价值议定。中国官阻止内地人高抬租值，法兰西国领事亦谨防本土人强压受租值。

房屋间数，地段宽广不必议立限制，等等。

大法兰西国领事鉴于本土侨民呈请租地之要求，并据上述条款之规定，研究了尚未出让之土地，认为洋泾浜南岸，从城关开始可一直伸展至将来需要的地点为止，最是适宜。因此，本领事要求贵道台，按照别国人的同样待遇，即便指定这个地区为法国租界，并派专门人员为法商雷米估定其所要购置地皮的价格。请您派人会同雷米前往察看地方，划定四界。

夏末乃是最宜于建屋之时，现即将来临，请贵道台速即发令，以免拖延此事。

此致吴道台阁下。

敏体尼（签字）

道台吴健彰本来就对这些洋人没有什么好感，所以交到他手中的这份报告便被无期限地拖延下来。一直拖到他要卸任、交出官印的那天，他才通知敏体尼：可以在英租界内拥有一块土地，但是"贵领事应先征得英国领事的同意"。敏体尼无论如何也没有想到，自己这么长时间地等来等去，却等到了一声晴天霹雳。而吴健彰的这一招，岂不是将他置于英国领事和新任道台麟桂的双重束缚之中吗？

他越想越气，当即提笔挥毫，答复如下：

照复本月26日道台阁下来函。关于法国租界问题，我今郑重申明，此次来函完全否定了您过去对此问题的诺言，从前的信件均在，可以作证。且此次来函非常清楚明确地证明，您根本没有诚意实行天朝的条约明文规定给予大法兰西国以神圣权利的条文，此事后果应由阁下个人负责，您的接任者麟桂道台与此全然无关。我仍将和您阁下以原来的名义继续进行此事，并立即票报我法国驻华公使和法国政府，要求他们向北京政府控告您，如尊贵的上海前道台不速将此事恢复原来之状况，您的作为就将受到义正词严的控告。

您这种做法未免太不顾礼仪了，您对我，大法国的代表，竟然提议给一块属于英租界的地皮。我大而强的法国是按条约规定向中国的天子租地，我又何必惊动您道台呢？且这并非私人之间的事，乃是一个大国要求一项权利，您应该满足它的要求。

我的要求是8月6日提出的，不是您说的22日。我选择了沿洋泾浜的地区，它和英租界正好隔河相望，因为这是惟一能适合我国侨民居住之地。那儿房子不多,比洋泾浜另一边的英租界少得多,然而英租界却并没有遇到这种困难。

根据权利、正义和公理,我重新向您提出要求,您自己在前几封信中也承认这是惟一合适的地点,我等待您的迅速回答,不然,我就不得不进行申诉了。再者,我时刻都在盼望法国公使来到,他将乘"巴荣纳人"号来北方口岸,我想他会和我一样感受到您对大法国的无礼。

特此照会上海前道台吴。

敏体尼(签字)

敏体尼用十分犀利的言词,狠狠地回敬了这位前道台吴健彰。然而,新道台麟桂,为人处事却与前道台截然不同,他不但立即接见了几乎陷入绝望的敏体尼,而且还着手去处理过去那些难以解决的问题,于是设立法租界一事开始出现转机。

可没想到,在租地过程中又出现了新的波折。

雷米要将那片洋泾滨南边的归12个中国人所有的12亩土地上的46间住房、100座墓地、六七棵树以及两个茅坑给包租下来。可是,中国房主却乘机抬高土地价格,并提出了一些苛刻条件来刁难雷米,于是租赁双方就展开了马拉松式的讨价还价。

道台麟桂只好从中斡旋,敏体尼也极不耐烦地说:"我要求我的朋友能早些结束这件事,它已经拖得太久而令人厌烦了。请道台在这个礼拜去南京之前,能给我一份关于租界问题的告示,并请下令让房主按公道价格把地租给雷米。"

经过8个多月的协商与交涉,终于在1849年1月8日雷米与房主将洋泾浜沿岸这块荒芜之地的租赁契约签订下来。

这一年的3月中旬,双方在告示的文字上达成了共识,并在当年的4月6日,中法双方签字交换了文本,即由上海道台正式宣告法租界成立。

这一告示具有极其重要的历史意义和保存价值,正如法国作家让·傅立德所说:"它既是上海法租界的出生证明,也是上海法租界的成立宪章。"现将其登录如下:

告　示

　　监督江南海关兼管铜务分巡苏松太兵备道加五级记录八次麟，为晓谕事：

　　照得上海与法国通商，昨准法国领事敏体尼，以道光二十四年九月（1844年10月）经钦差大臣两广总督之耆等会同法国全权大臣刺萼尼，议定永远友睦通商条约，奏奉两大国上谕允准和约。内载：凡法兰西人按照第二十二款至五口地方居住，无论人数多寡，听其租赁房屋及行栈贮货，或租地自行建屋、建行。法兰西人亦一体可以建造礼拜堂、医人院、周急院、学房、坟地各项。地方官会同领事官，酌议定法兰西人宜居住、宜建造之地。凡地租、房租多寡之处，彼此在事人务须按照地方价值议定。中国官阻止内地人高抬租值，法兰西国领事亦谨防本土人强压房地主降低或接受租值。在五口地方，凡法兰西人房屋间数，地段宽广不必议立限制，俾法兰西人相宜获益。倘有中国人将法兰西礼拜堂、坟地触犯毁坏，地方官照例严拘重惩（条约该款原文如此）。上述种种久经各国遵行在案，今法兰西人尚无租住之地。应即会勘合适地点。（法领事来函内容如此）接此公函，本道台会同法国领事敏体尼勘定上海北门外一处地：南至城河，北至洋泾浜，西至关帝庙诸家桥，东至广东潮州会馆沿河至洋泾浜东角，注明界址。倘若地方不够，日后再议别地；若需另划新地，亦当会商议定。其所议界内地，凭领事随时按照民价议租，谨防本土人强压受租价；如若当地民人违约昂价，不照中国时价，凭领事向地方官饬令该民人等遵行和约前录之条款。至各国人如愿在界内租地者，应向法国领事商明办理。毋违，特示。

道光二十九年三月十四日示（1849年4月6日）

　　之所以将法租界设在英租界与上海县城之间，使其南至上海县外壕，北至洋泾浜，西至关帝庙诸家桥，东沿河至洋泾浜东角的广东潮州会馆处，其中理由为以下两点：

■ 法租界地图 a

第一，这里交通方便。在当时以水运为重要交通形式的情况下，环绕着黄浦江、洋泾浜、上海县城外壕的这个地区，的确是一处设立租界的好地方。

第二，由于这里与人口密集、商业发达的上海县城接壤，因此不论生活、社交、商业往来，还是水上运输都很方便，尽管自从英租界设立以来，商业中心已逐渐从上海县城往租界移动。但中国的那些商人们，却依然集中在县城内和城东门外的地方做生意。

如此来设定法租界的位置，实际上还有更深层的意义囊括在其中，那就是以此来充填英租界与上海县城之间尚未弥合的巨大缝隙。

"租界"一词在当时的西方国际法中，有"租界"和"居留地"两种解释。

前者是指外国政府向中国政府永久性租借的土地。作为一种等价交换，外国政府则必须每年向中国政府交纳一定的地税。

而后者则是一种"居住"意义上的用语。它与"租界"不同，不存在中国

■ 法租界地图 b

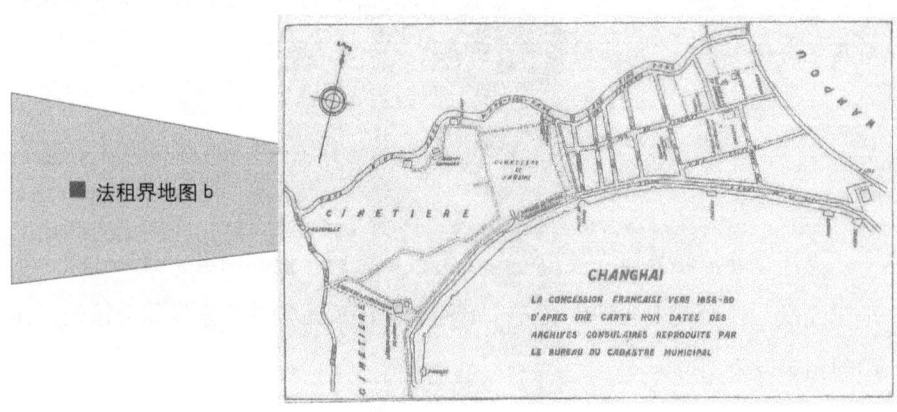

政府与外国政府间的土地借贷关系,而是由外国人个人与中国人直接进行交涉所拥有的土地,中国官吏与外国领事仅在其中提供一些交流的方便而已。法国当初选择了"租界"这一词汇,主要是想加强本土领事在上海租界的力量,因此法国政府将他们向中国政府租来的这块土地命名为"法兰西租界"。

可是,这个法兰西租界也只不过是徒有虚名。因为直到敏体尼到上海近两年的1850年时,上海的法国侨民还不足10人。其中除敏体尼和他的母亲、妻子及两个女儿之外,还包括领事馆的一位叫做哥士耆的翻译官、商人雷米与两名叫做比代和爱棠的职员及在英租界居住的商人阿鲁。

不过,根据1858年的统计来看,当时的法租界却已经有13位外国人地主了。

在此还值得一提的是:在这之前发生的小刀会事件,使那些归属法租界领域内的上海县城北门和东门外的民房均在战火中化成了灰烬,这一事件对中国人来说是个大灾难,可对法国商人而言,却是一个发财的好机会。

于是在1858年前后,一个受英租界自治组织影响的雇佣中国人进行土木工程和道路建设的自治组织开始在法租界居住的人群中萌芽。与此同时,一个由领事们召集举行地主会议的纳税人机构也应运而生。这个机构一直在充分地发挥着一个自治组织的作用并持续到1862年公董局成立为止。虽说这其中没有什么明文规定,但法租界正式的行政体制却在实际的运营过程中形成了。

1862年5月,几经波折的法租界成立了公董局,为法租界的正式行政机构。公董局灵活运用上海县城近邻的地利优势,不久,他们想以此来控制上海县城的美梦也终于如愿以偿地得以实现。

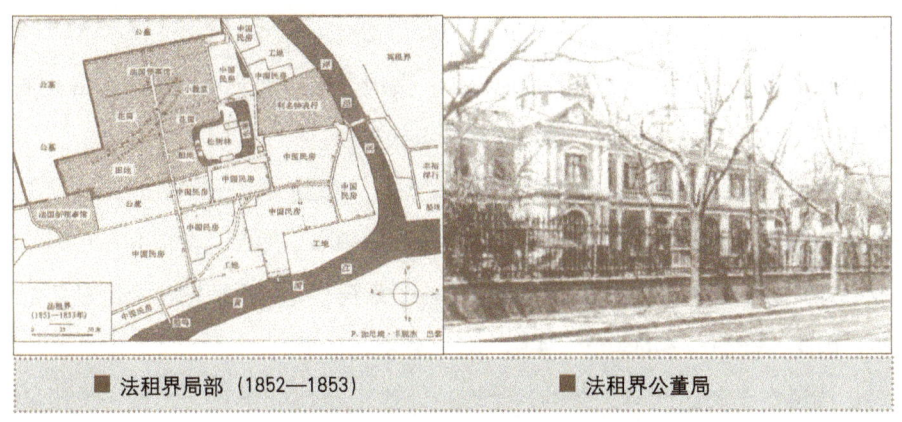

■ 法租界局部(1852—1853)　　　　■ 法租界公董局

1.2.3 备受奚落的美租界界址

虽说美国没有参与鸦片战争,但其却在鸦片战争之后获得了与英国相似的侵华特权。

1844年7月3日,在澳门一个叫望厦的小村庄里,美国全权公使顾盛与两广总督兼钦差大臣耆英共同签署了一份与《中英南京条约》内容不相上下的《望厦条约》。

这是一份共计三十四款,附有《海关税则》的条约。其第三款为:"嗣后合众国民人,俱准其挈带家眷,赴广州、福州、厦门、宁波、上海五港口居住贸易。其五港口之船只,装载货物,互相往来,俱听其便。但五港口外,不得有一船驶入别港,擅自游弋,又不得与沿海奸民私相交易;如有违犯此条禁令者,应按规定条例,将船只货物俱归中国入关。"第十七款为:"合众国民人在五港口贸易,或久居,或暂住,均准其租赁民房,或租地自行建楼,并建立医院、礼拜堂及殡葬之处;必须由中国地方官会同领事官,体察民情,择定地基,听合众国民人与内民公平议定租息,内民不得抬价掯勒,远人勿许强租硬占,务须各出情愿,以昭公允。倘坟墓或被中国民人毁掘,中国地方官严拿,照例治罪。其合众国民人泊船寄居处所,商民、水手人等不准在近地行走,不准远赴内地乡村任意闲游,尤不得赴市镇私行贸易;应由五港口地方官各就民情地势,与领事官议定界址,不准逾越,以期永远彼此相安。"

从以上这些条款中可以清楚地得知:美国人已与英国人同样享有在上海等5个通商口岸居住、租地、贸易等的诸多权利。

《望厦条约》签订之后,1844年8月26日,顾盛便将一位远在广州的美国商人费信登(Henry Fessenden)任命为驻沪领事。然而,费信登在广州的业务却又特别繁忙,他被旺盛的财运拖住了后腿,竟然无暇顾及上海赴任之事。因此,驻沪领事的职位,实际上是一直空在那里。

持续空了长达两年之久的这个职位,终于在1846年夏天,被一位叫吴利国的美国商人给补了缺。说起来，这还得归功于顾盛的慧眼识珠。有一天他在上海滩发现了一位假借英国人名义，从上海原住户手中租了11亩地的美国人，这个人不是别人，正是第一个在上海租地的美国旗昌洋行商人吴利国（Henry G.Wolcott）。于是，如获至宝的顾盛抓住这个机会，立即将吴利国任命为驻沪代理领事。

上任后的吴利国，立刻着手在位于英租界旧纤道（今九江路）处设立了领事馆，他不顾英国人的反对，竟然在英租界内升起了美国国旗。英国领事依据《上海土地章程》中所规定的专管权条例对这一事件提出了强烈的抗议，并向上海道台进行交涉，宣称除英国国旗外，一律不得在英租界内悬挂其他任何国家之国旗。

第二年，上海道台便在《上海土地章程》中特意添加了一条关于悬挂国旗之规定，可是，美方对此却置若罔闻。1848年11月，美国又任命了祁理蕴（John N.Alsop Griswold）为正式驻沪领事，没想到这位新上任的驻沪领事却依然在英租界的地盘上挂起了美国国旗。

其实，还在美国领事馆建立以前的1845年6月16日，美国圣公会中国布道区主教文惠廉（William Jones Boone）夫妇，与美国传教士格拉翰（Richardson Graham）夫妇、琼司夫人、玛士夫人等一行就已抵达上海，

■ 美国领事馆

他们成为来到上海的第一批美国人。一开始，这些人全部寄宿在英国领事馆内，之后才去了虹口一带传教。文惠廉还在虹口建起了一座教堂，并创办了一所名叫"怀恩"的小学校。

这么一来，来上海传教和居住的美国人也就越来越多了，文惠廉便以此为由，在1848年，向上海道台吴健彰提出了要在虹口辟设美租界的要求。

虽说道台吴健彰接受了这一要求，可是，与英、法租界开设时的情况却截然不同。对于美租界的开设，既没有签订什么正式条约，也无任何明确的界址划分，只是这位道台大人敷衍了事，十分暧昧地口头允诺了一句"可以将美租界设在苏州河以北虹口一带"而已。

尽管如此，美国却取得了与英国同样的租地权力。既然道台已口头上应允了美租界"可以开设在苏州河以北虹口一带"，那么，虹口这一带地区也就理所当然地成为了事实上的美国租界。

1862年11月28日，上海新道台黄芳到任。他刚一上任，美国驻沪领事熙华德（又称西华德，G.F.Seward）就急急忙忙跑来与他交涉确立美租界界址之事。经过多次协商，直到1863年6月25日，才终于议定出了一个美租界的划界章程。

可是，在这份划界章程中，既未勘定详细界址，也未确立界石置放点；仅仅是作出了一个西自护界河（即泥城浜）对岸（相当于今西藏北路南端）、东沿苏州河及黄浦到杨树浦，然后再从杨树浦这里往北三里的地方划一直线，由此再回到护界河对岸起点处的议定方案。

1873年，美国决定重新划定美租界的北面境界线。美国副领事白拉福（Bradford）主张应该从美租界西面的苏州河北岸的原定起点，再向北延伸3里，然后从这里再向东划出一条直线来连接租界东境界的北端，以此来作为美租界北面的境界线。

当然这么一圈划，美租界的范围就比原定范围扩大出许多倍来。然而，这一决定却遭到了时任上海道台沈秉成的竭力反对。

其后，熙华德又提一议，以租界西面的苏州河北岸为起点，划出一条直线直通当时靶子场稍北一点的地方，然后再从这里划一直线来连接原定美租

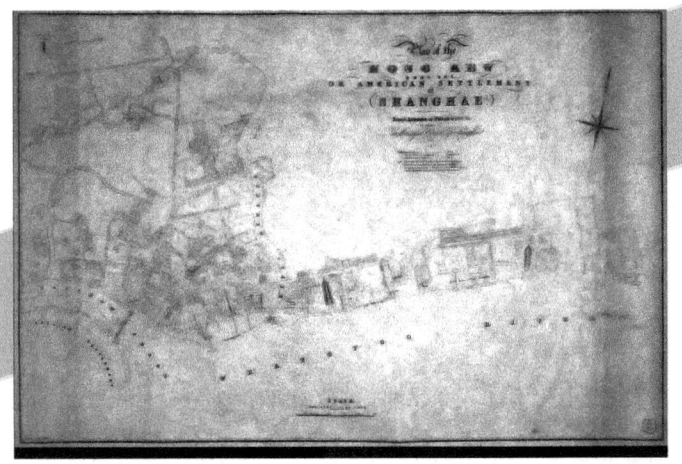

■ 美租界地图

界东界的北端处（后来这条线则被称为熙华德线）。

若按1863年美租界的原定界线，河南路与浙江路桥（俗称老垃圾桥，因当时尚未修筑北浙江路，故以此桥为标准）的北岸一带应该算是租界外面的地方，当然理应属于中国官府所管辖。如果这样，此处的居民便可以只向中国当地的官府缴纳各种捐税了。

可是，到1883年7月时，工部局竟然在这一地带又是设警，又是编钉门牌，还作出了向这一带中国居民征收各项捐税的决定。不用说，这种明征暗夺之举，引起了当地居民的极大愤慨，于是他们纷纷把工部局钉上去的门牌拆卸下来，拒绝缴纳这些不合理的捐税。

1892年11月，工部局要求领事团采取措施，解决美租界北境界的议定问题。而与此同时，领事团也致函上海道台，要求他即刻派出中方官员进行洽商，以期中美双方能够共同解决诸如此类事件。

上海道台与领事团同时派员进行实地勘察，并与工部局工程师举行了多次会谈，终于在1893年6月，按照熙华德线划定出了美租界的新界址，并由此拟定出了《上海新定虹口租界章程》。

同年7月22日，时任上海道台的聂缉椝复函批准了这一章程。经过工部局如此这般的一番绸缪，美租界的面积已经扩张到了7856亩之多。

至此，美租界的新界址总算是尘埃落定。

1.2.4 合与分的困惑

如果说鸦片战争是从外部推翻了大清王朝，那么从内部动摇了大清王朝顶梁柱的便是太平天国运动。

1853年3月，太平天国起义军攻克南京后，又以迅雷不及掩耳之势，于4月初攻克镇江。得知这一消息的驻沪英国领事阿礼国，担心势不可挡的太平军会打到上海来，假如那样，其后果则不堪设想，也许他们所精心打造的帝国事业会在顷刻间轰然倒塌。

4月8日，惊恐万状的阿礼国与美国领事克宁翰立即召集了租界有关人士开会，就如何加强租界的防御力量进行了商讨和筹谋。

在英、法、美三国领事的倡导下，为能够在紧急情况下保卫租界，他们作出了成立"上海本埠义勇军"的决定，大会通过了"上海本埠义勇军"章程，其中规定："在沪男性外籍侨民均有义务参加义勇军，加入之后没有该馆领事的同意不得退出"。这便是英、法、美三国联合起来，在上海建起的第一支以英国侨民为主体的外国人的武装队伍。

这支准备抵御太平天国军、保卫租界而成立起来的队伍，一年之后，便参加了一次实战。可是，这次实战的对手不是太平天国军而是大清军。

据资料记载，1853年9月7日，刘丽川和原小刀会福建帮首领陈阿林等在上海起义，他们烧毁了上海县衙和海关等处，杀了上海知县，囚禁了上海道台吴健彰，占领了上海县城。随即，他们又分别从上海、嘉定出发，接连攻

■ 整装待发的义
　勇军洋枪队

占了宝山、南汇、川沙、青浦等四县，成立了小刀会政权。

对于清廷和小刀会，租界采取了中立政策。

考虑到会有被卷入战乱中的可能，英、法、美三国又联合制定出了一系列防御措施，并在邻近的地方部署了作战的攻防计划。同时，他们还调遣了他们共同组织起来的义勇军，做好了各种防御准备。

1854年4月4日，清军企图通过租界进攻占领县城的小刀会起义军。然而保持中立政策的租界方却在英、美海军的协助下以武力强行阻止清军过界。以此为导火线，在英租界的西端，现在的西藏路上清军与义勇军发生了一场混战，这就是以上所提到的"上海本埠义勇军"在成立一年之后所参加的那场实战，即为历史上著名的以清军败北而告终的"泥城之战"。

战乱与当时几乎陷入停顿状态中的贸易，导致众多避难的中国人纷纷躲进了租界，截止到1854年，进入美租界的中国难民人数已经达到了两万人之多。

中国人的激增，似乎是小刀会事件在租界掀起来的又一个波澜。

租界内到处都是难民们搭起来的棚子，黄浦江和苏州河里飘荡着许许多多挤满了中国难民的小船。

由于中国难民的涌入，租界内开始变得极其喧嚣和脏乱，许多百无聊赖的地痞和娼妇聚积到了这里。由于在"第一次土地章程"中明文禁止中国人在租界内居住，所以，一些西方的强硬派就想以此为由将难民们撵出租界，以便维

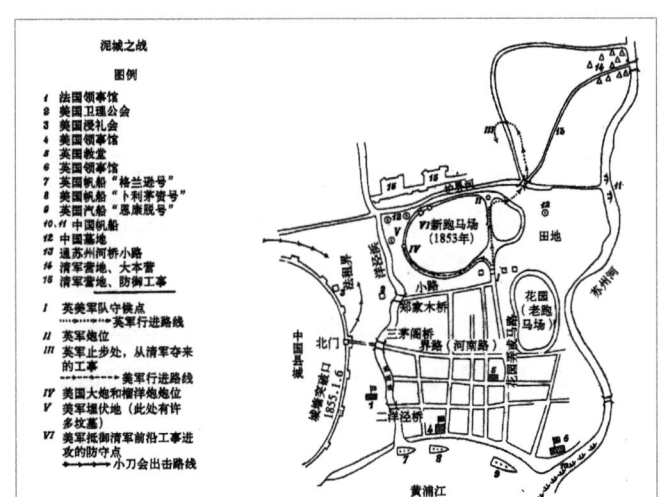

■ "泥城之战"战略图

持租界秩序，保持他们以往舒适的居住条件。而那些一贯以盈利为重的狡诈的西方商人们却乘虚而入，开始不择手段地向难民们发放高利贷。

1854年7月，英、法、美三国重新修订了"第二次土地章程"，可以说这是小刀会占领上海县城的又一个直接影响。它既认可了中国人在租界内可以得到土地并居住的权利，同时又改变了英国以往那种排他的租界统治，迫使英国人能以平等的态度来对待其他任何国籍的居留者。这么一来，一颗走向公共租界的种子便在悄然中萌芽。

1861年，小刀会退去了，但是那支以征讨西欧列强为目的的太平天国军，却又开始了对上海的猛烈进攻。于是更大多数的中国难民们，迫不得已滞留在了英租界和苏州河对面的美租界。

若以当时美租界内仅有的6名警察，来维持已近两万多难民的租界秩序，那可真是犹如飞蛾扑火，无济于事，因此，这就迫使美租界要去求助于英租界的警察来帮忙。这么一来，英、美两个租界合并的机遇便不期而至，对此持有先见之明的美国方面便抓住时机与中国方面划定了还处于渺茫之中的公共租界的境界线。此时此刻，历史的脚步已经走到了1863年6月。

同年11月，英、美两个租界合并，由此而诞生出了上海的"公共租界"。

在1854年第二次修订的"土地章程"中，为公共租界合并而与英美两国共同署名的法国，在1861年时却以没有得到法国皇帝的批准为借口，提出了退出公共租界的要求。1869年，在"第三次土地章程"中，法国坚持独立的立场终于得到了英、美等国家的承认，由此而如愿以偿地退出了公共租界。

这么一来，保持了大国面子的法兰西共和国，便乘机将上海县城近邻的土地灵活地运用起来，想借此来实现他们独自控制上海县城之美梦。

就这样，在各种心怀叵测、明争暗斗的反复较量中，上海便出现了两个不同的租界，形成了一个"一地三治"的行政管理局面。

自英租界成立，到英、美等国家追认了法国的独立立场为止，在这段长达26年之久的漫长岁月里，围绕着租界合与分的争执与困惑，终于戛然而止。

第二章

闯荡上海滩的西方文化

2.1 泥泞小路现外滩

以波斯语为起源的"外滩"（bund）这个词，其直译为人造筑堤和堤坝，这一词是经由英国的印度殖民地引入中国英租界，并成为与上海形象等价的一个词语。而在法租界中对人造筑堤和堤坝却使用了一个相当于法语中"岸"（quai）的单词。不过，这个词在英语中所表述的也是"外滩"的意思。"外滩"之于上海至关重要，随着时光的流逝，外滩逐渐变成了上海最重要的地标，变成了上海的首选景观标志，变成了名副其实的上海象征。

可是，在上海开埠之前，"外滩"还只是一片泥泞的自然滩地。尽管它面对着的是流经上海市区最大的河流——黄浦江，但这里既没筑堤，也没修岸，而是任凭一江春水自由来去潮涨潮落。潮涨时，江水没过河滩；潮落时，江水又聚滞在河床中心，露出一大片险滩湿地。由于江宽水急，逆水而行的船只就必须靠拉纤才能行走。世世代代，在几百年的风霜雪雨中，纤夫以他们的足迹在黄浦江滩上踩出了一条曲折多弯的小路来，这便是外滩最早的路，人们称之为"纤道"。

流经上海县城附近的黄浦江在陆家浜出口处形成一个急弯，于是上海人就以陆家浜为界，将这里的上游称为"里黄浦"，下游称为"外黄浦"。将里黄浦的河滩称为"里黄浦滩"，简称为"里滩"，将外黄浦的河滩称为"外黄浦滩"，简称为"外滩"。

伴随着上海的对外开放，殖民者们争先恐后地踏上了这块陌生的土地，他们瞄准了黄浦江周围的这片险滩湿地，并随之在这里开始了他们最早的开发和建设。

■ 外滩（1869年）

■ 法租界外滩，摄于清末民初

1845年英国殖民主义者抢占外滩，建立了英租界；步其后尘的法国殖民者于1849年抢占外滩建立了法租界，并将这里分别称之为"英租界外滩"和"法兰西外滩"。这种状况一直持续到20世纪40年代初。

如何开发和建设外滩，便成为这些占领者们接下来首先要考虑的重大课题了，在众说纷纭的反复商讨和研究中，最终拿出了要把外滩建设成尘土飞扬的港口区或是利物浦和纽约的货运堆栈区这样一个方案。

此方案是否能够实施，这将直接关系到外滩身份的准确定位。究竟应该如何定夺？谁也不想做一个重锤落音的出头鸟，因为谁的心里都揣着一本小九九，此举关系重大，不能轻易开口，万一有什么闪失，便是千古罪人。

可让所有人没有料到的是：在这关键时刻站出来一个人，他说的几句话，却将众人日日夜夜反复研究出来的方案，一下子就给全部推翻了。

他说：外滩应该被打造成为一个美丽、人文、和谐而愉快的散步场地。他还说：各国的交易所、银行、会计师事务所等第三产业都应尽可能地落户到上海，以便能将外滩发展成为一个有着巨大凝聚力的金融与商业中枢之地。外滩此后的发展实践证明：他的决策是英明而正确的。正是由于他勇敢而果断地力排众议、力挽狂澜，才使外滩以正确的功能定位而顺利发展。

■ 清末民初的外滩

那么，他究竟是谁呢？

他就是曾被当时的上海人称为"外滩之父"的美国人：爱德华·金能亨。

一看他的履历，给我们的第一个感觉就是他与外滩有着不解之缘。从1852年他被任命为美国驻沪领事代表开始，他就一直活跃在中国的大上海滩上。1854年工部局成立时他又被选为首届董事之一。1859年前后，他曾向旗昌洋行总行提议开辟长江内河航运业务，但却未被采纳。1861年他将自己买的轮船投入到了长江航运中，从中获得了巨大的利润。1862年，他又以中外人士所集资的100万两白银，创设了近代上海的第一家专业轮船公司——旗昌轮船公司，从事长江航运，并一度与英商怡和洋行、轮船招商局并列为长江航运三巨头。同时他还开设了第一家总部设在上海的保险公司——扬子保险公司。1862年他曾提议上海英、美租界合并，1868-1869年期间他一直任工部局总董，致使他成为外侨社会中很有影响力的公众人物。

1869年12月2日，他在主动提出退出总董一职请求之前，曾再一次地强调了他的观点和主张，那就是要保持黄浦江外滩的宽阔通畅，使其成为上海的景观道路。在他卸任工部局总董的前几天所参加的最后一次董事会会议上，他的辞呈得到了全体董事"非常遗憾"的认可，并对他在位期间所作出的决定和工作才能都表示出了极高的评价和赞赏。

可没想到就在他转身踏上前往日本考察的路途中，却传来了上海租界工部局已着手修改他刚确认不久的改造外滩方案的消息。此时的他,才算是真正体味到了"人走茶凉"的世态炎凉。

更使他措手不及的是,在继他之后担任总董代理不久的那位他原来的副总董亚当士,为巴结那些"可能会给自己好处"的人,竟然也改掉了他原先所定的方案和布局。

他眉头紧蹙,心焦如焚,慨叹世事无常,嘴里却不止一次地念叨着:外滩啊外滩,你是上海的眼睛和心脏,即便是天翻地覆我也要尽最大努力来保护住你。

19世纪70年代的外滩,
图中显示出,道路两旁刚刚种植了行道树

1869年12月30日,夜已深人已静,远在日本横滨考察的金能亨却彻夜未眠,这时的他正在给上海接替他的总董亚当士写信。他奋笔疾书,把这几天来对外滩的所思所虑认认真真地倾洒在一张又一张的信纸上,直至鱼肚白晨曦透过窗帘射进屋里,他才长舒一口气,停笔起身。想到这封信将要起到的作用,金能亨充满了自信,但令他永远也想不到的是:这封信在150多年后的今天,却依然完好无损地保存在上海市的档案馆里,向后世的人们诉说着外滩昔日的坎坷与波折,同时也在见证着一个在特定历史背景中有着殖民者身份的美国人对外滩所做出的努力和贡献。

现将这封信摘录如下:

亲爱的先生：

我想对公众利益所在的问题发表一点意见，那就是利用洋泾浜至黄浦花园这一段堤岸作为停靠船只的码头之用……(对这一)明显的变化……当别人均闭口不言(时)，我便不揣冒昧提出我自己相反的看法，希望能引起大家的讨论。

外滩是上海唯一的风景点。由于那些业主在使用他们的产权时贪婪成性，将房子建造至沿街，连一寸土地空隙都不留，这样，外滩的腹地便变成了糟糕的地方。外滩是居民在黄昏漫步时能从黄浦江中吸取清新空气的唯一场所，亦是租界内具有开阔景色的唯一地方。

随着岁月的流逝，外滩将变得更加美丽。外滩很可能在某一天能挽回上海是东方最没有吸引力地方的臭名声。

我确信，没有人会为失去外滩而不深感遗憾的，如果大家都知道外滩这块愉快的散步场地即将失去，那么拟议中的计划也就根本得不到任何人的支持。

航运业并不是商业的主要因素，它仅仅是其低等的附属行业之一，有点类似于驮马和载重马车。交易所、银行、账房才是掌握商业的神经中枢，它们的所在总是商业人员大量集中的地点。航运业的出现带来了噪音和尘埃，吓跑了交易所、银行等机构，取而代之的是利物浦和纽约堆放它们粗加工产品的堆栈，整个街道满天灰尘，乌烟瘴气。

英租界的外滩是上海的眼睛和心脏，它有相当长一段江沿可以开放作娱乐和卫生之用，尤其是在它两岸有广阔的郊区，能为所有来黄浦江的船只提供方便。

这是有机会可以进行公开讨论的唯一一件事情，并且照我的看法这是具有普遍利益和重要性的一件事，因此所有居民都应团结一心来保持住外滩……只有依靠外侨社会的良知才能挽救它。

此时的金能亨虽然已卸任工部局总董，但昔日商业寡头和政界权贵的光

■ 图为1893年的外滩南京路口

环，还依然笼罩着他。可以说，正是这封信的及时到达，才挽救了外滩极有可能被改建成尘土飞扬的港口区或是纽约货运堆栈之厄运。

在金能亨的不断坚持和推动下，外滩得以迅速变化和发展。1870年后在南起延安东路，北至苏州河上的外白渡桥，东临黄浦江的这片被称为外滩的土地上，建起了一座又一座哥特式、罗马式、巴洛克式、中西合璧式等风格迥异的摩天大楼，这些鳞次栉比的大楼又组成了旧上海时期的金融中心和外贸机构的集中带，以至于被人们赞誉为"万国建筑博览群"。

走进"万国建筑博览群"，要想把这一幢幢摩天大楼一一印刻在自己记忆的深处，那么，最好的方法就是先将那些在时代的变迁中从未改变位置的建筑作出一个定位的标示来。假如将建于1873年、外滩上现存最老楼房之一的英国领事馆（中山东一路73号）设为第一标记，其左侧的怡和洋行（中山东一路27号）设为第二标记，将那座建筑中央带有中国式屋顶的上海海关大楼设为第三标记的话，你就会自然而然地根据这三个标记来判断出外滩上的其他建筑及其所在位置。

从英国领事馆到海关附近的这些建筑，绝非是一些普通建筑。漫步在黄浦江畔，可以从外白渡桥出发，沿宽阔的中山东一路一直往南走，直抵延安东路,在数十座巍峨大厦的绵延起伏间,会使你悠然地感觉到那处处散发出的异国情调和别具一格的韵味。而这些出自不同建筑师之手,风格迥异却有着统一建筑格调的摩天大楼,在一个半世纪的风霜雪雨中,历经世事沧桑,其变化都相当的大,要想探究这其中的奥妙,那必然要下很大的工夫。

  因此,我们还是回到以上所说的这三个标记的话题上来,顺着这三个标记,让我们去赏析外滩百年建筑之精华,将其沧桑巨变烙印在心,存入脑海。

■ 英租界怡和洋行老楼,1917年拆除重建

  还是先从第一个标记英国领事馆谈起,虽说英国领事馆的这块土地是英国领事巴富尔于1846年租借来的,可领事馆真正地迁移到这里却已经是1849年了。据历史资料记载:第一代英国领事馆是在1850年时设计的,于1852年竣工。但十分遗憾的是,在1870年时,这座建筑竟然被一场大火烧毁。而我们现在来到外滩看到的这座建筑实际上是在那之后的1872年竣工的第二代领事馆建筑。

  第二个标记是怡和洋行,它是由英商查顿(1784—1843年)和马地臣(1796—1878年)于1832年创办的。上海刚一开埠时,他们又马上设立了分行,并由此迅速成为东亚唯一的巨大财阀。这座洋行的第一代建筑,是由上海的中国工匠们按照从香港送来的设计图纸建造起来的;其第二代建筑是在20世纪20年代建造的。

  接下来的则是以观察外滩历史为标记的上海海关大楼,当时称为"江海关"大楼。这是一个由上海道台在处理县行政业务的同时,并监管着缴纳关税及检查货物等海关业务的清政府管理机构。

■ 带有中国式屋顶
　的上海海关大楼

上海开埠之初，这座江海关大楼是位于县城的东门和东北门之间黄浦江河岸，即十六铺附近的；后来，是在英国领事的一再要求下，才于1845年迁移到了外滩这里。那时的税关并没有什么固定设施，因此关员们也仅仅是一些简单的业务而已。从现在很多的书画和照片中经常会看到外滩上的一座传统样式的海关大楼，其实这并不是当时的那座江海关大楼。

1853年，小刀会刚一兴起，这座大楼便成为了他们的第一个攻击目标。一直等到1857年中英签署了任用外国税务司的协议之后，这座业已倒塌的大楼才又重获新生。出自中国工匠们之手又重新建造起来的这座中国楼阁式的江海关大楼，从其正面垂挂着一面大旗的外表看起来，酷似中国传统样式的衙门建筑。

也许是出于一种与周围西洋建筑抗争之缘故吧，其一、二层楼和三层台阶重叠起来的样式其实也已经超出了常规的样式。这座于1891—1893年和

■ 第二代海关大楼，
　建于1891—1893年

■ 1925—1927年耗银430万两建成的第三代江海关大楼，顶部高四层的钟楼，钟面直径达5.4米，是亚太地区最大的报时钟。

1925—1927年期间已分别重新改建过两次的江海关大楼，已成为外滩上各个时代的标志性建筑之一。

它既是外滩在地理上的一个历史标记，又是外滩上不同时代的一个建筑标志。

那么，究竟是什么原因，才使这三座建筑能够长年累月地固守在外滩上，并当之无愧地成为外滩上的一种标志性建筑呢？

还是先从英国领事馆说起吧，可以说这个领事馆是当时外滩上理所当然的政治中心；而怡和洋行则是当时外滩上理所当然的经济中心；至于那个由总税务司赫德自1863年开始掌管了40年通关贸易的江海关，其近半个世纪的关税垄断，也是一个不可忽视的重要原因。假如这么一分析，其中之来龙去脉，不也就一清二楚了吗？

这些高层建筑在外滩上的存在，无疑是在向国内外的资本家们显示着上海租界的繁荣和安全状况，在一份1931年针对"上海的未来"调查的民意测试书中可以一目了然：

远洋船舶向着黄浦江潮流而上的时候，对于初次进入上海的人而言，他们可以从甲板上看到沿岸林立的银行、公司及领事馆等大建筑。这些宏伟的建筑似乎在向初来乍到的新人们证明：上海有着雄厚的资金和殷富的企业；侨民们确信与上海拥有着同一块土地的未来。外滩给予了他们比印象更重要的是，它所具有的遥远而重大的经济意义。实际上，外滩上的这些建筑象征着租界对私有财产的承认和保护。同时，作为由这种法律观念唤起来的信用结果，也在雄辩地证明着上海成为通商中心地区之后的广泛活动情况。

上面的这些话，因为是从民意测试书中翻译过来的，所以读起来有些晦涩，不过，其中的意思还是能看明白的。到1928年为止，公共租界外滩上已经建起了23栋高层楼房，并由此而形成了一个"亿万价值的空中楼阁"。

当然，都市上海也绝不是外滩所能全部代表的。假如来看看位于外滩背后的公共租界和法租界，向北延伸的虹口地区或南京路的步行街，以及上海县城与南市等繁华地区，显然，这不是用"外滩"这一名称就能概括和说透的。

然而，上海与外滩又是等价的。这句似是而非的话，是30年代诸多的新闻报道中常见的。当时，不管是在旅行指南中，还是在对上海这一城市的介绍中，所有惯用的做法都是先从外滩开始介绍的。在1933年出版发行的英文版《先驱中国旅行指南》中，还在最后的第5版上对外滩进行了如下之描述：

■ 写有"法兰西外滩"的名牌

从横渡太平洋的汽船上走下来的旅行者们，最先站立的地方就是外滩的栈桥。外滩是上海最主要的繁华大街，位于黄浦江边上。在林荫树后面，鳞次栉比的银行和政府机关大楼的宏伟建筑若隐若现。外滩上车水马龙，路面电车和公共汽车、马车、汽车、自行车、人力车、手推车等川流不息。

虽然50年前的外滩，还只是一片泥泞的沼泽之地。可是今天这里已经完全变成了世界最有印象的美丽城市的正大门。在外滩的西侧，现代建筑形成的壁面林立，东侧被黄浦江所阻隔。对于我们的上海旅行来说，这里成为一个理所当然的首发之地。来到上海的大多数人都是从外滩这里迈出了最初的第一步。照片和美术明信片从东、西、南、北很有品味地把外滩的风貌拍摄下来，并将这些情景传到了我们手中。南京路也好，福州路也好，并不是没有映像记录。不过，若与有关外滩的情报量相比，那可真是如同九牛一毛，无法相提并论。

在对外滩进行描述和回顾的同时，一位与外滩有着非同寻常之关系的人，再一次走进了外滩的历史，走进了这跌宕起伏的百年变迁中，而他就是我们在前面已提起过的工部局总董金能亨先生。

据资料记载，1860年代中期，外滩堤岸的管理曾处于"默许开放政策"状态。外滩的沿江地带总长为2000米，那么，究竟应该如何来对此地带进行合理的开发和利用呢？这成为了当时工部局的一个棘手问题。尽管就连当时的上海道台也参与了有关此问题的讨论会，尽管就连工部局董事会也十分重视和关注，但外滩究竟应该打造成什么模样？众说纷纭，未有定论。直到1869年12月30日，由金能亨提出了一个将外滩辟为绿地景观的规划建议才解决了这一难题，使外滩的形象设计终于尘埃落定。

"英租界的外滩是上海的眼睛和心脏，它有相当长一段江沿可以开放作娱乐和卫生之用"，"外滩是上海的唯一风景点"；"外滩是居民在黄昏漫步时能从黄浦江中吸取清新空气的唯一场所，亦是租界内具有开阔景色的唯一地方"等等都是金能亨的治理格言。

1870年代以后，外滩开始变得越来越风姿绰约，由此而逐步发展成为远东上海这一国际城市景观的首选标志,并朝着金能亨所期盼的那样"随着岁月的流逝,外滩将变得更加美丽"的方向发展。

有人说上海是"东方巴黎",外滩是"亿万价值的空中楼阁"。尽管当时外滩的摩天大楼鳞次栉比,可这些建筑,既不是19世纪50年代初期外廊殖民地样式,也不是被逐渐引入上海的维多利亚哥特样式和安妮女王样式的建筑,而是在此基础上的一种新巴洛克与艺术装饰样式的建筑。

当时,西洋人给上海起了一个"冒险家乐园"的名字,还有人把上海称为"魔都"。若用这些话来概括外滩所给予这座城市的气氛,也许可以这么说。然而,这种有点深奥的气氛在不经意间已悄然潜入了都市上海,因此也就十分有必要来分别剖析赋予这座城市各种名称的真正涵义了。

2.2 西洋景初进上海滩

1846年,英租界租地纳税者在英国领事阿礼国的主持下召开会议,成立了"道路码头委员会"。顾名思义,此名称显然意味着这是一个改造道路、整顿港口码头的行政机构。

来到了上海的英国侨民们,当他们看到了在被认为是重要饮用水源头的黄浦江里,飘浮着许多往来船只丢弃的污物,尤其是看到那些从都市的下水管道里排泄出来的污水合着粪尿化成污浊的漩涡时,他们的脑海中便浮现出了一个改造上海的强烈愿望。哪怕他们只是把上海作为一个进行贸易往来的暂时居住地,也定要把它改造成一个适合于居住的城市。

在远东居留地的这座新兴起来的城市,在既无排水沟也无下水道的地面上到处都堆满了恶臭熏天的废物和垃圾,没有铺装的道路凹凸不平,不流通的空气致使霍乱蔓延,得了霍乱病的人一个接一个地死去。因此,采取一系列如安装自来水管道和排水设施,将道路打扫干净等富有实际利益的措施已成为"道路码头委员会"的当务之急。

"道路码头委员会"的成立，给要改造上海租界居住条件的英国侨民们带来了希望，于是，他们便积极行动起来。先是统一了大家将贸易据点改造为有效都市的意见。接下来便开始了建路，安装街灯、自来水管道、煤气等设施，疏浚河川，开设铁道等诸多的改造和建设工程，并将英国在最盛时期发明和应用的最新式机器和技术也都投入到了这次上海的改造和建设中。

首先是道路方面的改造。住在上海租界的这些侨民们将他们在广东的生活习惯带来上海的同时，也带来了广东的交通工具。对于那些习惯于让中国人用轿子抬着走的西洋人来说，这时他们最需要的是能有一条错开两台轿子的路。

于是，马车被引进来了。不得不说的是这时的人力车也拥挤不堪。因此，上海租界的道路既急待适应新交通工具的发展，又急待解决由于雨天而造成的泥泞以及道路拓宽的问题。英国人解决泥泞问题，采用的是J.L.马卡达姆（1756—1836年）发明的将碎石铺在道路上便于排水的新技术。

上海租界开设10年后的1854年，从花园弄（后来的南京路）东端开始一直到河南路的这条路上，全都铺设了砖瓦的碎屑。上海自此便开始了马卡达姆的铺路方式。

两年后，铺设在道路上的砖瓦换成了苏州产的花岗岩。在这之后不久，以更好地疏通雨水整修道路为主导的工程便很快就覆盖了整个上海租界的所有道路。

即使在道路的拓宽问题上，"道路码头委员会"也立刻采取了相应的措施。当初，外滩与九江路的道路宽度为25英尺，而外滩至北京路、南京路、汉口路的距离也不过只有20英尺左右。租借土地的西方商人们瞄准了他们靠土地价格上涨的发财机会，不择手段地去开通了几条狭窄的道路。而"道路码头委员会"的任务则是拓宽私有道路使其变为公有道路。

到了19世纪60年代，道路终于被拓宽到40英尺。同时，为了使人力车车夫能够弄清楚已经变得错综复杂的道路名字，"道路码头委员会"便将南北走向的路以中国的省名来称呼，东西走向的路则以中国的都市名来称呼。

去往苏州河对岸美国租界的通行问题，也在租界设立初期得以解决。人

■ 维尔兹桥

口少的时候,摆渡口用小的渡船就可以;可是,小刀会事件之后,人口增加,仅用这些小的渡船就远远不够了,于是,"道路码头委员会"便增添了大的渡船,并且增设了3个摆渡口。而与此同时,桥梁的建设也迫在眉睫,以丹特商会为中心的苏州河桥梁公司,在1856年时便架起了一座137米长的木桥。

以建桥人名字命名的这座维尔兹桥,因为收取过桥费而招致了大多数中国人的不满。于是,工部局不得不在1873年时又重新架设了一座木桥。直到1906年把这座维尔兹桥改建成了铁桥为止,这座桥作为免费桥才被充分利用起来。

■ 淞沪铁路施工时用来运输木石的先锋号机车

继道路和桥梁后急于解决的当数铺设铁道的问题。尽管其中有过波折,但最初铺设铁道的动机却是源于淞沪铁路公司。1865年,上海的商人们拟在租界与黄浦江河口的吴淞口之间建造一条19公里长的铁路,可是却由于资金问题和清政府的反对而搁浅。9年后的1874年,远东唯一英国派系的怡和洋行竟然重新启动了这项工程。为了蒙蔽那些反对新洋式机器的中国官吏的眼睛,他们便依然打着淞沪铁路公司的旗号来铺设铁道。

始于1874年末的铁道路基工程顺利地进行着，终于在第二年7月份得以竣工。由怡和洋行委任的建设总监英国工程师加布里埃利·詹姆斯·莫里森，带着一批英国器材于1876年1月抵达上海，并在此一直工作到铁道开通为止。

开通之后的铁道线上，运行着从英国买进来的两辆机车。这两辆车定员为130人，车名分别为"天国号"和"华国号"，每天6趟往返于租界与江湾之间。

这条终于在1876年12月1日开通的铁路，没想到，仅仅运行了一年多，便遭到了中国人以破坏了祖坟风水地脉为由极其强烈的反对，在迫不得已的情况下，只好停止了它的运行。所有参与铁道建设和运营的人们都为此而感到愤愤不平。但不管怎么说，这次铁道的开通却给上海今后铁路运输的发展带来了一个不可忽视的影响。

当时，在英国给清朝衙门提出的意见书上以及1876年7月24日登载在英国《泰晤士报》上的那篇社论都认为，淞沪铁路的意义就在于它代替了溯黄浦江而往来于租界的船舶运输。

在淞沪铁道开通之前，英国就曾在本土掀起过一股以投机为目的的"铁道热"。然而，令人想不到的是，30年之后其余波竟然伴随着入侵者涌入了上海租界，并由此而直接导致了租界所面临的一个究竟怎样才能维持好与外界之联络，顺利进行物资方面交流的生死存亡问题。1859年才迟迟开埠的日本横滨，早在1870年就开通了直达新桥的铁路。而对于横滨对面的中国上海租界的人来说，由于同等贸易的往来而要扩展建设的这条铁路线，也许就是一条他们必须要死死守住的生命线。

位于黄浦江河口的吴淞河内布满了大大小小的沙洲，只有在涨潮时大型船舶才能航行。而淞沪铁路却不存在这方面的问题，它可以比吴淞港更为方便更为快捷地装货卸货。

那么如何才能把吴淞河内的沙洲除掉呢？又如何才能提高吴淞港与上海租界之间的交通效率呢？其实这些问题早在上海租界开埠之初，就已经提到了议事日程上，并逐渐演变成为一颗让上海当政者们头疼的种子而被世世代代地继承了下来。解决这些问题的最初方案则是铺设淞沪铁道。

然而，河川的改造也是一个不容忽视的大议题，尽管它先行于铁道建设，但由于工程巨大，因此，它的实现还在遥远的期盼之中。

遍布在吴淞河口内外的那些沙洲，成为黄浦江里大型汽船航行的障碍。那位从1863年就拥有上海江海关总税务司地位的赫德与清朝方面的代表就此问题进行了商讨，但清朝方面的反应却极不乐观，因为他们在潜意识里，一直都将吴淞河里的沙洲认为是上天赐给人间的一道自然的防护栏。

这么一来，改造黄浦江航行障碍的问题也迫于无奈而搁浅，并随着日月的流逝演变成为一个悬而未决的大问题存续下来。为解决此难题，上海租界的实业家们便通过公使不断地给清朝施加压力。

1873年年末，荷兰工程师奈克，作为被雇佣的外国人到日本大阪就任。刚一上任他就收到了荷兰领事从上海发来的一封信。

新兴起来的日本明治政府，制定出了全国的水利事业计划，并以建造运河和港湾为目的，从当时具备最尖端技术的荷兰招聘了10名技术人员。上海的荷兰领事得知这一消息后，便马上写了这封信。不用说，信的内容不外乎是邀请奈克这样搞河岸工程的专家们，能到上海来为改进吴淞河内的沙洲出谋划策。

从1875年到1879年这一期间，奈克在上海进行了两次实地考察。他在自己的一份总结报告中分析了当时的现状，提出了改进的方案。他认为，正是由于吴淞河口处的两个大沙洲，才使本来宽阔的黄浦江变窄变浅。日积月累，沙洲逐年变

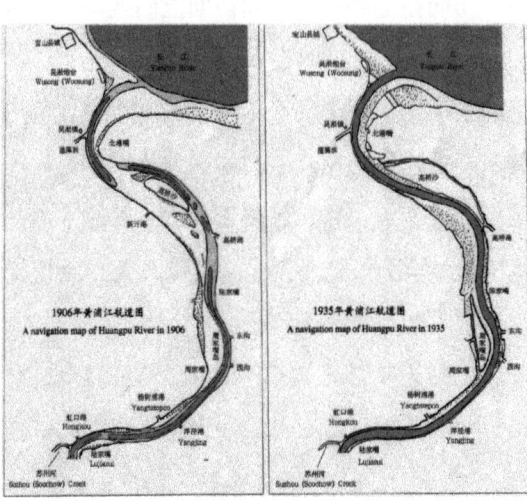

■ 图为1906年的测量图。1935年经多次疏浚后，深度超过24英尺的河床已经连接为通顺航道，成为名副其实的"黄金水道"。

大，并终于堆积成岛，当地的人们给这座岛起名为"高福岛"。

由于流动在这座岛西侧的水道浅，因此就不适合大型船舶航行；而东面小船航行的水道，其河床却在逐年升高。

针对这些现状，奈克提出了两个方案。一个方案是扩展从高福岛前面不远的高桥处向北流动的小运河，使其水流直接注入长江，暂时截流自高桥往下游去的水流；而另一个方案则是要堵住小船的航行水道，疏浚便于大型船舶航行的水道。当然这其中，也包括疏浚河口的沙洲计划。

根据清朝与西方列强签订的《修订修治黄浦河道条款》，1905年正式成立了一个作为黄浦江管理组织的黄浦河道局。之后演变成为黄浦江浦涝局的这个机构，再一次向远在国外的工程师奈克发去了聘书，聘任他为改造上海黄浦江的总工程师，并同时采纳了他多年前曾经提议的那个既现实又节约经费的第二个方案，不久便在新开通的那条曾经是小船航行的水道标示上刻上了"正义女神水道"的名字。

说起来，改进道路也好，铺设铁道和疏浚水路也好，这都是些一眼就可看出其中利益的工程。由于"道路码头委员会"的所属成员大部分都是上海租界借贷土地的西洋人，因此，他们中的多数人都是别有用心地想借发展都市事业之机会，来得到一些实际的自我利益，并梦想着碰巧发一大笔横财。而对于那些根本看不到什么实际利益的都市公益事业，他们却置若罔闻。

就拿安装自来水管道来说吧，明明在上海租界成立初期他们就得知诸多疾病都与饮用水有关，但如此重要之事却无人问津。

1871年，当弄清楚了租界上的孩子们是由于喝了不干净的水才导致生病时，租界上的这些西洋人才不得不行动起来。在医生们的强烈要求下，当局才去提取了黄浦江的水样送到英国进行鉴定，并在万般无奈之下委托了与伦敦自来水管道设施有关系的土木工程学会会长托马斯·霍克莱斯先生来作安装自来水管道的计划。

不过，没想到这种行动的加速，却让他们碰上了一个依然与利益得失有着直接关系的烦恼事件。1879年，一场袭击了法租界的大火，给商人们带来了巨大的损失。

当搞清楚这场大火多半是由于缺乏灭火用水时，纳税者们才在万不得已的情况下作出了一个安装自来水管道的决议。

可是在执行此决议的过程中，最大的一个难题就是如何解决水源地设备安装的技术问题。于是，技术人员只好先去排除了公共租界外不能有效控制的严重污染，然后又在杨树浦安装了一个以便汲水的蓄水池。由于此处曾在美租界的控制范围内，所以便有效地阻止了法国与中国方面的诸多干涉，可直接瞄准逆流满潮时采水。这样一个巨大的蓄水池就在杨树浦这里建起来了，与此同时在江西路建起的那座100多英尺高的供水塔，当时还被夸耀为上海租界最高的建筑。

1881年英商在江西路成立了一个自来水公司，紧接着又在杨树浦建起了一个自来水厂，水厂建筑为英国哥特式风格，是中国最早的城市自来水企业。1882年5月，李鸿章还出席了在这个水厂举行的供水仪式。

1882年4月，英商李德尔成立上海电气公司，这是第一家电气公司。

不论是早在1865年成立的煤气公司、1881年12月创办的上海市自来水公

■ 图为在杨树浦建成的中国最早的自来水厂

■ 图为斐伦路发电厂

司,还是于1882年建立起来的上海电气公司,这些公司的成立对上海今后的发展和建设都起到了至关重要的作用,另一方面也暴露出了各国列强们操纵和掌管上海租界的强大实力。

不可否认的是,西洋人的到来,的确给远东上海带来了殖民统治的耻辱,但它同时也带来了开辟资本主义世界市场的丰富经验。而上海租界这一初期的建设与改造,归功于"道路码头委员会"则当之无愧。

2.3 粉墨登场

英国皇家建筑师协会,在世界建筑设计领域中有着不可低估的权威和巨大影响,从2004年4月2日中国国际贸易促进委员会宣传出版中心北京"建筑文明与设计对话"系列会展活动组委会发出的一条最新消息中,便可一目了然。

世界建筑设计领域最权威的英国皇家建筑师协会(RIBA)决定接受符合条件的中国会员。

这一爆炸性最新消息,是上述活动组委会的美方协调人、英国皇家建筑师协会美国区总裁兼加州分会(President, US Region & Chair, RIBA–USA California)蒂莫西·詹姆士·克拉克(Timothy James Clark)先生于北京时间2004年4月2日(美国时间2004年4月1日)以电子邮件的形式正式通知活动组委会的。他说,这是一个非常重要的政策改变,是一条爆炸性的新闻。来电说,来自英国RIBA总部、爱尔兰的RSUA、威尔士的RSAW、苏格兰的RIAS和所有英格兰地区总裁们组成的会员委员会,于2月16日就开始讨论这一问题并最终做出了决定,同意接受合乎其要求的中国建筑师为其联合会员(Affiliate membership)。他还说,这一最新消息是英国皇家建筑师协会会员部主任保罗·纽曼(Paul Newman)透露给他的。

他补充说,英国皇家建筑师协会总裁今年5月将亲率一个8人代表团,携带几十位世界建筑师的作品等访问中国，同中国贸促会等共同主办北京"建筑文明与设计对话"系列会展活动，与中国建筑师面对面交流，并借此机会了解和统计有意成为其联合会员的中国建筑师的背景、资历、成就、数目等基本情况。

克拉克4月3日来电说，英国皇家建筑师协会将在华吸纳会员，所有本次获准参展的中国建筑师将成为第一批RIBA中国联合会员。

据贸促会了解，我国加入WTO后为推动国际服务贸易的交流和发展，我国有关部门就建筑师国际互认等问题同英国皇家建筑师协会进行了三四年的沟通；但进展不大。随着世界经济一体化进程的加快，英国皇家建筑师协会似乎对中国的政策有所改变，这很有利于我国建筑设计师尽快走向世界。

至于中国对英国皇家建筑师协会的认识程度，从以上这条爆炸性新闻的字里行间，便可略知一二。其实，早在19世纪70年代，这个协会的会员就已像骏马般驰骋在了十里洋场的上海滩上……

如果把19世纪70年代初期，看成是上海租界的一个"上海建筑师剧"的幕休时间，那么，这则意味着这一时期，是所有与"建设"这一名称有关的杂牌居留地技术人员登上正统建筑师舞台的一个过渡时期。

身为英国皇家建筑师协会（以下简称RIBA）会员的凯德纳，被誉为当时上海正统建筑师的先驱。

英国建筑师协会是于1834年在伦敦创立的，于1866年荣获英国皇家称号，成为当时最具权威性的皇家建筑师协会。这个被称为RIBA建筑师职能团体的协会，一直持续发展到了今天。会员分为正式会员、候补会员和名誉会员三种，以会员制度进行管理；它不仅拥有许多英国国内会员，而且还拥有许多国外会员。

其正式会员要求是必须在21岁以上，并要有7年以上的实际工作经验；若实际工作经验不满7年者，则只能给予一个候补会员的资格，待满7年之后才能发展成为一个具备正式会员资格的后备人选。

而后，在1887年和1888年《RIBA会员手册》的规定中，对1888年之后的申请者又添加了一项新的要求，即在他们的申请书上必须附上3位以上正式会员的推荐信。而候补会员则需在申请书上填写自己在建筑方面的教育经历。总之，要想成为正式会员，就必须要有推荐人对自己作品的评价和意见，并要将这些意见分别填写到指定的申请表上。待以上这些资料全部备齐之后，才能报到伦敦RIBA总部，然后由总部审核作出最后裁定。

1934年，一位英国皇家建筑师协会会员，曾经这样赞美道：

> 英国皇家建筑师协会具有世界上所有职能团体都不能相媲美的地位。迄今为止，我还未见过有这样以指导地位而取胜的独立团体。可以毫不夸张地说，那是因为我们的这个建筑师协会被叫做英国皇家建筑师协会。这才是其地位显赫无比的真正原因。这两个岛上所有的土地都隶属于英国皇家建筑师协会的联合体，而不是被同盟的各建筑团体的组织网所覆盖。在大英帝国的所有区域、自治区乃至直辖殖民地进行现场考察是会员们的责任和义务。这种做法是对这些地方的一种关心，但更重要的是要使那些与英国皇家建筑师协会有着密切关系的建筑师团体，能够借助着这条纽带生存并繁衍下去。

据1890年统计显示：当时英国皇家建筑师协会的海外会员几乎遍布在世界各个地方，这一统计情况，似乎在证明着这个会员所说的那些洋溢着骄矜的话语……

当时就有24位会员旅居亚洲，其中仅在上海的会员就占了4位（正式会员1位），而在香港也有2位会员（正式会员1位），至于亚洲其他各国的会员在此也就不一一列举了。

那时，甚至还出现了以下情况，可以根据RIBA会员人数的多少来推算出一个城市建筑规模的大小。上海的会员人数，虽然远不及澳大利亚的14位会员，但它却可以与印度孟买的6位、南非约翰内斯堡的6位以及新西兰惠灵顿的4位会员相匹敌。由此，我们便可以推断出上海应算是一个中等城市规模。

从19世纪末到20世纪初期，上海的RIBA会员一直保持在4个人的范围之内，可到1905年时，会员人数却突然急剧地增加，并开始了大规模的设计活动。

会员道达尔活跃在伦敦和上海之间，留下了一座徐家汇天主教堂。1893年成为正式会员的F.M.格拉顿在外滩16号地的事务所中，与怡和洋行招聘来的玛礼逊合伙设计了淞沪铁道。而汇中饭店的设计者司各特，则是从玛礼逊与格拉顿事务所独立出来的一位擅长安妮女王文艺复兴样式的RIBA会员建筑师。

为入会所提出的数量庞大的会员申请书都被保存在伦敦总部，即使是今天也依然可以从这里找出格拉顿想晋升为正式会员的那份申请书。申请书共三张，第一张写的是格拉顿本人的经历，第二张上是按照年代顺序记录下来的履历书和他自己的作品年表，第三张则是当时唯一住在上海的正式会员尤里所写的部分推荐理由。

F.M.格拉顿当时居住在上海，从他入会的这些资料中，似乎是可以捕捉到生活在那个年代的上海建筑师们，从居留地建筑师转向正统建筑师这一过渡时期中活动的第一手资料，并同时可从中清晰地捕捉到那些英国皇家会员当时在上海滩大显身手的一些来龙去脉。

在伦敦设计事务所潜心钻研了四五年业务的格拉顿，于1881年成为RIBA候补会员。第二年他来到上海，进入玛礼逊事务所。

从格拉顿到达上海的1882年开始，到提出正式会员申请的1893年为止，在这十多年中，格拉顿做了大量的设计工作，不过多数都是住宅和工厂，规模大些的设计只有香港上海银行天津分行、上海美国领事馆以及建在外滩上的大清银行。在申请成为正式会员时，他拿出的作品是1887年维多利亚女王在位50周年庆典时，由他筹建的那座带有霓虹灯装饰的都铎样式的美国领事馆。而格拉顿所设计的其他建筑，却几乎都是追赶当时潮流的安妮女王复兴式的建筑样式。

当时，测绘师、土木工程师和建筑师合伙开办事务所是一件极为普通的事。1885年，格拉顿以一个合伙经营者的身份，与玛礼逊联名开办事务所，并承担起全部的设计任务。

仅仅依靠土木工程技术人员，很难达到建筑方面的设计要求，于是，玛礼逊决定把一些正统建筑师拉进自己的事务所，让这些人来解决土木工程技术人员所不能胜任的技术和工作。

不过，就算他们的设计本领再高，如若让他们赤手空拳来打开几乎是从零开始的上海建筑界的局面，也是决不可能的。

即便是对英国皇家建筑师协会的会员们来说，幸运也不是躺在马路上等着他们来捡的。

暗地里也想支持格拉顿的清朝政府，此时正处在一个内忧外患的时期，正统建筑师很想继凯德纳之后来代替居留地建筑师。不过，上海的这块地盘，还远远没有调整到可以让这些正统建筑师尽其所能成长的阶段。

代表上海居留地建筑师的金斯密，于1910年去世，不过，他却留下了艾特金森·达拉斯事务所（1894年独立）和爱尔德事务所（1896年独立）。而这两个事务所的人不仅可以进出上海，还可以进出天津、北京、汉口等居留地。艾特金森·达拉斯事务所在汉口、北京、天津等地设立了分支机构，这些分支机构是最早诞生在东亚的有组织的建筑事务所。在住宅开发中，他们又与上海广场投资公司联手，在租界内和越界道路的沿路上建起了都市型住宅与别墅，并进一步切入清政府所委托的事业中，设计了北京大理院、圣路易斯万国博览会中国馆（1904年）等建筑。

艾特金森·达拉斯事务所的兄弟公司爱尔德事务所，在建筑造型的精巧上并不怎么出色；可是，他们却设计出了以李鸿章公馆为首的诸多带有外廊风格的住宅。像天津俱乐部、杭州租界和公共花园等建筑都出自于这位1873年出生在魁北克，任职于金斯密事务所的爱尔德之手。

由此看来，这个被夹在20世纪转型期中长达20年的上海公共租界的建筑界，实际上是被两大流派所掌控着。一个流派是以凯德纳→科里→道达尔→格拉顿，直到司各特为止的RIBA建筑家为代表的正统建筑师，而另一个流派则是以艾特金森·达拉斯和爱尔德为代表的居留地建筑师。

如果现在再来欣赏这幕"上海建筑师剧"，你就会由衷地感觉到，其实是上海公共租界建筑界的发展，才迫使居留地建筑师不得不往正统派建筑师的行列转移。尽管前者的力量很难衰退下去，但是真正的主角也到了必须要登台的时候了。

第三章

困惑、碰撞与接纳

3.1 西风东渐

开埠初期,上海处在一个道路要改造,河川要疏浚,铁道要铺设,自来水管道也要安装的城市改造的最盛时期。尽管如此,但这一时期的当务之急也绝不仅仅是建设上的问题,而是更需要能尽快地拿出一整套西方行政纲领的实施方案和决策来。

自1843年租界成立以来,英国商人、领事馆人员及传教士们,都不约而同地纷纷涌进了租界。那时,他们的住房大多是那种起源于南方周围环绕着宽阔外廊的殖民地样式的建筑。这些房屋似乎从外观上就能一眼看出是出自西洋设计师之手设计的。倘若单靠中国传统泥瓦工匠的手,是无论如何也不会建造出这种样式的建筑来的。

走过50年风雨历程的英租界,1893年11月在上海举行了盛大的庆祝英租界成立50周年纪念活动。假如从当时所举行的诸多纪念活动中,选择出任何一个来,都可以从其中了解到一些有关上海建筑方面的逸闻趣事。在当时首屈一指的《北华捷报》专刊特集中,还专门报道了这一时期租界的建设情况。

迁移到租界上来的这些西洋人,他们的当务之急是要抓紧时间,尽快地在上海建造起自己的房屋来。他们中的大多数人由于是来自广东或澳门,因此,他们就很希望能够按照在广东工作时的商社楼房或是在澳门居住时的住宅样式来进行设计和建造。

然而,如果按照这种规范要求来施工,在上海却难以寻觅到南方的工匠们,所以,也就不可能建造出他们所要求的那种规范的房屋来,于是,他们便只好乱七八糟地滥造起来。尽管如此，可当时建起来的所有这些房屋却几乎都建有一个宽阔的外廊。显而易见，对于这些从广州、澳门等地迁移过来的人们来说，南方外廊的殖民地建筑样式已经完全渗入他们的生活习惯之中，由此，他们借用这种南方外廊殖民地的建筑样式，也就不难理解了。

专刊报道到这里，话题又转向了建筑师身上。

那位以建筑为本职工作最早来到上海的建筑师斯特劳斯，他将英国当时流行的一种所谓希腊式的建筑样式，作为一种独特的建筑风格引进了上海。他所设计的楼房，直到现在也没发现一点点改造过的痕迹。

以这种样式设计出来的斯特劳斯的建筑代表作，现已荡然无存，但不可否认的是：上海建筑的艺术性发展之所以能够突飞猛进，可以说是与斯特劳斯的这些作品有着直接的关系。因为那些宁波出身的工匠们正是在这些楼房的建造中，才学会和提高了国外的建造技能和水平。

1854年版的《上海年鉴》，记载了近280位当时定居在上海的西洋人名字及他们的职务。其中被认为与建筑有关的只有4位，一位是建筑师，一位是木匠，而其他两位都是船木工。唯一的这位建筑师则是当时已在上海居住近5年之久的斯特劳斯。

然而，令人百思不得其解的是，这位使用"泰隆"商号、上海租界的最早建筑师，他的名字在第二年出版的《上海年鉴》中竟然消失得无影无踪。

《上海年鉴》中记载的建筑人才之所以寥寥无几，那是因为在当时的上海租界，无论是外国建筑师，还是中国的工匠们，全部都是从香港、广东和澳门等南方城市调拨过来的。

在1851年出版的名为《建设者》的一本英国建筑杂志上，虽说并没有专门介绍上海，可整篇文章却是从头至尾介绍了一位开辟上海港口的英国人，其中详细地报道了他是如何雇佣船木工出身的中国工匠们，又是如何按照外廊殖民地样式建造楼房等诸多情况。

就连写这篇报道的记者也不由自主地感叹道:如果我们能够稍微放松地来观察一下周围的建筑,那么你就会意外地发现,即使在外廊式住宅的建造中,中国的工匠们也依然脱离不了中国传统的施工技术。他们竟然能把外廊上所用的那些多立克式的圆柱,都变成南瓜的样子,甚至那上边的横梁也都被涂成了绿色。

不过,这位记者还同时评价了斯特劳斯的功劳。他说:在不得不依靠中国工匠们来完成大部分建筑工作的这个时期,如果没有斯特劳斯的竭尽全力,这些仅仅具有中国传统施工技术的工匠们又怎么可能学到这些西方建筑的建造技术和施工方法呢?

如果打开斯特劳斯来到上海10年后所登录的那本西洋人名录,你就会很快找出J.W.哈特、T.W.金斯密、G.J.莫里森、J.史沫特莱、W.凯德纳等十几位建筑师的名字来。

在他们所填写的职业一栏中,几乎都是"建筑师",但实际上,他们中的绝大多数人却都不过是木工、测量工和船木工而已。

当然,无可置疑的是,若要技工来代替建筑师,那绝非易事。可是,这两者在技术的转换上却只不过是一个恰恰相反的简单过渡而已。

即便是在英国,这也是一个一直处在一种暧昧模糊状态之中的问题。英国土木工程师协会比英国建筑师协会早创立18年,为了适应快速兴起的产业社会,他们便不得不尽快地与建筑师联合起来,正是在这种情况的逼迫下,他们才不得不于1834年成立了英国建筑师协会。

既然连当时的大英帝国都是如此,那当然就更不用说沸腾在都市建设中的远东上海了。况且,上海是从一个闭关自守的商港,正在逐步地走向近代中西贸易的枢纽大港,这种不期而至的发展也就必然加速了西洋人要成立能够实施他们行政纲领的这么一个机构的设想和愿望来。

于是,英、美、法三国公使便马不停蹄地在1853年7月5日签署了《上海英美法租界土地章程》。在这部由阿礼国起草的章程里提出了组建"工部局"这一殖民统治管理机构的初步设想。

经过了种种未雨绸缪,西方人多年来想按西方行政纲领来管理和掌控上

■ 工部局大楼

海的这一夙愿终于实现了。就在签署《上海英美法租界土地章程》草案的第二年7月11日，由阿礼国主持，在英国领事馆举行了工部局成立典礼。

在这次大会上，参会国全部通过了《上海英美法租界租地章程》，其中规定，租地的取得与登记，均须先向各国领事提出申请，如该国尚未派驻领事，则须向其他友邦领事提出申请。

同时，大会还通过了成立管理租界公共事务的行政委员会（Executive Committee）的决议，并于7月17日召开了"工部局"第一次董事会。

■ 工部局排斥华人管理租界，尽管在租界里华人占绝大部分，图为工部局最高决策机构董事会成员。

可是，在这次董事会召开后的第八年，法国为能提高和维护他们国家的面子和尊严，便以1853年由英、美、法三国签字同意合并法租界的那份土地章程未能得到法国皇帝的批准为由，于1861年6月由驻沪的法国领事向英、美两个国家的领事和工部局提出了退出工部局，实施法国独立管理的要求。经过反复讨论之后，三方共同确认了工部局为英美两个国家公共租界的行政机构，而刚刚成立起来的工董局则为法租界独立的行政管理机构，于是便重新修订了三方曾共同签过字的那份与法租界合并为公共租界时的土地章程。

1866年3月，三国领事又重新聚集在一起，在租地人会议上，通过了修订后的"土地章程"。接下来，"工部局"的英文名字便更换为"Shanghai Municipal Council"，简称SMC。若将这一英文名字直译过来，应该是"上海市政委员会"，但在那时的中国还没有"市政"这样的概念，因此汉字中也就没有"市政"这个词。

后经专家研究发现，英文Municipal Council的中文译名是"工部局"，由此看来，西洋人之所以选择了这个词，来作为租界上从事城市建设和改造这一管理机构的名称，不外乎是为了便于中国人对其职能的一目了然而已。

"工部"是中国古代官署名，为六部之一，掌管各项工程、工匠、屯田、水利、交通等政令。但SMC的含义，却远远不是"工部局"这三个字所能完全含括的。工部局成立后，租界的形势发生了很大的变化。英租界的"道路码头委员会"立即被解散，而是由工部局来继承了该委员会所负责的道路改造及城市管理等所有的改建工作。

按照阿礼国的筑路计划，首先铺设了今南京路以南的九江路，继而又

■ 一队中国劳工正在牵拉石碾子压实路面

陆续铺设了汉口路、福建路、广东路等多条道路,并开始在路面上铺筑碎砖石。今河南路以西(现为山东路)的南北向干道,当时就是用花岗岩的小碎石铺筑而成的。

到1865年时,英租界内已经形成了一个由26条道路所组成的道路网,而在虹口地区的美租界内也相继铺设出了几条新的道路。

19世纪60年代中期以后,由于对外贸易的急速发展和租界人口的不断增加,而给道路交通带来了极大的压力。为了缓解这一矛盾,工部局从日本引进了人力黄包车。不久,这种黄包车便风靡了上海的街头与巷尾。

为求得在原有的基础上进行发展,来完善租界的道路建设,工部局便以继续增辟或延长租界内道路来作为路政建设的首要目标;并把拓宽、取直原有干道和兴建洋泾浜、苏州河桥梁等工程项目也纳入到了议事日程之中。

于是,西风东渐,一切都在悄然地发生着变化。洋泾浜上的木桥被铁桥替代,而苏州河上继1873年兴建"公园桥"(即外白渡桥)之后,又先后在河南路、福建路、浙江路、江西路等处加筑了木桥。与此同时,他们还完成了英租界内的道路排水工程,马路上也开始了用电灯来照明。

■ 1913年上海旧城开始拆除城墙,建设马路,图为城墙拆除后的筑路情况

1910年,工部局开始进行铺筑柏油马路的试验。而马路上的白炽路灯也逐渐取代了过去使用的弧光路灯;混凝土也被广泛地使用在各项房屋建设及道路的排水工程之中。不久,他们又从国外引进了诸多碎石机、压路机、破路机等先进的机器和设备。

单向通行、禁行规制等新的交通管理方法也及时地运用到了日益急速发展的交通运输方面,并逐步淘汰了一些旧式的交通工具。

为清洁道路,工部局在1897年开始在租界内试用垃圾桶。到1906年时,整个租界内已正式实施了用垃圾桶来处理垃圾的管理办法。

从碎石路面到柏油路面,从铁桥、钢桥到混凝土桥,从水泥人行道到水泥下水管道,从煤气灯到电灯路灯,总而言之,租界内的所有改变都在循序渐进地步入西方行政纲领的运筹之中。就连相应的材料、设备和技术人员也都是来自于英、美国家或是香港等地。就这样,上海,在不经意间开始了年复一年、月复一月,甚至日复一日、天翻地覆的变化和发展。

为适应租界内大规模使用混凝土下水管道的需要,1890年以后,工部局还在上海建起了专门生产混凝土下水管道的工厂。

■《上海洋泾浜北首租界章程》首页,曾被比喻为"租界宪章"

租界早期半殖民地性质等因素使工部局的路政权力在一定程度上受到了中国地方官的制约和束缚。因为在土地章程中规定,凡是向中国业主"租地"者,均要在他的租地契据上盖有上海道署的印鉴;若违例,则交会审公廨审讯;如若华人原有墓地非其家属自行允准,则不得动迁;凡填塞通潮之港或河道,须先与地方官商议之后,才能做出运行与否之决定。

后来,经各国驻北京公使团商讨,决定将1866年在租地人会议上重新修订的那份"土地章程"改称为《上海洋泾浜北首租界章程》。

这一提议于1869年才得到了正式的批准。在此章程中,有一明文规定:工部局是具有法人地位的一个机构。凡是涉及工部局诉讼的案子,都应该由领事公堂来受理。

■ 工部局的警务人员

这个被晚清华人俗称为"洋衙门"的"工部局",实际上是近代上海最具创造性的重要机构之一。从1854年7月17日工部局成立之后召开的第一次董事会起,一直到1943年12月17日工部局解散前的最后一次会议为止,工部局已经走过了90多年的风雨历程。

在近一个世纪的漫长岁月中,工部局给上海的改造和发展带来了一定的效果和深远的影响,但它同时也为西欧列强侵略和掌控上海,起到了一个不可忽视的直接作用。

3.2 难分彼此

其实,租界与上海县城是两个无缘的孤立体,而这两者之间的国际特征,却又是那样相辅相成、难分彼此。19世纪60年代之前,刚刚起步阶段的上海租界与上海县城之间,可以说是处在一种相当隔膜的独立体关系之中。

1860年后那些为避战乱的中国人躲进了租界,随之,整个形势发生巨变。尤其是那些发了国难财的中国富商们也步西洋人之后尘,在租界办起了妓院,建起了大烟馆、茶馆和大戏园子,由此而引来了更多放荡不羁的阔少和公子哥们。

■ 清大臣到上海时的情景

清朝末年的杰出小说《海上花列传》，是一本著名的吴语小说，也是中国的第一部方言小说，曾被后世的现代作家张爱玲翻译成一本命名为《海上花》的国语小说。其中主要写的是清朝末期中国上海十里洋场中的妓院生活，由此而涉及了当时的官场、商界以及与之相连接的各个社会层面。

英年早逝的作者韩邦庆（1856—1894年），在小说中栩栩如生地描写了一位没落家庭出身的青年，从离家出走，到深陷灯红酒绿的大上海妓院而不能自拔，最终导致身败名裂的悲惨故事。

从最高级的妓女书寓开始，到特等妓女长三、普通妓女二三、低级妓女么二，再到在鸦片烟馆里或街头上诱惑客人的那些最低等的卖春妇以及在马路边上拉客人的夜间私娼等，都在书中一一作了详尽的描述，并淋漓尽致地揭示出了这一时期妓女往来交际的实际状况。

清末民初，上海已是通商口岸，外国租界四处林立，因清朝禁止官员狎妓，所以高等妓院，大多都开在了租界内。有些本地商贾为了谈生意方便，还将交际应酬的场所也转移到了妓院里。

正是由于租界的出现才使西方思潮渐渐流入中国，那些常与洋人打交道的中国商人（即小资产阶级），相对而言，他们对新思想和新生活接受的方式就会更快一些。尽管他们家中皆有包办婚姻娶回的正室夫人，但由于他们本性难移，加之封建家庭的思想意识，依然使他们请人说媒下点聘礼，一顶轿子将小妾娶回府中。自从有了妓院以来，反倒是租界里的那些妓女，尤其长三书寓，流入风尘却自有几分清高，一概称之为"先生"，当然，这些被叫做长三书寓的妓女，不是客人随意花钱就可叫到的，还必须征求她们个人的意愿；在这其中不管怎么说，还必须要讲究个情投意合，合得来就多走动，往往这么一来，生意一做至少就是个三年五年的。那种花钱即可过夜的则称为野鸡，在长三书寓与嫖客眼中，这样的妓女充其量不过是个下贱坯子而已。

《海上花列传》中的主人公所游荡的那些妓院，均坐落在当时的棋盘街和打狗桥上。棋盘街和打狗桥位于法租界和公共租界境界的洋泾浜北侧，即为现在广东路上的宝善街，福州路附近胡同里曾经开设过的荟芳里、尚仁里、公和里与公兴里等妓院旧址的地方。

鸦片战争以前，聚集在县城内"也是园"东门、西门附近那些妓院的老鸨们，为避开1853年占领了上海县城的小刀会和60年代进驻的太平天国军，他们便陆续地将自己的妓院往租界内移动。不过，让《海上花列传》的主人公纸醉金迷的场所，却并非只有妓院。

最先吸引这位放荡儿的其实是吸鸦片的烟馆。书中鸦片烟贯穿始终，客人进堂子，娘姨大姐先准备鸦片和水烟，客人吸足了瘾，才上饭吃酒。若无外人，妓女和客人不过点几样清粥小菜，略有点居家风范。次日睡到中午起床，下午打点事务，晚上继续吃酒摆局。

在当时诸多的大烟馆中，最出名的还要数1853年开在法租界的南诚信烟馆。在此大烟馆的东西厅里，摆放着20多把用硬红木制作的罗汉椅子。两个人为一组的烟客们歪着身子脸对脸的躺在椅子里，从手里托着的那个长长的大烟管里，不断地发出了吸鸦片的"叽——叽——"声。从天花板垂挂下来的广东制造的电灯光，照射着烟雾缭绕的房间，各种各样的书画贴满了整个墙壁。虽说这里是租界，可在悄然中它已变成了一个地道的中国人的空间了。那些为客人们提茶倒水作为社交场合的茶馆，也都摇身一变，变成了那些阔少和放荡的公子哥们喜好的烟馆和妓院。这么一来，就连那些谈生意的商人，密会的黑帮，谈心的朋友们，也都成了这些茶馆的常客。于是，一时间从宽阔的大马路开始，直到弄堂深处，便参差不齐地排列起了诸多富丽堂皇的三四层楼房高的茶馆来。

小说还提到了演出昆曲和京剧的戏园子。当时在上海租界的行会会馆和富人们深宅大院里的戏台上，都是一些从太平军占领下的苏州逃出来，又躲到租界的昆曲演员们，他们在不断重复地演绎着不同历史时期的传统剧目。1870年以后，竟然有约20家的戏园子，鳞次栉比地建在了租界的南京路、四马路（福州路）和宝善街（广东路）一带。

同治九年（1870年），公共租界的外国人口为1666人，而租界里的中国人却已达6万人之多。随之在如此之多为生活所迫的中国人群里，便自然而然顺势地滋生出了一些佣人、码头工人、车夫、粪尿清洁工、小偷、无赖、乞丐、拉皮条者、卖春妇等，几乎含括人世间所有方面的职业。于是，在租界内一个向穷人施舍粥米，为病人治病，厚葬死者，让流离失所的人返乡回家等救济最底层中国人的组织，也应运而生。

而此时，县城里那些"乡绅"富户和有实力的人，却趁机钻了租界"工部局"的空子，他们立即成立了一个被称之为"善堂"的组织机构，这个机构几乎囊括了租界工部局和教会的所有行政工作。他们施舍药品，创建学校，救济贫民，修补道路和桥梁，开设码头和摆渡口等等。总而言之，凡是租界上有的，上海县城则一应俱全。

尽管如此，但对中国人来说，他们却认为租界与上海县城倒是更像一对难分彼此的孪生兄弟。

■ 城隍庙

在上海县城，一年之内要进行很多例行的节日和活动，例如众所周知的元旦、正月初三的梅花会、正月十五的元宵节、四月下旬的兰花会，以及九月的菊花会等等，都是在城隍庙和豫园举办。

■ 豫园

而这两个地方与租界供西洋人休息的公共花园又是那么相似。同行与同乡们聚集的会馆、茶馆和戏园，又与上海、法国等俱乐部有着那么难以梳理的关系。就连坐落在城墙内的那些天井型的都市住宅，也好像比殖民地外廊式住宅更适应上海的风土和气候。

不过，若从居住特征这方面来分析，其实租界与上海县城的舒适性，应该说还是有着本质上的区别的。

在19世纪70年代，来到了林立着西洋式建筑的租界外滩时，有很多人都会误以为是走进了上海县城的大街小巷中。历经了30年沧桑的南京路上，变得繁华异常，所有商店的每一块招牌上，都涌动着华丽字句的广告。街道两旁并列着的电线杆和中国人拉的人力车，都是开埠以后才登陆到上海来的新生事物，而今，一成不变的是那些蕴积着漫长岁月深沉感的各式西洋建筑以及那些出入租界熙熙攘攘的中国人。

上海县城的人曾经强烈地反对过铺设淞沪铁道和疏浚黄浦江河口的沙洲，强烈地反对过自来水管道的安装。在他们的头脑中，一直以来都认为，沙洲是天赐给人间的防护栏，铁道会切断他们风水思想中的地脉；而对于安装自来水管道，他们则以水塔上能死人为借口进行

■ 上海老街

阻挠。尽管如此，可这些迷信的思想观念又不能成为西方人责备上海县城人的理由。因为对西方人来说，他们认为中医学是一种人间迷信，这种在宗教方面的执拗，实际上是与中国人的顽固并没有多大的区别。如果将其原因归咎于生存居住环境的不同，那也未必不是一种什么不妥之解释。

的确，租界的居民们已经着手进行都市的改造，他们正在通过不断的努力，去追求自身的舒适性。当然，这种追求不外乎会是一种带点儿"西洋人"味道的"舒适性"。

因为自产业革命以来，由西方各国兴起的近代技术和工程学所引发的都市改造及都市卫生等观念，都还未与中国人结缘。然而，西方的进步与上海租界的出现，却是出乎人们意料之外的竟然发生在这同一时期。因此，与其说西方人是在建设上海租界，还不如说他们是在利用他国国土搞着自己本土建设的副本更为恰当。到19世纪60年代末期，可以说上海已经基本上变成了一个西洋人与中国人双重结构的城市。尽管这些西洋人是在按照他们的思维方式恣意妄为地改造着他们租来的这些土地，不过，如果稍稍留神，你就会发现，实际上这些地方都已明显地变成了中国人的活动场所，而这些场所已完全被那沉淀于上海县城内浓重的中国观念所覆盖。

3.3 "马桶"的趣闻轶事

即便是在60多年前的一个晴朗的日子里，当你漫步在上海郊区的大街小巷时，还是会偶尔碰到路上一些晒干了的高约50厘米的木制小桶，甚至还会偶尔看到一些老妇人们在非常耐心地冲洗着这些已经褪色的小红漆桶的情景。

自古以来，人们将深更半夜所排泄出来的尿粪都积攒在这个叫做"马桶"的桶里，待天亮时，再将这些桶里的粪尿倒入马路旁边的下水沟里。

其实，这是一种从古代起就延续下来的原始的污物处理方式，显而易见，这种做法已经走进了人们的近代生活之中。自东汉以来公共厕所"都厕"就已发达起来的中国，污物一直作为农业肥料而被格外地重视。南宋文人吴自牧在他所写的《梦粱录》中，就曾经详细地描述了那些居住在南宋都城临安（杭州）密集地区的人们，是如何将马桶作为厕所来使用，而污物又是如何被那些叫做"倾脚头"的人收集走的情景。到了30年代时上海人又将这些"倾脚头"人改称"马桶人"。

如果将"马桶"污物倒进路边沟里的行为称之为"古代"社会的行为，那么所谓"近代"的意义，就应该是来彻底地改革这种作法的行为。为此公共租界引进了抽水马桶，为的是能将人们随时排泄的尿粪立即处理"干净"。若将"马桶人"收集污物使其变成农业肥料的这种做法，称之为"近代"行为，那么，可以说这种行为则是完全破坏了自古以来用传统方法处理粪尿的循环规律。因为这种将粪尿收集起来的做法，是无需人们将"马桶"里的污物倒进下水沟里去的。由此看来，古代的传统做法并不是一种社会进步的做法。但不可否认的是，正是由于出现了这种对古代社会处理粪尿的方法，才促使"近代"改革的步伐迈向了这个新兴的国际城市中。

其实租界创立之初，英国人并不清楚上海"马桶"的具体情况。

19世纪60年代末期，为采集植物而踏破铁鞋的英国人乔治·巴琴来到了上海。当他了解到"马桶人"的责任是将"马桶"倒出的污物收集起来这一状况之后，对这种以收集粪尿来作为农种肥料的做法深表赞赏，他认为正是由于此种做法才防止了河川的污染。于是，他便及时地将这种做法传播到了英国。

■ 法租界里穿街走巷的倒粪车

然而，以上这些情况，仅仅是乔治·巴琴的一个片面了解；实际上，当时的大部分家庭还都是将马桶往马路上的下水沟里倾倒一空，污物随之流入黄浦江，由此而导致了上海整个城市的环境污染和传染病的发生。尽管有关行政部门的人员针对黄浦江的污染问题,提出了一个整顿自来水管道的最佳方案,可是,安装下水管道却是在很长时间以后。

当然这主要是因为当时工部局认为疾病的预防要比饮用水的净化更为急不可待,因此他们也就没有配置任何粪尿收集网络。

■ 粪车和粪码头

租界根据中国人的农耕法来经济地解决污物的处理问题。工部局将收集租界粪尿的工作转给了业者,由业者每天早上9点钟以前运走租界上所有的粪尿;而工部局却从业者那里得到了约47770两银子的税金收入。

实际上,不论是公共租界的工部局还是法租界的公董局,都同时拥有粪便的贩卖权和运送车的通行决定权。他们共同规定粪尿的运送时间为:夏天从早上6点至9点,冬天从早上7点至9点。

1915年工部局添加了一项安装抽水马桶的义务,于是一些新建起来的大饭店开始装上抽水马桶。可这么一来,却增加了饭店大楼污水罐里的污水量。1921年租界当局引进了可以大量收集污水的真空污物收集车,来对应公共租界上的1800个抽水马桶。可是这种车价格太贵,而在街角作业时甚至还要面临着妨碍交通这一指控。

之所以迟迟没有安装下水管道,其实还有一个更主要的原因是工部局无论如何也不想失去从粪尿业者那儿获取税金的好机会。不过,这种将下水道里积蓄的污水又原封不动倾入黄浦江的做法,也迫使工部局不得不去考虑由此而给上海这座城市带来的环境污染问题。

加之1920年苏州河首次出现黑臭污染,鱼虾绝迹,疫病流行,这才迫使工部局终于在1921年做出了一个安装下水管道的决定和计划。

其实，在这个决定作出之前，租界就已经安装了部分的下水管道。1919年，上海陆地投资信托不动产公司在对城市进行开发时，就已分别在东区的扬州路和沿着虹口公园附近的江湾路上安装了下水管，并用这些下水管来吸收污物，然后再将这些污物从这里送入真空污物收集车。1922年工部局又在北区建起了一个污水处理厂，而后又在东、西两区分别建起了两个类似的污水处理厂。

图为日处理污水1.5万吨的西区污水处理厂

中国土木学会会员之一的H.W.李于1924年作出的下水管道实施的计划方案，是一个尝试连接那些已经安装好的下水管道的计划方案。可是租界地区地势平坦，下水流速过于缓慢，因此他们也就只好作出了在东、西、北三方各建一个污水处理场、并在中途安装上一个加压泵的计划。这么一来才总算是彻底解决了上海下水管道的安装问题。

那曾经被多少代上海人听惯了的洗刷马桶的声音，已在时代前行的脚步声中渐渐远去……

3.4 谁主沉浮

孙中山在其所著《建国方略·实业计划》一书中提出：上海"苟长此不变，则无以适合于将来为世界商港之需用与要求"，进而提出"设世界港于上海"。

根据这一方针，1929年7月，中华民国上海特别市政府第123次会议正式通过了《大上海计划》，并于当年8月成立了"上海市中心区域建设委员会"。

当时，上海市中心的大部分地区都划归在租界的领域之内，可上海市政府的这座大楼却位于偏远的枫林桥地区（近徐家汇）。因此这个与租界相抗衡的"上海市中心区域建设委员会"便想将市政府官厅搬迁到连接闸北、上海县城等地的华界区域内。

刚成立起来的这个建设委员会，立即着手建造新市政府官厅的设计招标工作，并提出了此建筑要采用中国式门面这么一个招标要求。

那么，究竟是什么原因，而让新市政府官厅的建筑务必要采用中国式门面呢？由此委员会提出了他们的意见和理由：

市政府大楼是一座被国内外人们所瞩目的建筑，上海市政府是中国人的市政府，因此，其建筑的样式应该当之无愧地代表中国的文化样式。假如使用的是其他国家的建筑样式，那么，所谓中国的尊严、人民的崇尚又该从何谈起呢？既然是上海的市政府，那么，其建筑样式则必然要符合上海市人民的意愿和思维，因为只有这样，才能至少维持了上海市人民最起码的自尊吧。

当时，招标审查委员会任命了在建筑上造诣很深的、中华民国成立初期的交通部长叶恭绰和上海市中国建筑师学会会长董大酉等人为该委员会的审查委员。

一看这两位审查委员的资格，也就不难理解市政府大楼为什么非得要求中国建筑的样式了。通过招标设计来建造公共建筑，这在中国已经不是第一

■ 中国建筑师学会会长
董大酉（1899–1973）

次了。不论是南京的中山陵,还是北平的燕京大学、辅仁大学,以及国立北平图书馆,均采用了中国式的建筑风格。因而,就当时的环境而言,对上海市政府官厅提出的采用中国建筑样式之要求,应该算是一个妥当之举。

从1929年10月1日开始,到第二年2月15日为止的这段时间里,从国内外来应募投标者达到了19人之多,而中标者却几乎都是中国建筑师。

经过反复比较,多方面考察,审查委员会汇总各方意见,于1930年2月揭标,确定了具备民族风格,能够很好领会市中心区域计划,并有自己独特构思的董大酉的设计方案。

这是一个将上海市政府建筑部署在南北干线道路交叉的十字路口处,而其各部门楼房沿建筑轴线分散开来的一个设计方案。在其南北走向和东西走向的交叉处还架起了一座塔,以此来作为上海市中心的一个标志。同时,还按照中国的传统方式,在其南面装上了一个高大的引水池。水池的南面立起了一座五重牌楼,作为上海市政府行政区的南门。水池的两侧则建有一座博物馆和一座大的图书馆。总之,这是多处地方都模拟了北京紫禁城建筑风格的一个设

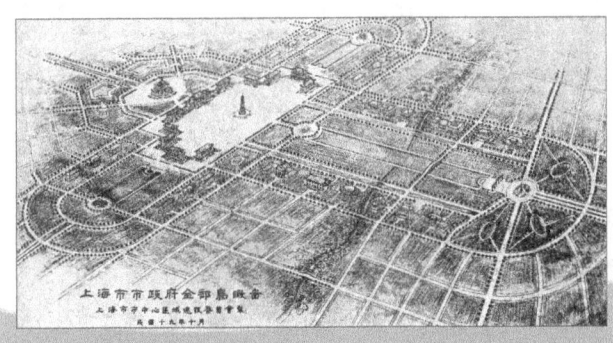

■ 大上海市中心行政区域平面图方案

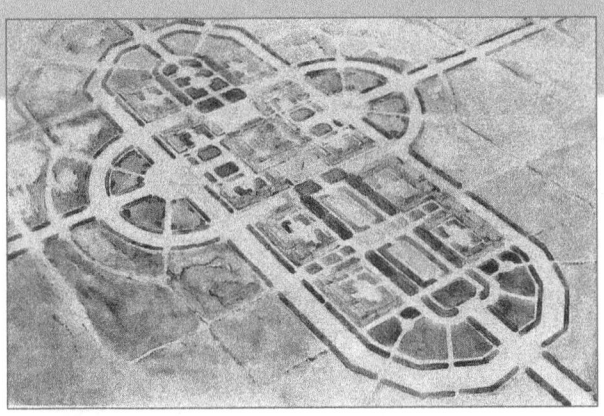

■ 上海市政府立面图

计方案。

1931年7月7日，是上海特别市政府成立4周年的日子，这一天在这里举行了市政府官厅的动工仪式。

这座长93米、宽25米、高4层、有着绿色琉璃瓦的屋顶和瓦饰、涂着红色列柱、完全具备了中国传统建筑外观的市政府官厅，它的整个楼体采用的都是平面形式。虽然这种设计加大了"分立"的限制，可遵守的却是中国传统的建筑样式。一般来说，传统的中国建筑，都是两层楼高，其面积也有限制。因此，若使这座市政府建筑过于高层化、庞大化，那么也就理所当然地不能称之为什么中国建筑了。

围绕着这座建筑的石造栏杆和正面的楼梯，都再现了清朝时代的宫殿风貌。就连走廊前后的办公室，也都采用了中国样式的室内装饰。

然而，世事难料。1932年1月，爆发了"一·二八事变"，这一工程被迫中断。停战7个月之后才得以重新开工，终于在1933年10月10日正式落成。同年年底，市政府的官员们相继迁入新建的中国"宫殿式"市中心行政区大楼办公。

接下来，董大酉又陆续设计了市政府行政区域的公共建筑和团体机关大楼，并于1935年5月设计出两座均沿袭了"阙"那种双翼突出在前方的传统样式的市立图书馆与市立博物馆建筑。

设计者董大酉出生于1899年，卒于1973年，毕业于清华大学。在美国北部的明尼苏达大学取得硕士学位之后，便在纽约墨菲的事务所中工作。而墨菲所倡导的"中国式"建筑，则是通过董大酉之手，得以在上海实现。譬如

■ 上海市图书馆

说董大酉1934年10月设计的体育场、1935年前后设计的中国工程学会工业材料试验所、1936年5月设计的中国航空协会陈列室以及1936年10月设计的上海市立医院等，在这些类似箱子般建筑形状的表面上，他都巧妙地配置上了强调民族色彩的中国式图案。

西方人在欧美本土对赶时髦的中国时装颇感兴趣，早在20世纪初期，他们就开始了以教会文化来作为对中国建筑设计方面的渗入手段。这个时期的上海，在完成了第二代外滩建筑的同时，还将具有中国外观的建筑推广于世。溯苏州河而行，会碰到一些大S形的场所，建在这里的圣约翰大学校舍，可以说是中国最早创建的一组奇特的建筑。

现已成为华东政法大学的圣约翰大学，是中国建立的第一所基督教大学。随着这座古建筑的腐朽老化，校方便于1894年请人重新设计了新的校舍，并在新校舍本部建筑的怀施堂前面建了一个中国式大门和一座中国式牌坊，而后又在这座横长建筑的中央处，安装了一个带有中国式屋顶的塔。如果说这座新校舍的外观是中国样式的，那也不过是仅指它的屋顶和牌坊而言。假如把这两样都去掉，那么，它也便成了当时上海随处可见的那种带有阳台的安妮女王式建筑。

当时，圣约翰大学极力推行着"中国化"。1931年，在中国的22所欧美系大学中，就有13所学校的校园和校舍是以中国式的外观来建造的。

那位曾经在迈入北京紫禁城瞬间就作出要以"复兴中国的建筑"为生涯目标的墨菲，提出了要用近代材料的钢筋混凝土和最新设备的外皮来包装紫禁城宫殿建筑的主张。这位要以再现清代宫殿建筑为自己终极目标的建筑师，认为艾特金森·达拉斯在圣约翰大学校舍中的那些表现手法，仅仅是让人们看到了一种似是而非的"中国式"建筑而已。

墨菲"宫殿式"的代表作是南京的金陵女子文理学院（现南京师范大学）和北京的燕京大学（现北京大学）。这两所大学直到今天还依然保留着昔日的美丽风貌。尽管学院的规划继承的是美国的校园模式，可当你走进了这两所大学时，还会误以为是走进了一座清朝时代的王公府第内。而这种"宫殿式"建筑在很短的时间内，就扩展到了南京、广州以及上海等诸多城市中。

南京中山陵和广州中山纪念堂的设计者是英年早逝的吕彦直。吕死后，接替他工作的李锦沛与设计了上海中心区域许多公共建筑的董大酉，都是中国建筑师学会的中心人物，也是"宫殿式"建筑的传播者。他们在美国留学后，在墨菲的事务所积累了很多设计经验，并学到了那种对中国建筑的热情及将其利用到现代建筑中的高超技艺。

在1936年发行的《中国建筑》一书中，建筑师陆谦受与吴景奇，以"我

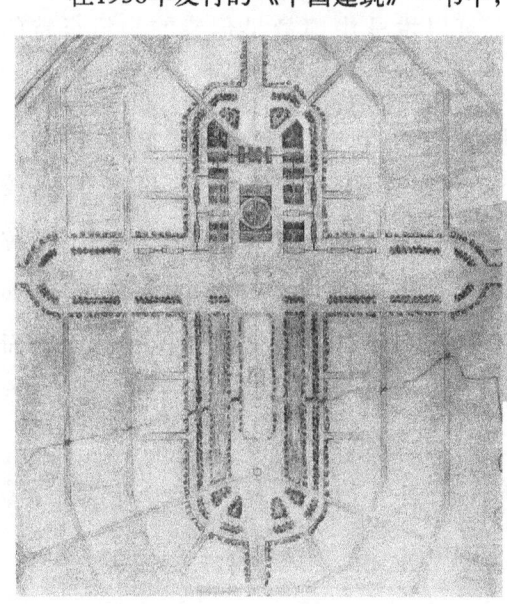

■ 大上海市中心行政区域平面图方案

■ 大上海市中心行政区域平面图方案

们的主张"为题,分析了当时中国建筑界之状况,现摘录如下:

如果把当时的中国建筑归纳起来看,大体可以分为三个流派。一为复古派,二为求新派,三为折衷派。复古派的人想要把中国古代的宫殿与庙当做新建筑来使用,但用途却全然不同。求新派的人想要主张模仿欧美最新的建筑方式,例如:立体式、国际式、未来式等。折衷派则企图中西并用,古今兼用。就表面而言,似乎就是这三个流派在主导着当时中国的建筑界。

而虞毓骏在他1946年发表的《再论中国建筑界30年之回顾》这篇文章中,曾这样论述:

我国现代建筑形式有三个流派。一为纯粹古典式,二为国际式,三为古典折衷式。

在这两篇文章里所叙述的"式"和"派",实际上是"形态"和"样式"的称谓。"纯粹古典式"指的不是古典式的西洋建筑,而是在市中心区域内所建造的若干"宫殿式"建筑。"国际式"指的是国际样式,"立体式"指的是高层样式的建筑。例如那座由奚福泉设计的建在沪西虹桥地区的虹桥疗养院,就是一座"国际实用式"建筑。它所追求的那种充满"光和空气"的医院机能之形态,无疑是采用了钢筋混凝土所建造起来的现代思潮的白色箱式风格,其室内装饰和家具也都贴近于上海当时正在流行的高层大厦的艺术装饰。

而"古典折衷式"则是针对以上这两个样式的统一表现形态而出现的一种样式。它不同于19世纪末在欧美风靡一时的折衷主义,而是中国与西洋样式的一种彻底折衷。董大酉所设计的市立医院和体育场,以及那座于1938年竣工的聚兴诚银行,之所以都被称作是"中华摩天大楼",最主要的还是因为这些建筑都是以高为主体,同时又使用了中国主题风格之装饰。

再拿陆谦受所参与完成的那座中国银行的设计方案来说吧。

第一次世界大战后,德国总会被中国作为敌产接收过来,并改建成为中国银行,但这座建筑却并不适合银行使用。因此,上海市中心区域建设委员会于1934年作出了重建一座新银行的决定。不过,当你了解了这座新中国银行的设计过程后,便会深深地理解了当时围绕着中国"宫殿式"建筑所引发的争议了。

1936年10月10日,在外滩沙逊大厦的北邻举行了新中国银行的动工仪式。

当初中国银行方面委托的是巴马和丹拿两位设计师,并向他们二位提出了一个要求,那就是这座大厦的高度一定要凌驾于沙逊大厦之上,要成为上海最高的一座建筑。因此在巴马和丹拿的设计方案中,尽管设计出了许多环绕在这座建筑顶部的中国传统的花纹图案,但其中主要强调的却是这座大楼的垂直性高度。

而建筑师陆谦受所设计的方案中,虽然建筑高度低于巴马和丹拿,可其中所表示出来的"中国"银行的象征性却格外明显。而与此同时,他还增添了许多中国式样的装饰,并使这座大厦正面的雕刻由深变浅,由此更加突出了中国银行"中国"二字的意义。当然,在这个方案中最突出的还要数那个大的倾斜屋顶,很显然,这些做法都是为了能够更清晰地体现出中国银行方面的一些具体象征而已。

不久，市中心区域的那些"宫殿式"建筑，所蕴含的那种对西方文化的抵触情绪已日趋表面化地渗透到了租界，而类似于市政府官厅、图书馆、博物馆的"宫殿式"建筑，也正越来越多地出现在了上海租界。

诚然，哺育外滩成长和发展的，决不仅是建筑师，而与这些建筑师并驾齐驱的中国工匠们也是一个不容忽视的重要因素。

■上海市博物馆

从1849年开始，上海最早的建筑师在长达5年的时间里，将外廊殖民地的建筑样式移进上海的同时，也将西洋的建筑技术传授给了中国的工匠们。之后，这些稳定成长起来的工匠们，用他们辛勤的努力和智慧，建造起了19世纪末外滩上的安妮女王式建筑，接着，又建造了新巴洛克式的建筑，从而使摩天大楼屹立在了外滩上。

在那本描写上海租界风云传记人物的《淞南萝影录》中，作者黄式权是这样描述30年之后租界建设状况的：

人们要盖房子时，就要把木工工匠头（大师头）集中到一起。大师头住在一所大宅子里，外出有专车，就像一个大家庭的家长一样。数千人的木工工匠头（大师头）们，全都归属于同业工会组织（帮）。大家把给中国人搞建筑的工匠头们称为"本帮"，把从事西洋建筑的工匠头称为"红帮"。而各个不同的"帮"之间，都有严格的界限，不能相互侵犯。假如，"红帮"

抢了中国人的工作，那么，"本帮"就会成群结队地进行攻击。其对方也是如此，相互之间有时还互不相让，会像蜜蜂般地那样追逐殴打，视若仇敌，甚至达到双双对薄公堂的地步。

　　正是如此这般的残酷竞争，才促使这些从事建筑施工的工匠们开始了一种新的改革。1931年2月28日，在西藏路和南京路相交接处的宁波旅沪同乡会馆中召开了"上海市建筑协会"成立大会，从而诞生出了一个由普通建设工匠和建设公司所组成的职能团体，它既不属于西方建筑师团体，也不属于中国建筑师团体。

　　1906年上海成立了绍兴人组成的沪绍水木公所，1908年成立了宁波人组成的浙宁水木工业公所。而那些历来以木匠、石匠为中心的木厂和石厂，也都随着时代的变迁，改称为"营造厂"，"营造厂"的出现，改变了曾拥有多种工匠施工业者的经营状况，他们确立了竞争投标和承包转让制度。随着时间的推移和经验的积累，一些规模较大的营造厂开始不断地扩展他们的垄断势力，使得他们与弱小营造厂和工匠们之间的差距越来越大。1927年正在茁壮成长的中国年轻的建筑师们联合了作为竞争对手的营造厂，组织起了中国建筑师学会。

　　1928年6月上海特别市工务局制订了《营造厂登记章程》等新规定，并采取了保障建筑和技术人员及营造厂信赖性的一系列行政措施。1931年，为能有效地应对营造厂所面临的种种危机，便成立了上海市建筑协会。

　　作为上海市建筑协会会长的江裕记营造厂的经营者江长庚先生，向建设业界职能团体协会，提出了以下几个使命要求。一是要创造中国独特的建筑艺术。二是要能够吸收和融合东西方的建筑技术，实现建筑材料的自给。三是要对工匠们进行辅导和教育。对于这些有点夸大其辞的使命要求，当然是不能一笑了之的。假如翻开上海市建筑协会当年曾发行过的《建筑月刊》，就会立即理解了这位会长所提出的使命意义。的确，留学回来的这些中国年轻的建筑师们，已经掌握了新的技术知识，他们正兴致勃勃地想去光大和发展中国的建筑事业。尽管如此,可现实中若无工匠们和营造厂的技术力量,他们的远大抱负和理想也就无从谈起。而上海外滩上的那些压倒群芳的建筑,大多都是出自这些有着工匠背景的中级建筑师之手设计而成的。

从当年中国建筑师学会的宗旨和梁思成的祝辞中,便会深深地感觉到:一种强烈的危机感正在冲击着这些工匠和年轻的建筑师们。

说起营造厂,还是先来谈谈馥记营造厂吧,这个营造厂曾一手承揽了南京首都计划中的"宫殿式"建筑,建起了一个公园大饭店;而那个新仁记营造厂则建起了一座至今都名闻遐迩的沙逊大厦以及汉弥尔登大厦和都城饭店;此外,还有新苏记营造厂,这个营造厂承担起了中国银行本店和格林文纳公寓等建筑的建设。由此而足以证明当时上海的营造厂都已基本上掌握了艺术装饰高层大厦的建设和施工技术。

在《建筑月刊》这本杂志中,他用照相凹版的形式,多层次地展示出了从基础建设开始到全部完工的整个高层大厦的建设过程。其中还提到了施工的工匠们与年轻的建筑师们的不同之处,但这里所指的不同,并不是知识方面,而是有关拥有实力的矜持姿态方面之差异。同时这本杂志还对工匠们的人工费用低廉,购入的建筑材料内行,转包的处理方法巧妙,内部组织合理化等诸多优点做了一番评论和诠释。

"不过,上海的这些承包业者唯一欠缺的,不是金钱,而是金钱之外的一个作为国家和中国人的使命感和理想。"这是江会长在致辞中,讲到中国的建筑创造和建筑技术方面的东西融合,以及国家材料的使用情况时所说的一句话。于是在上海市中心区域的市立博物馆和中国航空协会从1936年4月12日开始到4月19日为止所举办的"中国建筑展览会"上,出现了一个如何来实现一个理想的营造厂的研讨课题。

以表明中国建筑之伟大为社会目的的这个展览会,收集了很多中国古今建筑模型、图画、材料、道具等,并以此为主题进行了公开的展览。上海市政府集中了52个有关的团体参展,其中有北京进行古建筑研究的中国营造学社,还有国内当时唯一有建筑系的国立中央大学和几个大的建筑设计事务所等。总而言之，类似以上这样的全国主要机关，以及与此有关的建筑师们几乎全都来了。上海市建筑协会还直接承担了展览会的部分展览工作。

其实，"中国建筑展览会"这个名称与《中国建筑》这本杂志的名称是有着相同含意的，其所指的并不是"在中国的建筑展览会"，而是"有关中国建筑方面的展览会"。在这个展览会上提出了要以振兴建筑教育、奖励使用国产建筑材料、规范出建筑材料的标准化、制订出保护与研究古建筑之措施、确立建筑师职能等具体实施方案来作为中国建筑今后向现代化发展的主要目标和宗旨。

归根到底，这些举措都是想发扬科学和民族精神振兴中国的建筑事业。上海市建筑协会将这一宗旨弘扬和传播开来，并由此而使所有的营造厂开始走上了一条中国建筑的创新和技术改革之路……

出人意料的是，仅在几年之后，日本侵略者的军靴便踏在了这片方兴未艾的土地上……

不过，在上海地区举办的这个"中国建筑展览会"，却也从此走进了中国建筑历史的史册之中。

第四章

迷雾重重的土地扩张

4.1 扩张与阴谋

自1843年上海开埠通商以来,英、美、法等国为扩大在上海的殖民势力,便绞尽脑汁,想方设法扩张本土租界之领土。

就拿1846年已确定的那块以河南路为界的土地来说吧,本来这块土地已根据1845年颁布的"第一次土地章程"之条款,于1848年就开始了第一次的扩张,扩张后则划分给了美租界。而到1863年时,它又随着美租界一起合并到了公共租界,转瞬变成了公共租界的所属之地。之后这块土地又接二连三地相继在1893年和1899年扩张了两次。

总而言之,令人匪夷所思的是,每次扩张后的土地都比以前的面积扩出了3倍之多来。这么一来,租界的面积在被大肆扩张的同时,其所控制的殖民势力范围也随之扩大了。

那么,租界当局为什么总是在一个劲儿地搞扩张呢?其理由之一是由于租界内中国人的急剧增加。在"第一次土地章程"中规定,"租界内禁止中国人居住"。可是,随着小刀会对上海县城的占领和太平军对租界的攻击,使得这一禁令在租界内变得有名无实。从1870年开始到租界扩张前的1895年为止,租界内的人口一下子就增加到了17万之多。而其中的大多数都是为寻求保护而来的中国难民。难民数量的急速增加,致使租界内中国人与外国人的比例升至50比1。而那些对难民们持厌烦态度的西洋人,为了寻求一个安静环境,便纷纷逃往郊外。正是由于这一强大的人口压力,才迫使租界不得不反复地扩张土地,以便来维持这越来越人满为患的混乱局面。

而租界进行扩张的第二个原因,则是那场始于1894年的甲午中日战争。

以霸占朝鲜半岛为赌注，以清政府的失败而告终的这场战争，导致了日本人口和日本工厂在上海的急剧增加，由此而造成的这两个强大的负面影响，无形中也变成了租界扩张土地的一种催化剂。

1895年，日本人从与中国签署的《马关条约》中，得到了在中国进行贸易和经营工厂的权利。而这一条款，不仅被日本享用，而且也被拥有最惠国待遇的欧美列强享用了。没过多久，就由日本和欧美联合出资将河川交通方面，水力、电力资源丰富的苏州河南侧以及前美国租界东面，即杨树浦这个地方改造成了一片纺织工厂的所建之地。

以咄咄逼人的口气和强硬态度，向清政府要求扩张租界领土的工部局强调说，正是由于中国人大量涌进了租界，才迫使西洋人与中国人混住在了一起，再加上到处乱建的工厂，使租界的环境也变得越来越糟糕，在这种情况下，租界不扩大地盘已是绝对不行的了。可清政府根本就不认同工部局的这些说法，并理直气壮地反驳说："其实租界内的很多外国人不是都已经搬到郊外去居住了吗？再说啦，扩大租界的地盘又与糟糕的环境和那些乱建起来的正在正常运转着的工厂又有什么必然的联系呢？"

然而，事情的成败并不取决于争论上的孰是孰非。在北京欧美列强公使们的强大攻势下，从中日甲午战争中败退下来的清朝政府，还是不得不被迫地接受了上海公共租界扩张领土的要求。

通过1899年的这次扩张，公共租界的面积比原来多扩出3倍来，其东西和南北之间的距离也分别扩出了原来的2倍。前美租界的那块土地，也在不断地向东延长，一直延伸到了与黄浦江相交接的地方；而西面吞并了静安寺的所在地，并在苏州河处设定出了西部的北境界线。这么一来，所有扩出来的路，甚至于包括南面（现延安中路、金陵西路）的那些路，也都全部列入了由租界所控制的领域之内。

经过如此反复的多次扩张，公共租界面对着苏州河与黄浦江的这段距离也被无限地拉长了。水涨船高，当然，从河川的交通运输这里公共租界所获取的利益也是不可估量的。

《上海土地章程》最初确定的租地范围为830亩，但到了1848年时租界已扩展到了2820亩，后又经过数次扩张，到1915年时公共租界占地总面积已达到了54793亩。

尽管如此，可对欲壑难填的英、美两国而言，这样的扩张似乎离他们的要求还相差甚远。因此，他们便联合起来把花招儿耍在了那些还未扩张的土地上。这一招儿就是他们以抵抗太平军为由，自1853年开始在租界外面修筑的所谓的军用马路，被冠名为"越界道路"。

■ 越界道路，1862年

假如租界是以面为单位来进行控制的，那么，可以说这条越界道路就是以线为单位把租界的土地给圈起来了。为此，工部局还特意修筑了一条到租界外面去的路，并对这条路上的自来水管道进行了专门的维修和保养。

这些由工部局主导的住房建造和工厂开发，可以说是直接给工部局增加了税收。作为一种等价报酬的交换，那些沿越界道路居住的人和工厂的厂主们，则可以得到出自租界警察的热情保护和帮助。

在民族主义被发扬的20世纪20年代以后，这条越界道路，又被认定是一个违反中国方面协定的道路，但不可否认的是它又的确为解决租界的环境问题起到了一个至关重要的作用。比如说，1899年扩张出来的土地，实际上是公共租界早在1863年就已经确定下来的一个方案。在这条违法增建的越界道路沿途，那许多清静的郊外豪宅和很大规模的工厂，连同那些扩张的土地都被算做是对1863年所确定下来的那个既成事实方案的追认而已。

现在被叫做华山路、新闻路、淮安路、万航渡路的这几条路，都曾经是最早的军用越界道路。还有南京路西面的静安寺路，也是一条被算入租界范围内的越界道路。而这种靠越界道路扩张土地的做法，一直持续到19世纪末期。此后，在有很多日本人居住的虹口北四川路和租界西侧的地方，还接连不断地出现了许多豪宅工厂林立的越界道路群。

1849年设立起来的法租界，也效仿着公共租界提出了扩大自己租界的强烈要求。

被夹在英租界和上海县城之间的法租界，当时，只有0.66平方公里的土地面积，而面对着黄浦江的那条起着非常重要交通运输作用的河岸线却又很短，这种种存在于眼前的客观原因，也就越来越强烈地激起了法租界的扩张欲望。

法国先是效仿了1849年就航于欧洲和上海之间唯一有定期航路的英国半岛东方轮船公司，想策划成立一个帝国邮船公司，以便加入到欧亚航路上。可是，没想到首先需要建立的一个让汽船靠岸的码头却成了一个棘手的问题。小刀会事件刚刚发生后，上海的法国领事从本土外交大臣那里接到了"为了帝国的邮船，一定要确保土地"的命令。这位领事将此作为尚方宝剑，以清剿发起小刀会事件的广东人和福建人为借口，抓住时机，于1861年强行收购了沿黄浦江到小东门之间的这块土地。

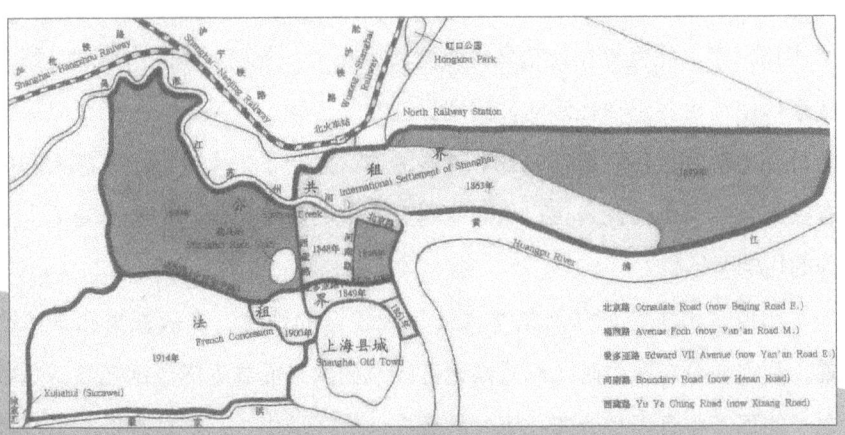

■ 公共租界、法租界
历次扩张示意图

至于法租界的越界道路，那还得从太平天国军进攻上海时所建起来的一条军用道路说起。当时，一个基督教会非常需要一支军队能来保卫他们1848年时在法租界上所建造的一所教堂。基于这个原因，法租界便于1862年修筑了这条从上海县城西门到徐家汇的军用道路。而这条路即是法租界越界道路的开始之路。

1900年与1914年，法租界又连续进行了两次土地扩张。而这两次的扩张也均是按照先斩后奏，开发之后再来追认既得权利的越界道路方式运作的。当然，这是因为他们师从于公共租界，所以其做法与公共租界如出一辙。可是，欲壑难填的法租界，却依然不满足，竟然还想将越界道路的既得权利也归他们所有。于是，他们便挖空心思在越界道路的开发上找窍门，企图以此来阻止公共租界正在延伸下去的越界道路网的进展工作。

20世纪30年代初法租界街景：幽静的虹桥路

1865年，法租界在公馆马路西侧，建起了一条现为金陵中路的马路，以此来挡住英租界正在往南延伸的越界道路之工程。接下来，他们又以徐家汇为目标，在法租界所延伸的越界道路沿途，建起了一大片属于西洋人和中国有钱人典雅潇洒的大公馆，从而使这里原本的江南风貌，一改而变为上海郊外的住宅区风貌。

小说《海上花列传》的主人公每天往返的妓院、高级饭馆和茶馆等位置，都完全分布在当时上海最高地价的范围内，而靠近洋泾浜艺妓游乐中心之一的那条棋盘街也分布在当时的最高地价区域内，而这些地价的上涨都是非常显著的。

公共租界工部局的预算，主要来自与土地和房屋有关的税收收入。为能增加收入，必然要提高税率，如果连土地估价金额也能抬高，那当然是再好不过的事了。于是，1865年100两银一亩地的平均价格，到1903年时则变成了349两银。若是单靠工部局在评估金额上的操作，那当然是远远不够的。但是，当你了解了这些与享乐设施中心有关联的土地价格之后，你就会自然而然地得出这么一个结论：其实上海租界的地价是按照资本的理论来进行分布的，同时也是按照工部局所需之利益进行了人为的操纵而分配的。

凡此种种，似乎是可以推测出上海租界45年间在金融危机中经济上的变

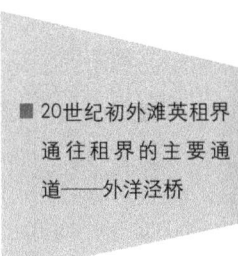
■ 20世纪初外滩英租界通往租界的主要通道——外洋泾桥

动情况。1845年，西洋人刚刚开始租借土地时，地号是以怡和洋行为1号，沿外滩南下加数的方式来分配运行的，当号码依序运行到与法租界交界处时再由此继续往北运行。可若按此顺序，这些号码便会这边或那边地来回跳跃而导致分配上的混乱。因此工部局只好根据各种各样的不同情况重新进行了划分。

10~13地号这个区域的土地被分割成了8块，并将这些土地的号码依序排列到了1000号的数字上。总而言之，为了更清楚有序地排列好西洋人租借的这些土地，可以说，工部局绞尽了脑汁、费尽了心机。而租界上的这种初期土地地号的分配方式一直延续到了1890年。从这些被扭曲了的土地号码中，我们可以窥视出长达45年之久外滩上土地所有权的变动情况。不用说，在如此漫漫岁月的历史变迁中，若想将这些租地长久地保存下来，的确是一件非常不容易的事情。即便是在外滩，能够一直保持不变维护住自己土地

的，除怡和洋行外，其他的商社几乎可以说是寥寥无几。

19世纪60年代，进出于上海的很多银行都在钻美国南北战争的空子，他们都想将中国棉花出口到世界各地的棉花市场，其实这是一种一比输赢的侥幸行为。然而好景不长，过剩的投机使1866年至1880年间接二连三地爆发了4次金融危机。因此，可以说外滩第二期的土地分配不是起始于上海的繁荣时期，而是起始于上海的经济危机时期。

不过，无可否认的是，不管社会如何发生变化，这些经济上的成功和没落，都会清清楚楚地镌刻在这片土地上。哪怕是在最不景气的时候，都会有人流落街头、有人依然荣华富贵。由此可见，世间凡事都因人而异。

1890年整个租界的土地面积为2200亩左右，如果折合成估价金额，收益应该在1250万两银子以上。这块仅占公共租界三分之一的面积，却用四分之一的价格就能买下来的土地，是由5个西洋人的家族所掌控。可在档案馆中的一份租地人名簿上，除怡和洋行和沙逊商会这样的老铺子榜上有名之外，再很难找出其他的大地产商的名字来。

与其说这些大地产商中的多数人已经掌控了外滩的土地，那还不如说他们是掌控了上海那些还未开发的土地更为合适。尤其是在这5个家族中排行第二的哈同家族，更是出类拔萃的后起之秀，他在很短的时间内就将福建路和

■ 1880年的外滩

■ 建于1845年的老沙逊洋行

山东路之间的土地归为己有。不久，就连定价最高、密布着妓院的那条四马路也被收纳在他的掌管之中。

在这5大家族中首屈一指的沙逊家族，其商会是1842年由维克多·沙逊创办的，当初只不过是一介鸦片商人的他，却在半个世纪之后，作为上海租界的一个地产巨头而声名鹊起。

与其他商社一样，趁英国东印度公司独占体制废止的好机会，沙逊商会开始把兰开夏的棉纺织品和印度的鸦片大批量地销往中国。上海开埠后不久，在外滩怡和洋行的南面就耸立起了一座壮观的小洋楼，那便是沙逊商会在上海的第一个据点。在与怡和洋行进行鸦片降价的竞争中获胜的沙逊商会1877年以廉价买下了建造沙逊大厦的土地，以此为契机，而使他从此步入了经营不动产的行列之中。

事前，沙逊从工部局那儿得到了要开始建越界道路的情报，从这一情报中他窥视到了一个大的商机。于是，他便立即开始着手囤积包租土地，并把这些租地再转租给其他的投资商。几年之后，他再把投资商们在承租来的土地上建好的房屋，连同他们所租用的土地一并收回来。这种一举两得赚取暴利的做法，其实是沙逊家族的惯用伎俩。

如此这般，截至1890年时，前英租界的那一大片广阔的土地，几乎全都归属沙逊家族所有。

4.2 "里弄"春秋

自上海开埠以来,那些从西欧各国纷至沓来的投资商们,便瞅准了可获取最大利益的土地投机生意,将巨资投入到上海"里弄"建设中。当时大批涌入租界的中国难民急需住房,因此,这些商人们就想抓住这一天赐良机来发一笔横财。况且,租界不但有齐备的基础设施,而且还有公正的课税及工部局安全保护措施等方便的条件。此时,倘若他们跨出租界一步,那么,等待他们的也许会是土地被以不对等的价格没收,或有可能还要被征收一些莫名其妙的苛捐杂税。

以沙逊商会为首的不动产公司的土地投机,可以说是那些面临着袭击上海种种不景气经济人的一种自然对应措施。其实,归根到底,还是这些从西洋来的冒险的投机商们,想借中国人口膨胀之机发一笔横财而已。

说起里弄住宅的起因,其实是缘于小刀会事件和太平军占领了上海县城,使得大批中国难民涌入租界之故。在工部局的一份报告中,曾详细地记载了当时黄浦江上漂荡着许多中国难民乘坐的船只,蓬头垢面的流浪汉们挤满了街头巷尾的凄凉景象。

然而,那些一直都在虎视眈眈地寻找着发财机会的洋人们,他们却趁机在租界的广东路、福州路、河南路一带建起了大批的"里弄住宅"。从黄浦江边开始,顺着那条与外滩并行走向的南北线路看下去,在被道路包围着的一片区域内,一些如同梳齿般,有点像蒲公英花瓣那样被细细分化出来的景色,会在不经意间闯入你的眼帘。这一光景与苏州河北侧曾经的美国租界的情景如出一辙,而这便是中国近代诞生出来的一种里弄住宅群景象。正是由于这种特殊住宅的出现,才引发了当时以此为投机目标的西方不动产业者们之间相互激烈的争斗和竞争。

假如有机会来到上海,不妨登上外滩或是南京路附近的高层楼房去举目环视一下,现在你依然会看到那些以压倒性气势傲然耸立着的一大片广阔无垠的里弄群。

■ 毗连成群、规模壮观的石库门建筑

从表面看起来，这种做法似乎是解决了一大批难民的居住问题，而实际上却是让这些西方商人们发了大财。与此同时，这种住宅的出现，还彻底改变了"第一次土地章程"中"禁止中国人在租界内居住"这一规定。直至1860年英、美两租界合并时，那些被命名为"里弄"住宅区的场所已经达到了8740处之多。

实际上现存上海最早的"里弄住宅"，要数那座被北京路、宁波路与河南路包围起来的"兴仁里"的里弄住宅。这个建于1872年的里弄，主要是由于建在了大地产商A.迈伯格的土地上，所以才能够被这样完好无损地保存下来。这一时期里弄住宅的入口及周边使用的全都是石材，因此，就把这种里弄叫作"石库门里弄"。不过，这种里弄住宅基本空间的处理，却是沿袭了来自浙江、江苏、福建、安徽等跨越了江南各省的传统民居基调。此外，还有一种叫做"天井里弄"的住宅，这是一种在房间外部空间的中央围起了一

■ 鳞次栉比的石库门里弄住宅

个类似小庭院那样的"天井"住宅，类似这样的住宅既可适应上海湿润的气候又可很好地防御外敌的骚扰，所以特别适合中国人的大家族居住。

由里弄入口处，穿过"天井"，是接待客人的地方，被称之为"客堂"。居室及寝室一般都设在二层楼上，而厨房，或佣人房间大多都设在主楼的后面。

这种住宅的开发，实际上是从18世纪末在英国本土开始盛行起来的。而以投机为目的的这些西方大地产商们是模仿着英国人的做法，所以才能在这样短的时间内，开发出了如此大批量的里弄住宅，并从中获取了暴利。在约为20亩之多的兴仁里土地上，很快就并列起了一大片井然有序的"天井住宅"。

兴仁里的"里弄住宅"与传统住宅的不同之处则是构造与细部装饰。江南民居历来都是用柱与柱之间"穿斗式"的横木结构来构架屋顶，可在兴仁

■ 万竹街石库门

■ 弄堂一角

里用的却是斜面材料构架起来的桁架欧化式屋顶，而在它正面入口处的立柱与立柱上面的拱门也依然采用了西方的建筑样式。

就连建造"里弄"的材料也随着时间的推移发生了变化。从国外引进来的钢筋混凝土替代了以往使用的砖和泥浆。在材料和构造上之所以采用了洋式风格，不外乎是想利用建筑中的技巧来提高其耐久性。当然，不容置疑的是，在这种中西合璧的住宅装饰中，同时赤裸裸暴露出来的还有某些中国人的崇洋媚外之思想。

就拿那位从1891年开始就在银行做买办的中国人来说吧，他所居住的"里弄"住宅，就是由传统的威严与国外进口的奢侈合璧而成的。在这座住宅入口处的两侧，竖立着欧式的爱奥尼亚式的附柱和山墙，而在其"天井"的另一边，却有着一座象征吉祥花纹的中国样式的大浮雕。在以风琴、沙发和风景画装饰起来的洋式房间里，还摆放着许多清朝末年的椅子、盆景、古董等中国的装饰品。

这种经济性追求至极限的尝试，一直持续到20世纪20年代。随着时间的推移，石库门"里弄""天井"的面积逐渐变小，出现了一种简洁的平面"天井"。可是，到了19世纪末期，却在虹口区一带建起了许多从广东带过来的"广式里弄"，这种"里弄"不带"天井"，它的一楼为起居室，二楼为寝室，在这些房间的背后设有简单的厨房和更为窄小简陋的佣人住房。

出现在租界上的这些里弄建筑，在很短的时间内，便开发到了虹口、南市等租界以外的地区，不久，又流传到汉口、天津等居留地。这种以盈利为目的的里弄住宅，很快便风靡了中国的各个地区。与其说它的开发是由于适合中国人的居住方式所致，那还不如说是由于能给这些贪婪无尽的西方商人带来巨大的利益所致则更为恰当和贴切。

第五章

悄然潜入的异化思维

5.1 权力的象征

当代英国《观察家》杂志的建筑评论家迪耶·萨迪奇在他所著的《权力与建筑》一书中,说过这么一段话:"权力被一代一代地继承、更替。而建筑成了城市的风景,一直在永恒地诉说着权力,营造着记忆。"

让我们穿越时空,再一次走进一个世纪前的上海,去寻访两座有着象征性的建筑。

坐落在外滩与南京路拐角处的汇中饭店,是我们要寻访的第一座建筑,它竣工于1906年1月,是当时上海最高的一座摩天大楼。

围绕着这座大楼,上海当时权威性的英文杂志《东方评论》曾经作过以下报道。

汇中饭店大楼,是一座拴在意大利城市宫殿和大公馆系谱上的建筑,其特点之一是从外观上就可以看清楚各个楼层环绕着蛇纹腰管的分节线,这是英国建筑师从意大利引进来的一种商业建筑的流行样式。这种大胆地将二层楼以上的红砖瓦壁面,搭配在一层楼所铺垫的粗石上,既不使用排柱也不使用立柱,而是仅仅采用了一面带山墙窗户的样式,均被称之为维多利亚文艺复兴的建筑样式。

■ 图为汇中饭店大楼侧面

维多利亚文艺复兴时期英国的建筑样式，大致可以划分为以下三个时期。第一个时期可延伸至乔治王朝时代，是为躁动在末期症状中的初期新古典主义样式（1837—1855年前后），第二个时期是与新古典主义样式相抵触，着重强调了英国当地定居性的欧洲中世纪哥特式建筑样式（1855—1875年）。以上这两个样式均是在冲突之中得到了升华，因而产生出了第三个时期欧洲中世纪安妮女王复兴的建筑样式（1875—1901年），这也是维多利亚文艺复兴时期的英国建筑样式。

假如对汇中饭店作一评定，那么，它应归类在第三个时期的建筑样式中。因为在当时的英国也的确是掀起了一股回归到比安妮女王复兴样式更为纯正的古典主义样式的建筑风潮。

要想将英国本土的建筑样式原封不动地转移到上海来，那简直可以说是痴心妄想。尽管如此，当时的公共租界还是刮起了一阵模拟英国本土样式建筑思潮的飓风。

就拿汇中饭店来说吧，其设计者沃尔特·司各特使用了他所喜好的安妮女王复兴的建筑样式。不管是在这座建筑倾斜角的尖屋顶上，还是在那竖立着山墙顶封的檐板和铺设的红砖瓦上，全都雕刻上了小巧而精致的工艺图案。总之，在它的任何一处，都是一丝不苟地严格遵循了安妮女王复兴样式的建筑风格。

还有在前文中提到过的那座建于1925—1927年间的上海江海关大楼，在其第五层楼中央处的一座时钟塔也是遵循了维多利亚文艺复兴时期的建筑风格，它似乎是让我们看到了哥特式复兴建筑风格的英国市政厅。从它在第三层楼两边所突出出来的窗户上，还可以看到带有反转曲线的尖头穹顶，而这似乎又让我们看到了一种英国16世纪都铎式（屋顶倾斜度颇大）的建筑风格。

在被卷入经济危机的同时，外滩却以一种焕然一新的建筑方式在迅速地改变着自己的容貌。就连那些曾流行一时的巴洛克样式建筑的红色砖瓦，也统统被当时那种认为是庄严和权力象征的新古典主义建筑样式的大理石和花岗岩所代替。

1907年在外滩上竣工的大北电报局,以及1912年在四川中路竣工的中国生命保险公司等建筑,采用的也是这种有着威严和权力象征的古典主义风格的建筑样式。

我们要寻访的第二座建筑,则是1921年5月5日进行了奠基仪式的汇丰银行。由于它是大英帝国在远东殖民地贸易的一个象征,所以,它采用了新古典主义的壮观样式和180英尺的穹顶,也就不足为奇了。可同一时期在朝鲜竣工的朝鲜总督府,竟然也采用了类似的新古典主义的建筑样式,这或许是一种巧合?其实不然,这不完全是有权力的统治者一种同病相怜的造型吗!

这座汇丰银行大厦的正面用的是香港产的奶油色花岗岩贴面,而它的第一层也与汇中饭店一样是用粗石铺设的,中段配置着一个巨大的科林斯式柱子,在它的最上面设置了第五层楼的楼面。

然而,汇丰银行并非仅以新古典主义的造型语汇来表示其壮丽及象征性,而是使用了诸多艺术图像来充填,例如横卧在大门口两边的那两只用青铜铸造的大狮子,雕刻在入口处三块拱形结构扇轴石上的富足之源的农业图像,以及那些象征着工业和船舶之类的各种艺术图像。

进入营业室和其他房间之前都要经过的那间八角形的穿堂大厅,也容

■ 上海的汇丰银行大楼,1923年建成,今为上海浦东发展银行的总部驻地

纳了许多象征意义的艺术装饰。在八角形的角隅处竖立着支撑穹顶的八根大理石圆柱，在圆形的天花板上，描绘着飞翔在天空的骏马、天神赫利俄斯和他那位双胞胎妹妹月亮女神塞勒涅的图像。假如把这些看做是一个神仙的世界，那么柱子上所描摹的八幅绘画则是现实中的伦敦、巴黎、纽约、曼谷、上海、香港、东京、加尔各答等世界各地银行中心区域的风景。绘有西方格言的附柱与拱形之间的图像边上，还记有汇丰银行主要支行的名称和其创建的年代。当你穿越了众神仙集聚世界中心的八角形大厅，来到现实的银行空间时，就会看到沿着走廊排列着的那些管理人员的单人房间和银行中心的营业室。在有着半圆筒壁式穹顶的这个宽敞的房间里，透过采光窗户的阳光照射着覆盖着大理石的墙壁。房间的四个角落里都装有采用英国、美国银行模式的金库。除此之外，电梯、暖气以及换气设备等，一应俱全。

  1863年在上海设立起来的那座横滨正金银行上海支行，若干年之后又委托巴马·丹拿事务所重新设计，于1924年竣工。为表述建筑师所谋求的"东西合璧"，在这座新的建筑中，多处地方都镶有凤凰、武士盔甲及释迦牟尼佛头像等图案。不言而喻，显然这座横滨正金银行上海支行，与那座设有多立克圆柱、屋顶上还装有模仿英国国会议事堂时钟塔的第三代上海江海关的建筑，其实都是上海汇丰银行建筑风格的正统继承者。

  将汇丰银行当做成功典范的威尔逊率领着巴马·丹拿事务所，在上海开创了一个维多利亚文艺复兴时期三段构成的新古典主义高层建筑的造型和有象征性语汇图像的建筑样式。

  正如建筑评论家迪耶·萨迪奇所说：

  通常，人们习惯于从文化和艺术的角度来审视建筑，并且知道如何根据建筑细节判断建筑类型，如何了解科学技术进步带来的建筑变革，却没有人能清楚地回答"建筑为什么存在"，即：建筑与权力之间为何等关系的这个问题，实际上，建筑与权力之间存在着不可分割的关系，这是因为建筑，特别是大型纪念性公共建筑，无不取决于并不充足的社会物质资源和人力资源的掌握和分配。这些建筑象征着一个国家、一个民族、一种文化或一个时代，也反映了权力做出的一个政治判断。

而汇中饭店和汇丰银行这两座建筑,不就是以其本身光芒四射的建筑魅力来显示出了其威严壮观和权力的象征吗?

5.2 移花接木

"装饰艺术"一词,来自于1925年在法国举办的现代工业装饰艺术国际博览会。这是一个用中文翻译过来的词汇,其直译为"最豪华的装饰"之意。这个展览会的宗旨,在于展示新艺术运动之后的一种新的装饰风格,在当时的一份海报上曾这样报道过:

近代上海的这些装饰艺术派建筑,之所以能够与西方,特别是美国同步建造和发展,除了因为上海拥有众多的洋建筑师和建筑公司之外,还有可能是由于受到好莱坞电影的影响之结果。当装饰艺术被移植到美国,尤其是移植到了纽约这个城市时,它成了"飞翔的摩天大楼最重要的部分,使座座摩天大楼变成了现代的大教堂"。当它作为西洋文化被引入到上海时,便给这座城市带来了一种新的风格,这种风格不再一味强调殖民势力,它更意味着金钱和财富。它既提示着欧洲式的过去,又象征着美式的新时代精神。此外,这种装饰艺术还传播了一种新的城市生活方式:在中国人的眼中,那些住在灯红酒绿世界里的男男女女,他们身着的时髦衣服,所用的稀奇古怪的物件,以及那些本身就代表着某种"异域"诱惑的西方舶来的杂志、电影等,也都为上海的资产阶级确立了一个摩登的概念。

1930年前后出现的装饰艺术建筑,都已成为上海城市的经典意象。1928年竣工的华夏公寓、1929年9月竣工的沙逊大厦、1930年竣工的河滨公寓、

1930年前后竣工的都市饭店和汉弥尔登大厦、1931年竣工的格林文纳公寓、1934年竣工的百乐汇大厦、均为当时装饰艺术高层大厦的代表作。

这几栋大厦，它们拥有一个奇妙的、备受关注的共同点，那就是其房屋土地产权全都归属沙逊家族所有，而其中的佼佼者当属沙逊大厦。这座大厦的1～3楼包租给了银行和商店来使用；4楼则作为新沙逊洋行及其所属企业的办工之处，而5～10楼是可以提供住宿的华懋饭店，其中配有西餐馆、舞厅等许多娱乐设施。此外，还开办了一些颇受人们欢迎和喜爱的模仿中东、日本、印度、英国等室内装饰的房间。

虽说沙逊大厦的这块土地的价格最高，但它也的确是一个人气最旺的地段。就连它面向南京路和外滩角地的那些房屋，也都出租给了华比银行和荷兰银行。然而沙逊却用了还不到10年的时间就收回了本钱。况且当时的地税是根据面积和法定的土地价格以及楼层越高，地税就越少这么一种情况来缴纳的。

这座高77米的沙逊大厦，其特点是它的那个四角锥形的高屋顶和细部精雕的华丽图案，而那个往楼层顶端逐渐收缩成四角锥形的尖屋顶则是高层建筑经常使用的一种正宗的装饰艺术造型。

■ 沙逊家族以贩卖鸦片起家，到20世纪初已经成为上海房地产界的大亨。1929年，维克多·沙逊在汇中饭店对面造了高77米、13层的摩天大楼，人称"沙逊大厦"

1929—1938年上海建成的高层建筑

名称	楼层	年代	承建方
沙逊大厦 (Sassoon House)	13	1929	公和洋行
华懋公寓 (Cathay Mansions)	14	1929	安利洋行
培文公寓 (Beara Apartment)	10	1930	赉安工程师
汉弥尔登大厦 (Hamilton House)	14	1933	公和洋行
河滨公寓 (Embankment Building)	10	1933	公和洋行
跑马厅新厦	10	1933	马海洋行
大陆银行大楼	10	1933	基泰工程司
中国垦业银行大楼	10	1933	不详
总巡捕房	10	1933	公共租界工部局建筑处
永安公司新厦	22	1933	哈沙德洋行
都城饭店 (Metropole Hotel)	14	1934	公和洋行
泰兴公寓 (Medhurst Apartment)	12	1934	新瑞和洋行
会乐公寓 (Willow Court)	12	1934	不详
中国通商银行新厦	18	1934	新瑞和洋行
国华大楼	11	1934	通和洋行
百老汇大厦 (Broadway Mansions)	21	1934	业广地产公司
国际饭店 (The Joint Savings Society Building)	22	1934	邬达克
中汇银行大楼	13	1934	赉安工程师
峻岭公寓 (The Grosvenor Garden)	18	1935	公和洋行
毕卡地公寓 (Picardie Apartments)	16	1935	法商营造公司
万国储蓄会公寓 (I.S.S. Gasgoigne Apartments)	13	1935	赉安工程师
爱丽公寓	11	1936	不详
同孚公寓	10	1936	陆谦受、吴景奇
大新公司	10	1936	基泰工程司
麦兰捕房	10	1936	赉安工程师
迎陵大楼 (Liza Hardoon Building)	14	1937	德和洋行与世界实业公司
中国银行大楼	17	1937	公和洋行与陆谦受
五洲大楼	10	1937	通和洋行
法邮大楼 (Franch Mail Building)	12	1937	法商营造实业公司
麦琪公寓	10	1937	不详
开文公寓	10	1938	不详

在20世纪60年代被改为和平饭店北楼的这座沙逊大厦，尽管还依稀可见许多年久而被煤烟熏黑或损坏了的地方，但房主维克托·沙逊和设计者巴马·丹拿事务所的代表G.L.威尔逊的创意却依然被完好地体现了出来。新巴洛克式的壁式天花板是巴马·丹拿设计事务所的嗜好，挂在天花板上带纹饰的照明器具照亮了当时上海这座唯一的大饭店。

以沙逊大厦为开端的7栋大厦，其中的华夏公寓是一座镶嵌着瓷砖的哥特式建筑，而建在它南面的格林文纳公寓，则是按照当时人们所喜好的，往楼层顶端逐渐收缩的装饰艺术之创意建造起来的。现在这两座曾经的华夏和格林文纳公寓都已变成了供外国人长期居住的锦江饭店，成为一座可以与沙逊大厦相提并论的上海装饰艺术高层大厦的代表建筑。

尤其是沙逊大厦这座建筑机能的多元化，更是脍炙人口。因为它综合了人们的种种欲望，而巧妙地建起了一座集商业和电影院为一体的复合型的装饰艺术高层大厦。沙逊之所以能够很有计划地来运作这一切，很显然完全是得益于他的先见之明和巨大的资本实力。

于是，神话接踵而至，在本是一片被改造过来的沼泽地的外滩南京路上，耸立起了一座座具有装饰艺术构思的百货商店大楼，由此而使那些欧美消费者和迷恋欧美商品的中国人在这里流连忘返，直到他们口袋里的钱被掏空为止。

当时，外滩花园的区域内设有一个法国俱乐部，而在上海诸多戏院中，那座曾经数一数二的华夏戏院，也坐落在这一区域内的那些复合建筑群中。逐渐地，这里成为了上海最好的一等地段，成为了一个既能休闲又能购物的文化消费之地，在装饰艺术高层大厦成功落地上海的同时，也给上海带来了一种沙逊的消费文化。

随着艺术装饰高层大厦在上海此起彼伏地落地，上海的人们越来越沉醉在这种不间断地要掏空自己口袋里所有金钱的消费文化之中。

接下来，再让我们来看看支撑着这些消费文化高层大厦的建筑技术。

19世纪末，美国开发了一种叫做"芝加哥框架"的钢筋结构，由此而促进了建筑往高层化的发展趋势。当时以耐火为由的上海，及时地引进了钢筋与RC的混合技术。最早使用这种技术的例子是上海俱乐部，而步其后尘，1916年建成的联合保险商会大厦也使用了这种技术。

作为高层大厦建筑所必不可少的耐火技术条例，也于1915年被引入到了上海的基本建筑法之中，而这时不得不从外国进口的主要建筑材料还有钢筋。

由于河川原因而导致黄浦江边外滩地段地质脆弱，因此，要想在外滩这里建造高楼大厦，就必须要具备一种能够承重高度基础桩的技术。通常的地下断面结构，大多都是在6米深的泥层下面有一层90米深的砂土，由此再往下则是300米深的泥沙与砂砾的混合层，然后便是坚固的岩石层。

对建造高层大厦的未来，上海租界上的人们持以非常悲观的态度。因为他们已经目睹了在1873年建造苏州河木桥时，打好的桩潜入到泥土里令人惊心动魄的情况。

在1915年的一份上报有关部门的意见书中，曾有过上海的建筑楼层上限最多应为6层这一提议。假如要建一座带有阳台的二三层中国传统样式的楼房，那当然就简单多了。只要将地面挖掘到某种深度之后，撒上一些砖瓦屑，再在那上面注入石灰、砂和水等之后，则可立即打造地基进行施工。

不过，随着建筑的高层化，负荷的加重，这种方法已经不合时宜。于是便应运而生了一种密集打进基础桩的做法。这种做法是将便宜的俄勒冈松做成木桩，打进混凝土中。此后又开始在混凝土中加入钢筋，在不断地实际操作中，这种加入了钢筋的混凝土，逐渐成为建造高层大厦所不可欠缺的一种重要的建筑材料。

譬如说那座1923年竣工的第二代香港汇丰银行，为了能够支撑起它的金库和其圆形大屋顶的重荷，施工者们就必须要完成这一异常坚固的基础工程。为使土压平均化，他们不但要在建筑大楼的地基上，而且还要在整个建筑的用地上打进去一些12米长的大桩子，并要在这些桩子的上面铺满带有钢筋的混凝土。

与高层建筑有着直接关系的电梯，也是我们不得不说的一个话题。虽说从1900年开始，上海的德国总会和汇中饭店就有了电梯，但正式被引进上海却是在1926年，而这一年正好是上海艺术装饰高层大厦时代刚刚开始的第一年。这时的美国奥斯奇公司已经停止了水压式电梯的生产，开始生产高层建筑所使用的实用化和高速化的电动式电梯。这种新式电梯自问世以来，一直都是这个公司的独霸产品，并被外滩上的写字楼群与法租界的许多高层公寓相继使用。

为适应楼层的高度竞争，美国不断地改进和积累着高层建筑的建设技术。尽管当时的上海已经有了木桩和钢筋混凝土这些独特的建造技术，可是，不满于现状的上海建筑师和技术人员还是想方设法地把美国高层大厦的建造技术结晶引入了上海。于是，纽约建筑师在地区规划法中所确定下来的高层大厦的艺术装饰之造型便堂而皇之地进入上海，而这些造型竟然与上海正在模仿的美国流行样式的造型如出一辙。

战前，上海建造了28栋10层以上的高楼大厦。当然，若将这些大楼搬到芝加哥或是纽约，把它们称之为"高层大厦"，那定会使美国人笑掉大牙。因为对他们来说，10层的高度根本就算不上什么高层。然而在当时的远东，除了上海之外，还没有任何一个地方出现过比10层更高的楼房。那时，即便是在天津、广州、汉口等地，类似10层的"高层大厦"也是寥寥无几。更何况当时的香港还都处在一片未开发的农村景象之中呢。

即便是电梯，当时的上海也无法与纽约相比，纽约洛克菲勒中心的电梯每分钟速度是1400英尺，就连那座86层高的帝国大厦的电梯也达到了每分钟968英尺的速度。可那时的上海人还是第一次看到，那座22层楼高的花园饭店所使用的每分钟600英尺速度和新新百货公司每次可以运送24人的电梯，这些让人大开眼界的"西洋景"，使一直都想模仿纽约的上海人，在大吃一惊的同时也更加激起了他们模仿纽约的欲望和热情。

就这样，这朵"装饰艺术高层大厦"之花萌芽在纽约，却未开在纽约，而是竞相夺目地绽放在了远东上海这片广袤的土地上。

5.3 轿子的悲哀

开埠前的上海,一直是"水行则船,陆行则轿";"轿子"是当时上海唯一的陆上交通工具。尽管如此,乘坐"轿子"的人却非富即贵,这种被细分成八人抬、四人抬、三人抬和两人抬的"轿子",象征更多的则是人们的等级、身份和地位。坐轿人的身份和地位不同,乘坐的"轿子"也就有所不同。

譬如说,像宫慕久、吴健彰等这些历任上海道台,他们这种身份的人所乘坐的轿子是最为豪阔的由8个人抬起的大轿,因此称之为"官轿"。

上海开埠以后,随着时世变迁,一些充满富贵之气的"轿子"开始逐渐增添平民色彩,一时间变成了"乃不分贵贱,出必乘舆"。从小东门到南码头一带,一眼望去,会有各式各样的轿子映入眼帘——从两人抬的小轿子到四抬大轿、八抬大轿,此时的上海华界几乎就是一个轿子的世界。坐轿的人也形形色色,遍及社会各个阶层。

■ 驰骋在租界内的马车

而后,代替"轿子"的是西洋人带进来的马车。马车并非"舶来品",在中国3000多年前的商周时代就已经出现了马车。古人对马车还颇有讲究,如两马共驾一车叫骈,三马共驾一车叫骖,四马共驾一车叫驷。

但是，在开埠后的上海出现的四轮马车，却是从欧洲传入的"舶来品"。

1855年，一位名叫史密斯的外国侨民乘坐一辆马车出现在南京路上，从此，马车便开始风行于上海。

这是租界出现的第一辆由外国传入的马车。这种马车制造精致，车身高大，车架和车厢外壳都是用金属制造的，带有双轴的四个轮子，全部都是由车轴来转向的，后轴上装有一个车厢，车厢分为封闭式和敞篷式，封闭式马车还装有玻璃窗。

拥有这些马车的大多都是洋商巨贾，乘坐者基本都是外国人，除了供洋行大班上下班、谈生意用之外，还多为外商的家眷外出购物、游玩之用。后来上海的一些本地富商也购置了自备马车，学洋人以拥有"香车宝马"为荣。在人力车和汽车引入上海之前，马车一直是上海主要的交通工具。

当时的马车从装饰上可以区分为轿式和篷式两种。轿式马车车厢的装饰和设备极为讲究，绿呢窗帘、狐皮坐垫，车上备有白铜痰盂、照脸镜子和插着鲜花的花瓶。这种马车多为有钱人自备，一般用于冬季出门拜客，乘坐者多为有身份的官府眷属和富豪巨商。他们坐在马车内手捧手炉，足踩脚炉，外面满街风雪，车内暖意融融。双马齐驾，八蹄腾飞，好不气派。到了夏日，便起用船式造型的敞篷马车，船式车厢通过弹簧固定在车轮上，颠颠悠悠，很是舒服。于是，行驶在大街上的马车便日益增多起来。到1907年时，上海马车的数量已达1700辆之多。

■ 江北小车，又称独轮车、羊角车，因车夫多来自苏北而得名，是19世纪末上海市民通用的代步工具

随着商业的繁荣，租界内道路上的行人开始拥挤不堪，马车急驶其间，经常发生撞伤踏伤路人、煤气灯杆、消防龙头被撞断的事，甚至还经常发生车厢翻倒、乘客受伤和马车夫被马车轮碾死等事故。伴随着城市公共环境建设的发展，马车的缺点也愈发突出，如马车在大街上行驶，遗留在街上的马粪又造成了环境污染。为改变这些状况，独轮车和人力车应运而生，并悄然间走进了上海的大街小巷，于是，马车的数量便逐年减少下来。

1862年，大批苏北人涌到上海滩谋生，与他们同时进来的还有一种木制的独轮小车。有专家考证认为，这是开埠之后在上海道路上最早行驶的车辆之一，也是上海"有舟无车"时代终结的一个标志。

独轮车因为大多来自苏北一带，因此传至上海后就被叫做"江北车"。其实它还有很多譬如小车、手推车、狗头车、羊角车、叽咕车等别名。独轮车最早出现在西汉末年，由于它只有一个轮子，颇像井台上吊水用的车辘轳，所以又把这种可以在山间和丘陵地区通行无阻的车叫做"鹿车"。

独轮车都是用硬木打造而成的，车轮安置在车身中间的位置，上面设有

■ 乘人力车的中国妇人

一个车架，车轮两侧的木架既可装载货物，又可在载客时当座位。车后有两根把手，一个人握住两边把手还可在车身后面推行。用来载客时，一部独轮车可以载三四个人，有时甚至也能载七八个人。

当时由于可供选择的交通工具太少，因此即便是体面的绅士和有钱人家的小姐也大多是坐着独轮车出行的。不过，这种车较一般独轮车的做工要精致，装饰也很考究。随着人们的需求增加，载客的独轮车便不断增多，到1874年时，公共租界和法租界内已有近3000辆独轮车在运行，直到人力车走

进上海，独轮车才逐渐受到了冷落。尽管如此，独轮车的生命力却十分持久，它竟然能一直与人力车处于共存共荣之状态。甚至到1932年时，华界内还仍有约15700辆，公共租界内也依然有8800辆之多的独轮车。

1872年，一位叫米拉的法国传教士将人力车从日本引入上海。这种源自日本的人力车，在横滨刚刚设计出来之时，恰好是明治维新刚刚结束的那一年，因此，这种车又被叫做"东洋车"或"洋车"。

1873年米拉向法租界公董局提出经营10年"人力车"的专营申请，他企图以个人名义独揽人力车经营权。经过讨论后，公董局认为米拉所求既有利于改善法租界内的交通，又有利于租界捐税的增加，因此，除了米拉的专营权外，其他的均予以原则上的同意。

拿到公董局优先发放的12张牌照的米拉，急急忙忙地从日本购置了300辆人力车，设立了上海第一家人力车公司。

1913年底，租界当局规定：凡上牌照的人力车须一律涂上黄色油漆，于是人力车又有了"黄包车"这样的俗称。

同独轮车和马车相比，人力车具有轻便、快捷及廉价的特点，但这种速度低，成为公共汽车和路面电车等近代交通工具障碍的原始状态的人力车，却并未得到工部局的赏识，只不过是因为它很方便，所以才未被轻易地放弃掉。相反，私人雇佣的这种"人力车"却增加了不少，到20世纪20年代末，人力车的数量已经可以与"独轮车"的数量相抗衡了。

然而，那些车夫们却住在棚户区的贫民窟里，过着极其悲惨的生活。他们靠出卖自己的体力和苦力，每天都像马一样地拉着客人在大街上东奔西跑，他们的生活与老舍在《骆驼祥子》里描写的北京拉车夫的状况并无多大区别。

点缀着上海近代都市交通的，并不仅仅是马车和这些依赖于拉车夫肉体的独轮车与人力车。除此之外，号称数量最多的路面电车也在为这座城市增姿添色。在中、英、法三个不同血统的电车公司中，沿着越界道路跨越公共租界内，借助英国资本来运营的上海电车制造公司成为当时规模最大的电车公司。

1908年3月5日开始营业的这个公司，在很短的时间内它的电车线路就由最

■ 19世纪20年代末的法租界外滩的电车

初的4条增加到了16条。而与此同时,两个前后分别于1910年和1913年开业的上海法商电车公司和上海华商电气股份有限公司合并,这个新合并起来的公司,仅在一年的时间里,运送的客人就超过了1.3亿人之多。

与路面电车并行的公共汽车也在这一时期成了运送大量客人的交通工具之一了,其中包括比路面电车公司晚16年,1924年才开业的中国公共汽车公司,它的线路是从外滩起步,途经南京路再到静安寺,于是许多辆可以乘坐24人的公共汽车开始忙碌地往返奔驰在刚刚开通的10条线路上。

从租界的中心到吴淞本来是既可利用30公里长的铁路线,又可利用往来于黄浦江的定期船舶。水上交通是市民的一双脚,这双脚就是那些往来于租界与对岸浦东500米以上距离可以横贯黄浦江的大大小小之渡船。

■ 1905年,英商组建"上海电车公司",图为上海电车公司的职员在试车仪式前合影

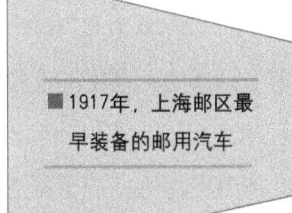

■ 1917年，上海邮区最早装备的邮用汽车

尽管如此，上海艺术时代还是由汽车代替了这双脚。因为根据当时所统计的交通量来看，上海汽车的数量已远远超过了来往船只的数量。

1901年，"改变世界的机器"——汽车，第一次进入了上海。这一年匈牙利人李恩时带了两辆汽车来到上海，使十里洋场破天荒地出现了由机器发动的"钢铁怪物"。在当时的中国可以说上海人算是最开眼界、最有见识的人，然而他们初见这一"怪物"时，竟然也还是被惊得目瞪口呆，惊诧不已。

任何地方接受一种异质文化，都会经历一个认识和了解的过程，当然上海也不例外。

据统计：自1901年上海第一次引进了两辆汽车之后，又于第二年从国外进口了8辆，自此之后一发而不可收，便以几何级数般地蔓延下去。仅至1911年时汽车的保有量已经达到了1400辆。

从英租界工部局车辆的发牌照数字来看，从1912年到1920年租界上的汽车数量就增加了7倍之多。到1927年时全市的汽车已突破万辆大关增至12695辆。以后每年从13466辆、19655辆、20980辆不断递增，至1936年时全市汽车已达24572辆。若将各地驻沪陆海军的战车和文武官员用车全都包括在内，那么30年代上海汽车的总数估计已达3万辆之多。再加上战前的8万辆

■ 路上的双层汽车

黄包车,以及独轮车、三轮车、马车、榻车、摩托车、自行车等,十里洋场的大上海真可谓是车水马龙,气象万千。

几乎所有的汽车当时都靠进口,而且大多是英国制造的,在上海发行的报纸和杂志上登满了奥斯汀汽车的广告。

第一次世界大战之后,蒙受战争灾难的英国经济出现危机,汽车制造业严重受挫,况且其生产的汽车车体不但小且价格又贵。这么一来,上海的汽车输入便在迫不得已之中转向了美国。于是,一半以上的汽车都开始从美国进口。由此而导致英国产汽车的进口量急剧地跌落到了全部进口车五分之一。

与此同时,汽车商们又配合着中国人的嗜好,开始在中国国内制造汽车。1928年在上海终于建起了一个月产量可达500辆之多组装福特汽车的工厂。

1929年10月28日在上海举行了第二次汽车展览会。开幕式由时任外交官的夫人剪彩,参观访问者达到了25000人之多。在70多个国内外厂家生产的产品中,有美国的福特轿车、派克汽车、克莱斯勒轿车、雪佛莱和法国雷诺公司的单人摩托车等。由此,一个风起云涌的汽车时代来到了上海。

随着美国福特、法国雪铁龙等西方汽车的引入,租界上的欧美人和上流社会的中国人,都已开始过起了那种舒适而安逸的西方模式生活。从轿子开始,上海是在经历了马车、独轮车、人力车等独领风骚的年月之后,才伴随着这座城市前行的脚步,走进了一个汽车的时代。而汽车似乎是命中注定般地将会在这座崛起于远东的城市中,扮演一个极其重要的角色。

5.4 魔都之赌

20世纪30年代生活在上海的西洋人和中国富人,他们闲暇时的去向是酒楼和舞厅。翻开1935年英文版的《上海大全简介》,在其中第8章有关"娱乐"的文字中,首先介绍的就是酒楼和舞场。在当时很有名气的华夏公寓和

1911年外滩上海总会，是当时最雄伟的建筑，今为东风饭店

浦江饭店等旅馆的介绍中，也总少不了要提到爱德华七世路和静安寺路上的一些著名的酒吧和专业舞场。而且往往接下来，还会介绍一些电影院或是那些聚集了志同道合人士的俱乐部。对于那些远离故土的西方浪子们而言，似乎只有上海租界才是他们唯一能够找回自己人生价值的一片净土。

不管是上海总会、城郊俱乐部、美国总会、法国总会、斜桥总会，还是扶轮社（国际性的商人社会团体），都是当时以娱乐为宗旨的社交俱乐部。

当然，这些俱乐部并不是对所有人都开放的。而那些电影院，以及那个终于在1928年才向中国人开放的租界公园却都是在不断的发展中才逐步完善起来的。尽管如此，这比起那些西方浪子们所要求的"魔都的娱乐"来说的确还相差甚远。

"魔都"这一被世人所议论的上海城市别名也许是片面的，可是它却很贴切地传达出了这个时代的一种氛围。"魔都"中的"魔"字，是佛教中"魔罗"的简称，佛教把所有扰乱身心，破坏行善，妨碍修行的思想行为称之为"魔"，之所以将大上海这一都市的"都"字前面冠以"魔"字，是因为在这个所谓"魔都"的城市里，既能看到那些坐着外国车从洋行回来到处兜风的中国富豪们，也能看到那些衣不掩体、食不果腹、横卧在草棚里出苦力的穷人。在这里既有富贵又有贫穷，既有官宦也有地痞流氓，他们结帮成派，横行霸道、为非作歹。他们把人的命看得比一枚银币还轻。有点姿色的女性走在马路上也会突遭强暴而被杀死；没有被杀死的女性或是流落街头，或是被卖到遥远的地方为娼为妓。类似这样的都市传说不胫而走，无形中使人们越发加大了对"魔都"的恐惧。

然而，这绝不只是一种诠释而已，上海的这块土地几乎容纳了人世间的全部。"魔都的快乐"，若用世间的俗话来说，这种快乐是构建在"吃、喝、嫖、赌、抽"所谓的五毒之上的。

一提起"魔都"，人们就会自然而然地联想到青红帮，要想来揭开弥漫在"魔都"上空的层层迷雾，那就只有去了解青红帮的来龙去脉。据资料记载：红帮建立在先，本名"洪门"，青帮（亦作清帮）建立在后，又名"安清帮"。

"洪门"始建于清初。在清兵入关、明朝覆灭之后，一些明朝遗老和不甘心受满族统治压迫的民族志士结成秘密团体，从事反清复明活动。他们基于对明太祖朱元璋洪武年代的怀念，故以"洪门"命名。洪门是反抗清朝统治的组织，为了躲避清朝官兵的剿捕，早期他们多以高山老林为根据地，活跃于江河流域。盛行于西南一带的哥老会，亦属洪门支系。白莲教、红枪会、大刀会、小刀会、天地会等秘密组织，也都是从洪门衍变而来的。

青帮来源于红帮。相传有洪门中人翁某、钱某、潘某被清王朝收买叛变，把洪门反清复明之宗旨，改为安清保清，另立门户，成立安清帮。安清帮投靠清王朝以后，清廷责成安清帮护运军粮，从杭州运到通州，沿运河设码头官，分段护卫。所以漕帮中青帮势力为第一。

青帮受到朝廷扶持，洪帮则受到官府打压，自然是一个兴旺发达，一个日趋式微。后来海运发达，太平军起义又断了运河漕运，粮食改由海道北运，运河失去作用，安清帮的经济基础发生变化转而投向其他行业，如开设赌局、妓院、烟馆、戏院、戏班、澡堂、茶楼、饭庄、旅店等，以至走私贩毒，贩卖人口，或为军阀、政客、资本家充当保镖、打手、刺客等，安清帮遂演变成为结交官府、坐地分赃的恶霸流氓集团。

"魔都"里最有名的青红帮是黄金荣、杜月笙和张啸林三位大亨。当时上海滩青帮最高辈分为"大"字辈。黄金荣凭借着势大气粗而自称为"天"字辈，"天"就是压在"大"上面的一横，从此他便以上海黑社会青帮老大

■ 洋行中的中国买办聚会

自居，没出几年他就成为了上海滩里的头号大亨。

严格来说，黄金荣是巡捕房探长出身，并未拜青红帮老头子，所以是"空子"，也就是冒充的意思。可他毕竟是当时上海法租界唯一的华探督查长，权势滔天。即便任何人都知晓他是自称的"天"字辈，也没有一个敢站出来说话的。况且，青帮向来讲究"许充不许赖"，他的所谓"徒弟"们也都是只送上一张"门生拜帖"，不过三关，不背帮规，不喝血酒的。仅类似这样的"徒弟"，他就有三万多名，甚至连蒋介石都给他递过门生帖。

杜和张都是开香堂进帮的青帮弟子，杜月笙是"悟"字辈，张啸林是"通"字辈。杜月笙也给黄金荣递过门生帖，后来由于有恩于黄，为此黄金荣退还了门生帖，与其兄弟相称，三人结拜为兄弟，成为"魔都"赫赫有名的"三大亨"青帮头子。于是，他们开始利用手中的权力，贩卖鸦片、开设赌场，在他们开设的赌场中，还盛行着"剥猪猡"和"捉大闸蟹"两句行话。

"剥猪猡"原是上海黑道里的隐语，它的意义略同于打闷棍。一般迫于衣食，行险侥幸的小强盗，埋伏在隐蔽偏僻的地点，趁夜阑人静，向踽踽独行的路人，施以突击，这些小强盗大多数都是谋财而不害命，不过这却是一种谋得颇为彻底的财，除金钱饰物之外，连被劫者身上的衣服也要剥光，所以人们就将强盗们的这种行为叫做"剥猪猡"。

所谓"捉大闸蟹"则是指租界上的巡捕捉赌的情景。虽然赌场按月向巡捕房交纳巨额的"孝敬"费，但巡捕房却只是为了应付舆论，有时也故意兴师动众地去捉赌,他们将捉住的赌客们用绳子连成一串游街,其状类似用绳串起的螃蟹,因而戏称为"捉大闸蟹"。

"前和"与"夜局"也是他们的两句赌场行话,"前和"指的是白天赌,"夜局"指的是夜里赌。大赌客多数都是参加"夜局"。而巡捕房却往往是"只捉前和,不捉夜局"。因为大白天在众目睽睽之下捉赌,既有利于巡捕房作秀,又可借此网开一面,这样就使众赌客可以非常放心地去赶"夜局",赶"夜局"的赌客们都是些衣冠楚楚、珠光宝气的有钱人家的少爷或是公子哥们,他们无疑是"剥猪猡"者的最佳对象。租界上一街之隔便是两国境域,加之街道纵横,地势复杂,这便成为"剥猪猡"者最理想的活动地区。于是从赌场里出来而被剥了猪猡的人不乏其数,霎那间搞得人心惶惶,以至于那些赢了钱的赌客都要想方设法雇上保镖,而那些雇不上保镖的胆小之徒甚至到了不敢登门的地步。

总之,在他们的操纵下,"魔都"开始了一个五花八门、应有尽有的赌博时代。什么赌场啦、夜总会啦、彩票啦、赛马啦、犬竞技啦、回力球啦等等,均被列入了赌博的范围之内。

不论是政府允许的还是不允许的,合法的还是不合法的。他们不分青红皂白地将各种各样乱七八糟的东西都一股脑儿地掺和了进来。随之又出现了由赌徒们所操纵的赛马和犬竞技等更大规模的赌博花样。那时光跑马场就有三个,分别是上海跑马场、江湾跑马场和引翔乡跑马场。

1933年由马海洋行借助跑马竞赛,在南京路对面设计的上海跑马场成为

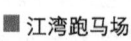
江湾跑马场

当时最有名的跑马场。甚至连它旁边的花园酒店和其他近邻酒店也跟着沾光而成为与跑马场连锁的一块招牌。在这里每年春秋举行的两次大赛马与每个月4—5次的普通赛马，不仅让上海的赛马迷们热血沸腾，而且也让中国各地以及香港和其他居留地的人都狂热起来。在每年的从5月到10月赛马期内，为了能腾出时间来去跑马场观看赛马，一些公司和银行甚至在上午11点就停止了工作，很显然，上海人对赛马的喜好程度已近乎白热化。

尽管过去的跑马场现已成为上海人民广场，可如若仔细观察，还依然会查找出一些昔日所挥之不去的蛛丝马迹。

1846年前后，开设在河南路与南京路的交叉处的这个跑马场，1851年时则迁移到了曾经是永安百货公司的地方。由于地价暴涨，1861年时再次迁移到了如今人民广场的位置，而成为第三代跑马场。因为这个跑马场是由英国人创设的，所以照搬了英国人的会员管理制度，要想成为其会员就必须在21岁以上并要有正式职业。到1908年时，正式会员除中国人之外已达320人之多。直到1911年，在台湾银行买办叶子衡所创办的江湾跑马场业已开幕营业的巨大竞争压力之下，这个跑马场才放宽了入会条件并作出了中国人也可以入会的决定。而于1924年开办的那个引翔乡跑马场，则是一个地地道道由赌徒们暗中操纵和掌控着的跑马场。

犬竞技是当时一种比跑马更诱人的赌博。自从1928年5月在杨树浦华德路上（现长阳路）出现了明园犬竞技场以来，在现在的复兴中路和靠近万航渡路的西端处，又接二连三地出现了逸园和申园两个犬竞技场。在汇集有200多条竞技犬的明园里，观众们可以在每周三、周六及周日的晚上一饱眼福，观看这些竞技犬的精彩表演和比赛。

在当时上海的《申报》和《晶报》等各大报刊上，几乎每天都在报道着赛犬的比赛情况。不过，最能给人们带来巨大刺激和诱惑的，还要数法租界上那个由法国人经营的逸园赛犬场。

30年代前半期，由于赛马、赛犬等赌博而造成的自杀、他杀及破产等事件层出不穷，因此遭到了社会上诸多的指责和批判。在巨大的社会压力下，明园与申园这两个赛犬场被强迫关闭。然而逸园赛犬场，却因有杜月笙等黑社会的人做后盾,所以不但得以在特权保护下生存,而且还在很短的时间内摇身一变,变成了一个大的交谊会舞厅。此后,又在这个基础上加进去了摔跤、射击等比赛项目。这么一来,逸园的生意反而比赛犬时更加兴旺和发达起来。

现位于淮海中路的原法国总会南侧的地方,有一个30年代的"回力球"场。这个被称为"旋转的力球"的回力球,实际上兴起于西班牙的巴斯克地区,用中国话来翻译即为"回力球",有些人甚至还将其叫做"非衣力球"。所谓的"回力球"比赛,就是由6位选手套上长长的网状器具,在由三面墙围起来的球场上,捡起撞击在墙壁上的球,像打网球那样地相互争夺自己的点数而已。

以上以体育为名的这三大赌博活动,其实早在20世纪初就已出现在美国的土地上了。自1929年被引入上海之后,很快便风靡上海,并迷住了国内外所有喜爱赌博的人们。

第六章

百年租界沧桑岁月

6.1 苏伊士运河以东的喧嚣

20世纪初以来,在中国和世界上发生了许多惊天动地的大事情。而这些事情都或多或少地给位于远东中心的上海带来了无可估量的影响。不论是1912年中华民国的成立,还是自1926年开始的内战等等,只要将其按照年代的顺序排列起来就会一目了然:其中对上海最有影响的还要数第一次世界大战。

1918年第一次世界大战结束,上海租界却突然活跃起来。这究竟是为什么呢?究其原因,则是1909年的国际会议上做出了一个停止鸦片买卖的决议,至1917年时,这种鸦片的交易已被全面禁止,而其他物品的交易量却在急剧增长。第一次世界大战的爆发使中国的鸦片没有了竞争对手,因而也就终止了从国外进口毒品生意。

19世纪后半期出口的蚕丝、茶等产品,到20世纪时全都变成了桐油和猪鬃毛。因此类产品均为四川省特产,所以上海便成为这些产品的枢纽转运站,在它不断出口缝纫机、棉制品等轻工业产品的同时也给上海带来了繁荣的贸易。

第二次世界大战以前,中国约有50%工业产值都是来自于上海。上海是一个进出口十分方便的城市,极适合于工厂方面的经营。上海的四大电力公司利用便宜的煤炭提供了更便宜的电力,不论是中国民族资本家还是西方资本家,都想借助这些得天独厚的优越环境和条件建厂造房,于是,不久就在杨树浦和苏州河两岸的地方建起了相当多以纺织工业、食品工业(小麦粉、烟)及服饰产业为中心的工厂。

贸易和工业的繁荣发展把资本和人才全都集中到了上海，并由此而促进了传统钱庄和近代银行的发展。由于德国战败，德华银行解散，露清银行破产，而人们从这一演变过程中看到了美、日、法等国家令人目瞪口呆的强势。于是，日本的横滨正金、住友、三井、三菱等银行开始进入上海租界，这么一来，就需要建起一些与银行相匹配的办公大楼来。

上海是中国当时变化最大的一个城市，最突出的表现是在这些建造起来的办公大楼、工厂和数百栋的现代住宅和公寓楼房中，已出现了许多七八层高的楼房。而随着建设的崛起，又促进了上海其他方面的发展。

与此同时，还有人说：正是由于上海写字楼建设的飞速发展，所以才造成了那些已经完成和正在建设楼房的供给过剩局面，由此而导致了房租降价，甚至很多旧式楼房会变成空房。

在这种形势的影响下，房主都想把旧楼改造成新结构楼房，于是越来越多的新楼房代替了旧楼房，由此而加速了上海迈入现代化之进程。随着现代设备的引进和安装，新楼房的供给在很短的时间内便超过了实际的需求量。

贸易与工业的繁荣，创造出了一个"苏伊士运河以东最大的国际城市"。然而，这个最大的国际城市所表现出来的却也只不过是"繁荣"二字罢了。

租界内的土地财产要安全，换句话说，也就是土地要想保有确实毫无疑问的权利，免去不合法的横征暴敛，这不仅要给当地投资者勇气，而且还要确保这种在遥远地区内的投资能够取得一个有效的回报。毋庸置疑，只有保证了土地方面的安全，才能引来外界的巨额资金，才能使上海逐步发展成中国的金融中心。当然，也只有具备了一个可以安心拥有土地财产的形式，上海及其附近地区才会成为与中国偏僻地区或其他地区贸易发展的根据地，由此才能让上海真正地发挥出成为中国金融中心之作用。

贸易与工业的发展，是使上海租界繁荣的基本条件，而这个基本条件又与土地价格的暴涨紧密地连在一起。的确，上海租界的地价与世界其他城市的地价相比而言，并不算高。1931年上海租界的地价仅为纽约地价的1/30、伦敦地价的1/7、东京地价的1/6、巴黎地价的1/4。

甲午中日战争以后，在上海掀起了一个以外国企业为中心的投资热潮。这种投资始于以棉纺织工厂为中心的制造业，而这也成为上海的一种变相的土地投资。1914年占上海投资总额6.5%的不动产投资，到1931年时已上升至10.5%。

即使在上海租界内，也从未有过均等的土地价格。从四马路的一亩地平均为一万两银子的价格开始，直到最低价格为2000两银子的所有土地，均被以沙逊为首的不动产公司所收购。

1927年，位于外滩与南京路交叉地段的汇中饭店和沙逊大厦的土地已经暴涨到了22万两的最高价格。可是，实际买卖的价格却高出一般课税评价额的20%以上，因此工部局就不得不每隔三四年都要去跟踪纠正这些价格的变化。就拿上面所提到的汇中饭店的土地价格来说吧，它的实际价格就远远超过了工部局课税评价额45万两银子的高价。

房屋的租金也是以外滩和南京路为最贵。通常年租金都是按照1平方公尺来计算的。而外滩上一等地段的价格，平均每年1平方公尺的年租金却是2两银子，在这一地段，即便是租赁标准样式的房屋，每个月至少也要缴纳400—500两银子的租金。可当时，一般的中国人每月的房租也只不过是30两银子而已。由此，便可断定这一比普通价格高出15倍以上的地段，理所当然的一定会是一个相当繁华的地段了。

租界殖民者的横征暴敛导致了土地价格的暴涨，而土地价格的暴涨又给这座苏伊士运河以东的城市带来了无休止的争吵和喧嚣。

6.2 一古脑儿冒出来的大公馆

上海开埠初期，大多数的西洋人都是居住在职住一体化布局的外廊殖民地建筑样式的楼房里。可是随着地价的暴涨和中国人的急速增加，所造成的环境恶化和贸易的复杂化，迫使他们必须要去改变这种职住一体化的生活方

■ 租界初期住宅

式。于是在上海就逐渐出现了办公与居住分化的都市型住宅和郊外别墅这样两种新型住宅。

若将这两种形式与英国本土的住宅作一比较，你就会发现，无论是上海的还是当时英国国内的这些几乎都是一样的红砖瓦墙的住宅样式竟然是惊人的相似，与外滩上那些鳞次栉比的建筑群的房子雷同，都有一个带浮雕的大倾斜度屋顶，甚至连其拱型、突出的山墙和半砖木式样的造型都几乎如出一辙。

由于这两种住宅样式的出现，而使当时的上海滩一改往日之面貌，到处都呈现出了一派19世纪末安妮女王复兴时期的住宅风貌。这种开始于三层楼房，而后又扩建到四层楼房的都市型住宅，大部分都建在了外滩内侧和上海大厦北侧的乍浦路和昆山路上。至今，这里依然在重复建造着与那个时代同一样式的高楼大厦。

上海业广地产有限公司成立于1888年，其后成为一个老铺而大名远扬。这个公司在开发里弄住宅的同时，还建造了许多供西洋人居住的都市型住

■ 鳞次栉比的外滩建筑群

宅。这些建筑与英国本土流行的安妮女王复兴样式不同的是,在他们的房屋前面都加上了一个外走廊。而另一个不同处则是使用了左右对开的百页双扇窗,可在英国却都是使用上下起落的窗户。当然这完全是由于上海继承了开埠初期外廊殖民地建筑样式而导致的结果。1901年这个公司又趁开发越界道路之机,大规模地开发了租界西郊外的大西路(现延安西路以西部分),然后又以同样方式,于1903年开发了通往虹口公园的北四川路(现四川北路)。

倘若现在来到虹口公园附近,你还会看到一栋业广地产有限公司建造的住宅楼,举目仰望你就会惊奇地发现,在其第三层的外廊上竟然全都安装上了玻璃窗,屋顶上还高高地竖起了壁炉用的大烟囱。尽管可以把这种破坏了建筑原貌的做法理解为是防御寒冷而采取的一种措施,但其本身的存在却在证明着这种效仿南方建筑样式的外廊并未消失,反而在上海这个城市里扎根、开花、结果并被保留下来了。

这栋1893年由金斯密和阿特金森两位建筑师设计的楼房,可以说是保留下了那个时期都市型住宅楼房的全部特色。它竣工在租界成立50周年之时,是建在当时美国旧租界对面大马路也就是现在大名路上的一座楼房。曾经位于美国旧租界城市近郊的这片土地,也在时代的变迁中,被逐步地改造成为一块被田园和树木环绕起来的清静之地。

若将这三层住宅楼的样式作一归类,似乎它应列入那种多处使用拱型和红砖瓦的安妮女王复兴住宅楼一类的建筑样式中。这座楼房的南面建有一座庭院,

■ 英商营造的高级别墅

北面建有一个网球场。在其一楼处设有正门大厅、接待室、食堂和干苦力人的房间，二楼上则有两间带化妆间、浴室和卫生间的卧室，同时卧室旁边还有一供贴身侍仆住的房间。而三楼上的塔楼部分现已改装成带有一个大卧室的阳台了。从这里远眺，不论是南面的那个庭院，还是北面的那个网球场均会一一映入眼帘。如果按其样式和布局来说，这种都市型的住宅楼其实与郊外的别墅住宅并无多大区别。而那位曾经在亚洲各地流浪过的英国建筑师史沫特莱，他在上海开办事务所时，最擅长的就是设计这种别墅。

于是，从那种将木材伸出墙外的半砖木结构的中小别墅开始到豪华的大公馆，诸如此类的都市型住宅和别墅住宅霎那间在上海兴盛起来。那些与外国进行贸易的中国人都发了大财，积累起了巨额的财富。他们当中有的成为富裕买办，有的成为清朝高官。改变命运之后的他们，模仿西洋人的起居方式，也都搬到了靠近市中心交通方便的都市型住宅楼里；有些甚至还在郊外的僻静之处建起了别墅，同时享受着都市型住宅和郊外别墅潇洒的双重生活。

其中，尤为突出的是那位曾经与蒋介石握过手，操纵着上海黑社会的青帮大亨杜月笙（1889—1951年）。他于1925年建在法租界现东湖路与新乐路交叉处的那座从外表看起来就像中国庙宇一样的大公馆，即便是在当时的法租界也称得上是数一数二的豪华住宅了。这是一座从南立面中部开始两端略向前突出的层叠式敞廊式建筑；二层廊道及两壁柱等均为巴洛克式风格装饰，而东立面主入口却为塔什干柱式门廊。室内则是以细腻的脚线、纹饰等古典式的木装饰为主，其各房间门户相通，在西面的餐厅里还设有两大相对应的壁炉，其上方的卷涡木花纹也是巴洛克风格装饰。在它的南面建有一个三角形的大花园，园内还设有一个游泳池和一个网球场。

这是一座用上海当地砖瓦和石头建造的大公馆。房骨架用的是俄勒冈州松，其铺设的瓦全部都是青岛德国派系公司特别许可的绿色琉璃瓦，这种瓦富有防水性能，它那闪闪发光的色彩非常完美地衬托出了这座建筑的全部。楼房内部的门窗设施和间壁使用的都是柚木，而地板则是使用了日本松木和新加坡红木，是中国木匠完成了楼梯和客厅的全部装饰。在上海的住宅要求是：夏季要保持凉爽，冬季要保持干燥。虽说这座花园住宅的寝室内设有完备的化妆间和浴室，后面还有宽敞的马棚和使唤人的房间。但即便是在这么豪华的住宅里，依然建有一个大外走廊，由此可见外廊已对上海的建筑起了一个不可忽视的重要作用。

突兀在租界上的这座中国人的豪华住宅，自然是引起了十里洋场中外人士的关注和惊叹。于是，有关这座大公馆主人的来头和身世，一时间成为南来北往人们急于想知道的一个重要话题。

1888年8月22日，阴历七月十五日，正是传统的"鬼节"，似乎是冥冥之中的鬼使神差，在这个特别的日子里，让一个特别的小男孩降生在了上海县高桥镇杜家花园的一个破败的老屋里。他就是这座大公馆的主人杜月笙，一个日后叱咤风云的"中国黑帮老大"和"中国第一帮主"。

伴随着这个孩子的出生，一轮明月高悬夜空，于是这座老屋的主人杜文卿，给自己的儿子起名为"月生"。后由国学大师章太炎建议，改名镛，号月笙（典出《周礼太司乐疏》：西方之乐为镛，东方之乐为笙）。天有不测风云，这个出生在清澈而明朗月光下的孩子，迎来的却是一个阴云密布、雷雨交加的童年。他3岁丧母，5岁丧父。于是高桥镇上出现了一个谁都可以拿他撒气、常常被人打得鼻青脸肿没爹没娘疼的5岁孤儿，他能够生存下去吗？然而，就在人们的同情、可怜和质疑的目光中，这个仅读了四个月书的孤儿15岁就只身一人去闯荡大上海滩了。仅此一举就够让人们吃惊的了，可更让人瞠目结舌的是这么一个背运的穷小子，居然能脱离了苦海，踏上了一条飞黄腾达、荣华富贵之路。他不但涉足商界、军界和政界，而且还将触角伸向了金融、教育、工业和新闻报业等多个领域。尤其让人震惊的是他在自己出生地上建起来的那座气势宏伟的杜家祠堂。

1931年5月，杜月笙在自己的故乡浦东高桥镇重修了杜家祠堂。原先的老祠堂只有两间土屋，自他发迹后，他便收购了老祠堂周围五十多亩土地，并聘请了创新营造厂厂主谢秉衡来承建这座杜家祠堂，新建的祠堂是一座坐北朝南，二层混合结构的楼房，占地面积3000平方米左右，立有白石牌坊。过了牌坊，便是铜门，一对张着血盆大口的石狮，雄踞两侧。牌坊额上镌刻着"杜氏宗祠"四个颜体蓝底金色大字。

其内部布局简洁明快、装饰考究、工艺精巧为中西合璧之风格，而其外立面则气势恢宏，主体为五开间三进，当然第一进为大门，第二进为正厅，第三进则为供奉杜氏列宗"神主"牌位之祠堂，此外，还有一栋中国传统风格的家庙。院内建有戏台，专辟马路通高桥镇。

杜月笙豪华住宅的兴建，意味着当时安妮女王复兴的建筑样式已经开始穿越外滩上的旅馆建筑，走入住宅建筑中。当然，这并不仅仅指建筑样式上的变化，而同时产生变化的还有建筑材料、设备和室内装饰等。

在汇中饭店、浦江饭店以及上海俱乐部的大楼里，那些一直被精心使用到现在的电梯均是当时从英国引进来的。不用说，装饰如此豪华而富丽堂皇的大饭店，仅靠摆几件进口的装饰品和家具，那是远远不够的。因此，一个专门提供室内装饰品的服务机构也随之应运而生。

就拿1904年在上海开店的阿兹·库拉夫家具公司来说吧，此公司在汉口、大连和韩国的汉城、仁川等地都设有分公司。而有着伦敦特权商会的这个子公司，虽说是以销售印度和中国等东洋风格的商品为主，但其设在上海的这个家具子公司，却担负起了为上海郊外那些奢侈的大公馆提供伊丽莎白王朝、维多利亚王朝样式的日常家具和用品的工作。而这些大公馆，不论是屋顶上用的瓦，还是砌墙用的砖、地瓷砖等建筑材料，绝大部分都是由天津开滦矿务局和上海的A.巴特勒泥瓦公司制造的。在当时的中国，一般建筑上使用的都是传统的大块黑砖。但在受到了维多利亚时期哥特式和安妮女王复兴式建筑风潮的影响之后，上海已开始使用按照工业规格制作的小块红砖。

然而，这些被大量使用且分量极重的砖瓦不可能总靠从国外进口。况且，这些材料中国当地就有。若能在当地制造那将会是一件既省事又省钱的事。于是，上海、天津、汉口、青岛等地开始步入这些砖瓦的制造工作。像高级大理石这种优等石材，一般都是由意大利进口，但一般的花岗石石材则是由青岛生产，花岗岩则是由苏州和杭州近郊生产，其中被认为质量最好的则是湖南产的花岗岩。而一般用在雕刻中的青色石材则绝大部分都是从宁波运过来的。

新古典主义样式的建筑需要使用大批量的石头楼梯和石材。当时的上海斯通石材公司抓住机遇，即刻发明了一种将水泥、沙子和碎石混合起来使用的廉价混凝土以满足市场之需要。20世纪初期，石材、木材的需求量都在不断地增大。之所以出现这种局面，与其说是由于住宅建筑地的扩大所导致，还不如说是由于铁道和电器事业的飞速发展所导致更为恰当。

那条于1876年开通了的淞沪铁道没想到仅仅运营了一年时间就遭遇了失败的不幸。然而更让人想不到的是，从那以后却反而掀起了一股惊人的铁道热。为适应这种铁道热就需要铺设大量的铁路轨道，这么一来理所当然地就需要大批硬木来做轨枕垫木。因此，几个进口木材的公司便在上海应运而生。以1884年创设的祥泰木行公司为开端，怡和洋行也开始在1905年经营起木材业务来。他们先是在杨树浦和浦东这些地方建起了储藏木材的厂房和设施，然后便开始了对运进来的一批批原木和厚木材进行加工。

提到木材，就不免要提到工部局的一些工程，例如：南京路上的铺路工程、黄浦江和苏州河的堤防保护工程、清政府推行的电气工程等，这全都是一些需要使用大量木材的工程。

建造房屋砖瓦固然重要，但房梁与房檐等框架构造中所使用的木材也是至关重要的。更何况，当时的工部局已效仿美国，正在开始用原木来建造小屋式的别墅了。为此，他们还分别从东南亚的泰国、爪哇、印度等殖民地的各海关口岸进口了桃木和柚木，从日本北海道和美国俄勒冈州进口了松木。此外，还从澳大利亚进口了许多不同名目的各种木材。

对于很少有地震的上海来说，尽管它不会像日本那样迫切地需要大量的木材，可是在近代化发展轨道上迅跑的上海，已经身不由己地被时代所引领，而它又在不经意间引领出了一个时代的建筑风潮。

6.3 太平洋上的博弈

1896年清朝政府先是开通了一条从北京到天津东站的京津铁路线，接着又在1908年时开通了一条从南京到上海的沪宁铁路线,而后又在1913年时连接起了天津到南京的津浦铁路线。这么一来,便形成了从北京到天津、从天津到南京、再从南京到上海的这么一条可以让人们尽情享受火车之旅的铁道线。

1922年在从天津到南京的这条线路上,往返奔驰着的那辆从美国引进来的豪华列车,更是给旅途线路中客人们增添了许多的快乐气氛。南京是一个历史名城,美景比比皆是,在这里不仅能观赏到明媚的江南风景,更主要的是还可以观赏到诸多明朝的遗迹。

当时,有一条从欧美进入中国,叫做"西伯利亚"的铁道线。这条横贯欧亚大陆的铁道线可以使火车从欧美的任何一个城市出发,途经西伯利亚,到达满洲里火车站,从这里再由东清铁道进入中国国内。倘若要去上海,那么便可以从长春乘坐经由南满铁路的火车到达大连,然后再由大连乘船去往上海。而那些想去参观北京故宫和南京夫子庙等名胜古迹的旅行者,也只需在这里乘上去往北京和南京的火车,即可如愿。

乘坐上了这条横贯欧亚大陆的火车,还可以途经海参崴或朝鲜,甚至可以捷足先登去观赏日本的风景。1910年吞并了朝鲜的日本,修建了半岛的铁道网,以鸭绿江铁桥连接起了中国的铁道。1910年在布鲁塞尔召开的第5次经由西伯利亚国际联络运输会议上,通过了连接海参崴港口西伯利亚铁道的提议,于是,大阪商船也加入到了这条航线中,运送着从海参崴港口前往日本敦贺的旅客们。

从欧洲乘船去往上海的海运航线有三条。一条是从伦敦到上海,其航程

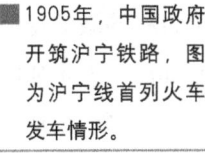

■1905年,中国政府开筑沪宁铁路,图为沪宁线首列火车发车情形。

约需两周左右。这条航线中一等舱的费用约为57英镑，二等舱约为40英镑，而这个一等舱的价格在当时来说应算是相当昂贵的。

另外两条是苏伊士和北美航线。从伦敦到上海，苏伊士航线约需40天左右，费用要比火车高出若干倍，一等舱为70英镑左右。这是由英、法、德等国家的轮船公司运营的一条航线，同时跑在这条航线上的还有日本邮船和大阪商船等轮船。

这条从伦敦穿越大西洋的北美航线是在横跨美国大陆之后，才进入太平洋的。这一行程与从伦敦到上海的苏伊士航线所需要的天数和费用等都无多大差别。而加拿大太平洋轮船、日本邮船和大阪商船也都穿梭往返在这条航线上。

此外，还有美国的达拉轮船，这是一条从纽约出发，途经哈瓦那、巴拿马运河，经由旧金山、夏威夷、神户、上海，去往香港、马尼拉、新加坡、贝宁、科伦坡及苏伊士运河，越过埃及的亚历山大港口、意大利南部的那波利港口和直布罗陀海峡，然后再返回到纽约的豪华客船航线，类似这样的环球航行，大约是每隔两周航行一次。

其实，在1874年日本向中国台湾派兵之时就已经开始了横滨—上海之间的定期航行。在1906年时这条航线每周又增加了两个班次，1909年日本邮船会社还决定了神户—上海之间每周一次的定期航行。于是，一条3000吨位的客船开始了经由神户、门司、长崎，驶向上海的往返航程。当时从横滨到上海，其一等舱为71日元左右，而从长崎到上海却仅为33日元，尽管二等舱的价格是一等舱价格的三分之二，但却可以享受到与一等舱一样提供西餐服务的待遇。

在飞机尚未发达的那个年代，轮船已成为长途旅行者和运送货物的唯一依赖。尤其是那些长途旅行的富豪巨贾们，他们所追求的不仅仅是旅行，而是还需要船上的舒适条件和高级旅馆以上级别的豪华房间。这么一来各船舶会社便展开了一场旷日持久的以客船的大小和优雅舒适为目标的激烈竞争，而这场竞争与纽约及上海摩天大楼之间的高度竞争竟然是如出一辙。那艘于1912年沉没的著名的泰坦尼克号就是这一时期的轮船巨制。到1931年时，一艘驰骋于北大西洋航路的世界最大级的客船也成功问世。

从20世纪20年代末开始,即使在旅客量少的太平洋与欧亚航线上,也会经常看到一些航行着的大型客船。那艘可以容纳900名乘客,时速为21海里的2200吨大总统胡佛号轮船,在它的一等舱的房间里设有卫生间和浴室。因室内的装潢和家具都是由旧金山的建筑师设计的,所以反映出来的均是当时美国的艺术装饰风格。船上不但有舞厅、图书馆、酒吧、咖啡厅、吸烟室,而且还有游泳池,可以说各种设施应有尽有,看起来就好像是"一座漂浮着的旅馆"。

船到上海,旅客们最先需要解决的就是住宿问题。从旅客们最早入住的浦江饭店、柏林顿饭店、汇中饭店,到代表上海艺术装饰高层大厦的沙逊大厦、华夏旅馆、赛马场前的花园酒店、公共租界工部局正前方的都城饭店等,均是当时第一流的大饭店。

即便是对那些乘坐过大总统胡佛号轮船绕世界航行一周,体验过亚洲各地旅馆——比如孟买的塔芝玛哈路旅馆、开罗的希尔顿旅馆、新加坡的莱佛士旅馆、香港半岛的优雅旅馆——的旅客来说,也都认为上海的这些旅馆并不逊色。

如果想长期滞留在上海,那还可以去住公寓旅馆。这种旅馆的住宿费要比一般旅馆的住宿费稍微便宜些,在那本1934年出版的《新上海大全》一书中,就简明扼要地记述了在上海华夏公寓和中国联合公寓里居住生活的基本常识,而与此同时,你还会在这本书中看到许多耳熟能详的建筑师的名字。

6.4 "伊甸园"今在何方

在每隔10年做一次总结的上海海关报告中,有一份自1922年到1931年间上海交通情况的报告。其实早在10年之前,上海的交通就已经成为上海市政的一个重要课题了。然而,在这漫长的10年时间里,这个问题却一直没有得到解决,反而更进一步地恶化起来。

在外滩的附近,现代的办公大楼与摩天大楼鳞次栉比,与此同时法租界、公共租界以及其他地区都在不断地建屋造房,出现了越来越多的住宅,都市的景观焕然一新。这些情景与1922年前相比,可以说是今非昔比。由于办公楼和住宅楼的增加,所以马路上来往的行人和车辆的数量也在突飞猛进。

赛马已成为这个被称为"魔都"城市人们所喜爱的一大娱乐项目,赛马场就位于都市的中心,但从那里通往西区公共租界的道路却只有3条。一到赛马的高峰时期,几乎所有的道路都被堵塞,再加上南来北往的外地车辆,那简直更是火上加油,使本来就拥挤不堪的路况变得更加混乱起来。

而比这更糟糕的,还要数公共租界西区和法租界郊外这一带的住宅区。经历了从职住一体型的外廊殖民地式建筑又转换到郊外安妮女王式住宅的西洋人,他们亲眼目睹了由于郊外住宅区的扩大,而导致上下班时人流的大量移动,给交通所带来的巨大影响。

这么一来,租界上的富商们更是迫不及待地想要去寻找一个交通方便的地方居住。1939年10月公共租界工部局开始对上海在留欧美职员的居住情况进行了调查,可不知什么原因,竟然一直等到1942年才将这份调查报告公之于众。

根据这份报告显示,可以得知他们中的大多数人几乎都是居住在独栋或是带有院子的群体公寓住宅里。在独栋住宅里,如若平均每个家族按3口人来计算,那么,在至少100多平方米的总面积中,就会有包括客厅、寝室、厨房、化妆间和浴室等在内的五六个房间。除去厨房、化妆间和浴室等,其客厅、卧室及孩子寝室等的面积至少也要接近20平方米左右,有的还要加上佣人房间和车库。这么算下来,应该说他们在租界上的居住环境还是相当不错的。

当然,即便是公寓住宅,也不是一般的公寓房,而是当时位居公寓之首的锦江饭店南楼的格林文纳公寓和百乐汇大厦公寓。在这些有着4居室大房间的豪华公寓里,其室内装饰可想而知,不但都纯属艺术装饰,而且就连所有的使用设施也都极为讲究,并随时都备有热水,同时还配置上了那种有电梯和电冰箱等高级生活的设施。

公寓的楼下便是商业街,可以很方便购物和逛街。诸如此类的公寓楼在当时的上海约有100幢之多，但绝大部分都集中在沿法租界和公共租界的越界道路上。这些楼房的高度一般都在3到20层之间，其中以4至5层的为最多。通常一幢楼中也就是住20到50户人家，可在当时河泾浜一幢最大的公寓楼里却曾住过150户欧美人家。

然而，像邬达克、巴马和丹拿这样在租界上已很有实力的西方建筑师也并不是仅局限于外滩上的办公大楼或公寓房的设计，而是随着外滩租界的不断变化，又很快地投入到了郊外豪宅别墅的设计之中。

沙逊家族是当时上海租界上一个颇有国际知名度的家族，这个家族起源于中世纪从西班牙逃难到中东巴格达的英籍犹太富商家族，曾被人们称为"东方的罗斯柴尔德家族"。

据资料介绍：罗斯柴尔德家族（Rothschild Family）是欧洲乃至世界久负盛名的金融家族。19世纪初，出身德国的罗斯柴尔德家族先在法兰克福、伦敦、维也纳和巴黎、那不勒斯建立了自己的银行产业链。而后，伴随着支援威灵顿的军队资金，这个家族又开始了淘金、开发苏伊士运河、资助铁路和开发石油等产业。从此之后，这个家族的崛起和兴盛影响了整个欧洲乃至世界历史的发展。

沙逊家族中的沙逊·本·塞利（1750—1830）是巴格达的首席财政官。他的儿子大卫·沙逊（1792—1864）受到持反犹态度的新任行政长官的迫害，1828年带领全家逃到波斯湾港口布什尔，1832年又逃到印度孟买。在孟买大卫·沙逊成立了经营国际贸易的沙逊洋行，把他从巴格达带来的家族成员安置在印度、缅甸、马来亚和中国的各个分支机构，并在每处供养一位拉比（犹太人中的一个特别阶层，是老师也是智者的象征，指接受过正规犹太教育，系统学习过《塔那赫》、《塔木德》等犹太教经典，担任犹太人社团或犹太教教会精神领袖或在犹太经学院中传授犹太教教义者，主要为有学问的学者）。他的富裕与慷慨众人皆知，他在中国的上海外滩建造的沙逊大厦成为当地著名的地标性建筑。

维克多·沙逊（1881年12月20日—1961年8月13日）是沙逊家族中的第四代继承人。在第一次世界大战期间，他服役于英国陆军航空队，作战中左脚负伤致残,此后必须借助于两根手杖才能行走。因此,人们都叫他为"翘脚沙逊"。

1918年他先去印度继承家产,开始经营新沙逊洋行。在此期间,他曾任印度殖民地国会议员、调查印度工业劳动问题皇家委员会委员等职。20世纪20年代由于印度民族独立运动高涨,于是,他便将新沙逊洋行的经营重点从印度转移到了上海。

1923年这位跛脚的沙逊来到了上海。他除贩卖鸦片、军火外,还着手投资房地产经营,成为20世纪30年代上海地产业的一代枭雄。

当时归在他名下的产业,几乎遍及整个上海滩。其中包括南京路外滩的沙逊大厦(现和平饭店北楼)、苏州河北岸的河滨大楼、江西路上的都城大厦(现新城饭店)和汉弥尔登大厦(现福州大楼)、茂名路上的华懋公寓(现锦江饭店南部)和18层的格林文纳公寓(现茂名公寓)、陕西南路的里弄房屋、凡尔登花园、罗别根花园、"伊甸园"乡村别墅等产业。他随后又相继开设了华懋洋行、业广地产公司、祥泰本行和安利洋行。

尽管维克多·沙逊在当时的沙逊大厦的最上层有他自己的一间日常居室,然而一到周末,他还是要到郊外那座被树木和草坪环绕的沙逊别墅里去住。这是沙逊的大中实业公司于1930年购进60亩(约40000平方米)土地兴建的私人别墅,专供沙逊个人使用。沙逊不惜工本,从英国进口橡木和其他材料,并给这幢别墅取了一个"伊甸园"的名字,可外人都称之为"沙逊别墅",整个花园则起名为罗别根花园或罗白康花园。因此,这幢别墅所在的路名也被叫做罗别根路。

这是一座完全仿照英国中世纪风格的别墅,由公和洋行的巴马和丹拿设计,1932年建成。它坐落在上海西郊虹桥,采用的是不规则平面,坐南朝北、在它的南入口处有一个大的平台,进门后经过一个长长的内廊,才可进入一个约有200平方米的大厅,厅内有一火炉供取暖用,足可以烧烤一头小牛,木构架装饰木料,保留原始采伐痕迹,以显示野趣古朴的乡土气息,其他辅助用房均在屋后。建筑四周均布满树林和草坪,园内龙柏成林,还有雪松、香樟等,是典型的英国式的园林布局。中间部分和西侧为单层建筑,里面设有书房、会客厅及餐厅等；其东部是一个二层小楼，楼上为沙逊的卧室，室内家具大都采用橡木和柚木制作，其中精巧的建筑五金均为手工制作，十分珍贵。底层基础采用砖石砌筑，楼层建筑为砖木结构，且木构架外露油棕黑色，构架间粉淡黄色外墙，楼层平面悬挑于底层外墙，底层外墙面均为红机砖清水墙，门窗一律特地选用带有疖疤的木料制作，保留制作粗糙痕迹，赭红的瓦顶、屋顶陡峭，黑白相间的外露木结构、淡雅素净的粉黄墙，还有古朴的英国式烟囱，散发出一片静谧而凝重的英国绅士气息。

■ 图为20世纪初上海的高级公寓住宅

历史的脚步匆匆走过，几经变迁，曾经的这座维克多·沙逊的私人别墅，解放后，早已更名为龙柏花园旅馆，然而，即便是你今天住进了这个旅馆，也依然会因享受其特殊的清馨和静谧而完全忘记了市中心的嘈杂和喧嚣。

上海这片土地孕育了诸多拥有巨万财富的欧美人，他们竞相建起了自己奢侈的大公馆和外国情调的大别墅。与沙逊竞争一二的哈同，还建起了曾经轰动了整个上海滩的哈同花园大公馆；那位尽管名字不详，但却被认为拥有赛马场的大富豪，也建起了一座有着北欧传统式尖塔，犹如梦幻般城堡式的奇妙大公馆。然而，历史的洪流荡涤一切污泥浊水，那些在别人国土上嫌取着中国人财富的侵略者们，终究是还要物归原主。

还是拿沙逊家族来说吧，尽管他曾在租界上辉煌过、不可一世过，可是，从1932年开始，因日本侵华局势严重，维克多·沙逊已开始抛售他们家族在上海的这些产业。到1941年，各直属公司的房地产账面价值为8689.3万元。中国抗战胜利后，他依然在抛售这些曾好不容易绞尽脑汁巧取豪夺来的产业，并不断地将资金转移至香港、伦敦；不久，他又将新沙逊洋行的总部迁到了位于新普罗维登斯岛北岸，距美国的迈阿密城只有290公里的巴哈马首都拿骚（Nassau），拿骚在17世纪30年代时还只是英国人的一个居民点，到1660年才发展成为较大的城镇，当时称"查尔斯敦"。1690年时，这个城镇便以英国亲王拿骚的名字命名，于1729年正式建立城市，依然取名为"拿骚"，并沿用至今。

新中国成立后，沙逊家族在上海的企业因拖欠国家大量税款，于1958年全部转让给中华企业公司，以抵消各种债务，至此，这个曾不可一世的沙逊家族在中国的业务全部告罄。

他们曾经的豪夺之耻和所谓的"权势"都被浩浩荡荡的历史巨浪所淹没，但留在了这片土地上一座又一座的高楼大厦和奢侈的豪宅，却在无声地向人们倾诉着那段曾经让中国人不堪回首的历史……

第七章

几易其主的都市政治生涯

7.1 军阀之争

1912年1月1日,中华民国成立,在孙中山当了44天临时大总统之后,袁世凯经南北议和,终于坐在了他梦寐以求的大总统宝座上。中国由此而终结了君主王朝的半殖民地半封建社会,进入了一个大动荡、大转变、军阀混战的时期。

此时的上海已今非昔比,一个曾经鲜为人知的小渔村,自1843年开埠以来,一日千里,突飞猛进地发展成为被世人所瞩目的远东第一大港湾城市。如今这里已是华洋杂居、人口密集、工商业发达、税收可观。所有心怀叵测之人都对它垂涎三尺,这么一来,上海自然而然地也就成为军阀们不择手段地相互争夺的一个目标。

由于上海这一国际都市的特殊地位,中华民国成立之后,袁世凯特派他的亲信郑汝成,作为镇守使来管理上海。其后,北洋政府将"上海镇守使"改为"淞沪护军使",也就是说,郑汝成由镇守使变成了"淞沪护军使"。这对维护刚刚上台不久的总统利益,不论从政治上,还是从经济上,都是极其重要的。1915年,郑汝成遇刺身亡,据说袁世凯悲痛欲绝,万般无奈之时,只好临时派遣了第四师师长杨善德充任这一职位。在杨善德离任之后,他精心地挑选了被他封为一等男爵的宠臣卢永祥来任"淞沪护军使",并让他同时兼管上海的财政收入。

在以后的岁月里,这位被精心挑选的"淞沪护军使",没有辜负袁之期望,忠心耿耿地坚守在这一职位上,牢牢地攥紧了这把管理上海财政大权的钥匙。

由此可以看出:"淞沪护军使"是一个实际掌控上海财政大权的关键职位,

因此，这一职位自然地成为北洋军阀们又一个争夺的目标。尤其是直、皖这两大派系，更是虎视眈眈地盯紧了每一个有可能成功的机会。

当年袁世凯酝酿称帝之时，冯国璋已经在江苏任督军了。在官制上"淞沪护军使"是不归江苏督军管辖的，袁世凯为控制冯国璋，才临时派遣了第四师师长杨善德驻兵上海，兼任淞沪护军使。而此时的冯国璋，尽管身为江苏督军，权力却不能及于上海，这使他倍感苦恼。因此，他绞尽脑汁，想说服北洋政府将上海划入江苏管辖范围之内，但最终未果。

后来杨善德就任浙江督军，赴杭州上任而离开了上海。冯国璋便乘此良机，将淞沪军区纳入到江苏督军的管辖之内。然而，始料未及的是，北京政府根本就不承认冯这一厢情愿的行动，反而派遣了卢永祥继任淞沪护军使，冯国璋最后还是落得一个竹篮打水一场空的结果。

谁知，天有不测风云。

1916年6月，妄自称帝的袁世凯，在全国人民一致的反对声中忧惧而死。袁的离世使他亲手创建的北洋军阀，逐渐分裂为三大派系，即以冯国璋为首的直系军阀，以段祺瑞为首的皖系军阀和以张作霖为首的奉系军阀。

而上海公共租界的日、英、美等国却在此时趁火打劫，躲在背后与各个派系勾结，并不择手段地暗中操纵着这越来越动荡的局势。

在直、皖战争中，段祺瑞曾经命令他的爱将卢永祥出兵，直接捣毁直系军阀李纯盘踞的江苏守地。可是，卢永祥深恐失去对上海的控制权，便以不宜轻举妄动为由，说服了他的上司段祺瑞，使其收回成命，这才避免了一场江浙之间的大战。

历史无情，1919年12月，冯国璋病逝，曹锟、吴佩孚便成为直系军阀新首领。1920年7月，曹、吴以反对段祺瑞擅动干戈荼毒百姓、私订密约卖国求荣为名，联合奉系军阀发动了直、皖战争，终于把段祺瑞逼下了台。

树倒猢狲散，皖系军阀群龙无首，卢永祥又抓住此机，立即与何丰林结盟，总算是保住了浙、沪这两块地盘，这才使上海的财政大权没有旁落。

卢永祥似乎没有输，然而，他的胜利，招来的却是皖系军阀与盘踞在江苏的直系军阀的严重对立。

1920年10月,传来消息:"苏皖赣巡阅使兼江苏督军李纯暴死于任上"。一个与他为敌多年的对手走了,卢永祥笑了。

可是,他的这种快乐,却没持续几天,一个比李纯还要厉害的角色出现了。这个人就是接任李纯的江苏督军齐燮元。他不但接替了李纯的职位,而且还继承了李纯的衣钵:一心想将上海据为己有,并扬言道:"上海是我们江苏的一部分,一定要夺回来。"对于将上海视为经济生命线的卢永祥来说,这无异于一种直接的挑衅,因此,他愤怒地回击道:"上海是浙江的门户,一定要保住。"这么一来,双方互不相让,乃至达到了剑拔弩张的程度。

自此之后,齐燮元便不断地扩充兵力,伺机反卢,企图将上海的控制权夺取到自己手中。

1922年4月爆发了第一次直奉战争,曾在直皖战争中并肩作战的直、奉两系军阀,因争夺对北京政府的独立控制权而势不两立,针锋相对地以枪对枪,以牙还牙。

本来这对齐燮元来说,是一个攻占上海的好机会,可是,当时由于民众的强烈反对,齐燮元只好作罢,离开了上海。

经过这次直奉战争,直系军阀把持了北京政府。为能保住浙江和上海的地盘,卢永祥便与张作霖、孙中山联络,经过一番筹谋之后,他们达成共识,联合起来结成了一个"反直三角同盟"。

1924年8月,又爆发了江浙战争。正是这场战争,似乎是客观上给当时处于军阀之争的上海带来一个最大的转机。自1926年10月至1927年3月,在不到一年的时间里,上海就接连发生了三次大暴动,军阀已经不再像以前那么牢固地控制着上海了。然而,众所皆知的是在这些事件的背后,既有国民党的背后控制,又有日、欧美等各国列强的暗中操纵。

1927年4月18日,南京成立了国民党政府。

持续了近15年的军阀割据的局面,总算是暂时地打上了一个终止符号。

7.2 国父的遗愿

中国近代民主革命的伟大先行者,曾任中华民国第一任临时大总统、被尊称为国父的孙中山(1866–1925年)在1918年至1920年期间,完成了过去已着手撰写的《建国方略》,提出了一个发展中国经济、改造和建设中国的宏伟计划。这一计划涉及交通、港湾、水力、矿业、农业、灌溉、植树造林、殖民等诸多领域,在这其中还提出了一个上海的改良计划。

■ 孙中山与黄兴等人在上海讨论组织临时政府等重大问题

上海的改造和建设,其实是国民党政府建立之初必须要面对的一场大考,因为1925年孙中山逝世时未竟的"建国计划"的中心点,就是要在上海建立特别市政府。

1927年7月7日,蒋介石在首任上海特别市市长黄郛的就职大会上发表"训词"中说:

盖上海特别市,非普通都市可比。上海特别市乃东亚第一特别市,无论中国军事、经济、交通等问题,无不以上海特别市为根据。若上海特别市不能整理，则中国军事、经济、交通等则不能有头绪。

上海的特殊性使其成为任何一个新政权制度的"试验基地"，此时的上海已是中国沿海走廊上的一只领头羊，是中国新观念和商业利润的中心，也是所有城市商业运营的风向标。

作为全国最重要口岸城市的上海，到1927年时已经成为西方世界与中国沿海进行国际贸易的重要枢纽城市。众所周知：只要控制了上海的政权，就等同于控制了一个拥有强大造血和融资功能的财政机器。但对任何一个政权来说，要想启动并驾驭拥有"三个政权"（公共租界、法租界和华界）的这台财政机器，那又谈何容易呢？

因此，上海在很短的时间内就相继更换了四位市长，也就不足为怪了。从第一任黄郛（1927年7月7日—同年8月）到第二任张延幡（1927年8月—1929年4月），再到第三任张岳军（1929年4月—1932年）和第四任吴铁成（1932年1月7日—1937年），他们的任期都是同样的短暂。不过，这四位市长的一个共同点就是都非常热衷于对上海这个城市的改造和建设。

上海特别市的行政组织由秘书长和10个局组成，工务局则管辖有关道路、测量、桥梁、建筑许可的城市建设的全部行政。工务局局长沈怡（1901—1980年）曾就读于上海国立医工专科学校（现同济大学），后又在德国的德累斯顿工业大学水利系学习过。自上海特别市诞生那天开始，到日本占领上海为止的这10年间，他一直都在担任着这一要职。也正是在这段时期内，上海特别市政府提出了与租界相抗衡的"大上海都市计划"。

第一任市长黄郛刚一上任，就提出了一个以道路包围租界的计划。这一计划得到了大家的认可，并作为一个收回上海租界的良策而被历任市长传承下来。不过，要想沿着弯曲的租界线来开通道路，那根本是不可能的。再说了，即便开通了，那也一定会是一些蜿蜒崎岖的小路。因此，黄郛决定沿着沪杭甬铁道，开通出一条能够包围租界的畅通道路。于是，就在1927年冬，这一计划开始实施，由此而建起了一条全长为17公里的路，而这，就是那条可以横穿所有越界道路的中山路。

说穿了，这也只不过是中国多年来所寻求的一个控制租界扩张道路的秘密计策而已。与此同时，上海市政府还采取了一个剥夺租界在越界道路上的既得权的措施。他们先将租界上的所有越界道路全部归纳到上海特别市的道路规划中。然后，又紧接着作出了"凡是沿越界道路的建设，都必须要得到工务局认可"的规定，并将这一规定纳入了法律条例之中。

这么一来，市政府与公共租界之间的摩擦就异常明显了。然而，正是从这些一触即发的摩擦中，才让人深切地感觉到了上海市政府阻止扩张越界道路的那种不同寻常的决心和意志。按照"大上海都市计划"基本构思，黄郛市长又提出了一个在吴淞建港，并在租界与吴淞港之间建造一个新城市的方案。这并非是黄郛的突发奇想，从蒋介石的演说中便可以得知它来自于孙中山的《建国方略》。

其实早在1917年，黄浦江打捞局总工程师海登斯塔姆就曾经委托他故乡瑞典的土木建筑工程师作出过一个改造大上海的计划。接受了这个计划的日本工程师广井勇，在1921年黄浦江打捞局顾问技师委员会上，提出了一个借用吴淞码头和铁道来连接租界，浚疏长江河口的铜沙坦浅滩，使小河流入黄浦江，进行虬江河口港湾设施建设等方案。

如此看来，孙中山在《建国方略》中所提到的以建立东方大港为轴心的这个计划，实际上是他多年来废寝忘食所研究的改造上海的一个最主要计划。疏浚长江河口，建造船舶航运水道，在杭州湾建造一个新港湾，这虽然算是与租界西方技术者们不谋而合的一个先行方案，但不可否认的是，在这些计划中，孙中山曾数次提到过黄浦江打捞局的海登斯塔姆，却从未炫耀过自己。因为，孙中山把所有精力和心思都放在了要在上海实现一个东方大港的目标上。

孙中山这一计划的重点是避开外滩使黄浦江蜿蜒东流，直接与龙华的最南端相接，然后将黄浦江填平，并要由中国政府来管辖和使用，其目的是要在浦东建设一个新的城市，打造出一个新的外滩来。而另一计划则是要在杨树浦建造一个新港湾。

这些计划与西洋人的计划相比，显然是存在着一个本质上的差别：西方人的方案是想要保住上海港在亚洲的地位，而孙中山的实业计划则体现出了一个想要把上海租界夺回到中国人手中的中华民族复兴之宏愿。

为复兴中华民族，孙中山一生奔走革命，真正做到了鞠躬尽瘁，即便是在病危之中，也依然念念不忘拯救中国、拯救民众。当时的中国正处于军阀割据、四分五裂的混战状态中，段祺瑞坚持召开"善后会议"，实行军阀间的重新分赃，使中国继续处于军阀割据的分裂局面。而孙中山则极力谋求和平统一，主张召开有各界民众代表参加的国民会议，决定国家的统一和建设大计，并废除帝国主义强加给中国的不平等条约，摆脱政治上和经济上的束缚，从而建设一个新的中国。他在遗嘱中再三谆谆以此为嘱，恳切地将希望寄托于"唤起民众"的强烈爱国之大愿中。

在他临终前十七天，即1925年2月24日，他已预感到自己的严重病情，便预立了三份遗嘱，这三份遗嘱是《遗嘱》、《家事遗嘱》和《致苏联遗书》。前两份遗嘱由孙中山口授，汪精卫笔录。《致苏联遗书》则是由孙中山以英语口授，他的苏联顾问鲍罗廷等笔录。孙中山口授遗嘱时，在场的宋子文、孙科、孔祥熙、邵元冲、吴敬恒、戴恩赛、何香凝、邹鲁、戴季陶等人都作为证明人在遗嘱上签了字。孙中山本来也要签字的，但是，因为听见宋庆龄在邻室悲泣，他不忍心让宋庆龄伤心，这天就没在遗嘱上签字。直到3月11日凌晨一时，他自知在世不久，才在遗嘱上补签上自己的名字。

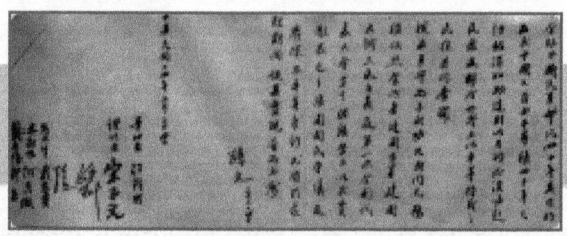

现为使读者能更真切地了解这位伟人的不凡胸怀，故特将其《遗嘱》和《家事遗嘱》转载如下：

余致力国民革命凡四十年，其目的在求中国之自由平等。积四十年之经验深知欲达到此目的，必须唤起民众及联合世界上以平等待我之民族，共同奋斗。

革命尚未成功，凡我同志，务须依照余所著《建国方略》、《建国大纲》、《三民主义》及《第一次全国代表大会宣言》，继续努力，以求贯彻。主张开国民会议及废除不平等条约，尤须于最短期间促其实现。是所至嘱！

余因尽瘁国事，不治家产，其所遗衣物、书籍及住宅等，一切均付吾妻宋庆龄以为纪念。余之儿女已成长、能自立、望各自爱，以继余志。此嘱

孙逸仙（签字）

孙中山先生晚年得到苏联的帮助，俄国革命的成功给他很大的鼓舞，他亲自制定了联俄联共扶助农工三大政策，强调"今后之革命非以俄为师断无成就"。孙中山临终前夕，再次把希望寄托于苏联，特地口授了《致苏联遗书》。这份遗书的中文译文如下：

苏维埃社会主义共和国大联合中央执行委员会亲爱的同志：

我在此身患不治之症，我的心念此时转向于你们，转向于我党及我国的将来。

你们是自由的共和国大联合之首领。此自由的共和国大联合，是不朽的列宁遗与被压迫民族的世界之真正遗产。帝国主义下的难民，将藉此以保卫其自由，从古代奴役战争偏私为基础之国际制度中谋解放。

我遗下的是国民党。我希望国民党在完成其由帝国主义制度解放中国及其他被侵略国之历史的工作中，与你们合力共作。命运使我必须放下我未竟之业移交于彼谨守国民党主义与教训而组织我真正同志之人。故我已嘱咐国民党进行民族革命运动之工作，俾中国可免帝国主义加诸中国的半殖民地状况之羁缚。为达到此项目的起见，我已命国民党长此继续与你们提携。我深信，你们政府也必继续前此予我国之援助。

亲爱的同志，当此与你们诀别之际，我愿表示我热烈的希望，希望不久即将破晓，斯时苏联以良友及盟国而欢迎强盛独立之中国，两国在争取世界被压迫民族自由之大战中，携手并进以取得胜利。

谨以兄弟之谊，祝你们平安！

孙逸仙（签字）

为了改造中国，耗尽毕生精力、在历史上建立了不可磨灭功勋的孙中山于1925年3月12日病逝。这位中国伟大的民主革命先行者走了，但他的名字和他的遗愿却永远地镌刻在了历史的丰碑上。

7.3 命运多舛的"大上海计划"

1924年8月，江浙战争爆发。这一战争是在中国的土地上军阀们所展现出的一幕中国人打中国人的武力冲突。在这一动荡局势中，素有"好战魔王"之称的大军阀孙传芳横空出世。

1885年4月17日，孙传芳出生在泰安下乔庄（今属泰安市岱岳区祝阳镇下乔庄）。他幼年丧父，家境贫寒。4岁时受其婶母虐待，便随其母逃荒到山东历城县谋生。

1899年袁世凯就任山东巡抚，孙传芳的三姐给袁世凯的部下王英楷做了姨太太，彻底改变了孙传芳家的穷困面貌，从此他与王家子弟一起读书学习。

而后，王英楷又把他送进了清政府主办的保定军校学习。毕业后的他，又直接去了日本的东京士官学校深造。

学成回国后的孙传芳，正赶上民国初期的军阀混战。他及时投靠了称雄一方的"儒帅"吴佩孚，并迅速地从一名低级军官爬升到浙、闽、苏、皖、赣五省联军总司令，成为"五省联帅"，权倾东南，不可一世。

有军事家曾对孙传芳作过这种评价："孙传芳为北洋后起军阀之最狡诈、且有机警纵横之才者。"作为一代枭雄的军阀头子孙传芳，其巨大的野心不仅表现在军事上，而且还表现在政治上，从他的"大上海计划"中便可一目了然。

当时，江南许多社会名流对他颇有好感，甚至投靠到他的麾下。而那位相当于上海市市长淞沪商埠督办公署首席"总办"丁文江，则当属其中之一。

丁文江，这位早年与梁启超等人齐名的人物，曾在日本当过杂志编辑，并在英国的剑桥大学和格拉斯哥大学学过动物学和地质学。其后，他之所以能任职于全权领导上海的交涉使及上海道尹、上海警察局长、淞沪商埠督办公署首席总办等要职，完全是得益于孙传芳对他的赏识和任命。可"醉翁之意不在酒"，孙传芳则是想利用丁文江的学问和名望，来促成他的"大上海计划"。

1926年5月5日，孙传芳在上海举办了一个茶话会，会上，他向与会的各界团体代表100多人兴致勃勃地发表了他的"大上海计划"。这份围绕着租界广阔的地域所做出的以上海新设立的淞沪商埠督办公署为市政机关中心，拟将迄今为止还依然分裂着的上海各地区进行统一行政管理的"大上海计划"，其实是一份与租界相抗衡的中国人的近代都市管理计划。在茶话会席间，尽管孙传芳一再强调"大上海计划"是一个收回租界的战略，但却依然难掩孙传芳背后那些心怀叵测的欧美列强的影子。丁文江深谙孙传芳与欧美列强之间的重重黑幕，为实现孙传芳的"大上海计划"，他决意放弃以往的形式框框而采取务实的做法。

1926年6月，丁文江开始与上海租界领事团进行交涉，他提出的第一个方案是把"会审公廨"所属的公共租界的裁判权，分阶段地移交给中国人来管理。

"会审公廨"即会审衙门，起始于1868年，清政府与英、美驻上海领事议订《洋泾浜设官会审章程》，在租界设会审公廨，受理租界内除享有领事裁判权国家侨民为被告外的一切案件。1869年，上海英美租界成立会审公廨，简称会审公廨，又名会审公堂。

随着租界的不断扩张，1899年上海英美租界会审公廨改名为上海公共租界会审公廨，实际上，裁判权是由会审官操纵，亦不得上诉。会审公廨是上海历史上在特殊时期、特殊区域成立的一个特殊司法机关，由道台任命中方专职会审官（谳员），与外方陪审官（领事）共同审理租界内与华人有关的诉讼案件。根据中外双方的约定，如果案件涉及洋人或洋人雇佣的华籍仆人，由外国领事参加会审或观审；纯粹华人案件，则应由中国谳员独自审断。

1931年8月1日,法租界官员向中国江苏省高等法院的代表移交会审公廨

曾经是中国人的裁判权理应回归到中国谳员手中,这无可非议;而被外国人雇佣的华籍仆人,尽管被外国人雇佣,但其身份并未改变,依然是中国人;既然是中国人,那么其所涉及的案件,理所当然就该由中国谳员独自来审断,这是一个不容置疑的问题。在以丁文江为首的淞沪商埠督办公署的据理力争下,上海租界领事团终于作出让步,答应了以上条件,并于1927年1月1日正式移交了会审衙门的裁判权。

接下来,丁文江又提出了第二个方案,解决"越界道路"和"越界征税权"的问题。其主旨在于阻止上海公共租界和法租界在没有任何法律依据的情况下,依然为所欲为疯狂扩张租界地盘之行径。因为从1901年到1925年,他们违章修筑的越界道路已达37条,所延伸出来的总长度为75公里。钻了江浙战争空子的公共租界工部局,从1924年到1925年,在不到一年的时间里,就在租界西侧开通了几条大规模的越界道路。

在孙传芳的"大上海计划"中,租界之外的行政权、征税权及警察权,都属于中国人所有。没想到他预谋包围租界的计划刚一登场就遭到了租界的强烈反对,由此而直接影响了阻止"越界道路"延伸问题的解决。于是,双方展开对峙,并日趋强烈。在中国方面强硬的态度和舆论的强烈支持下,加之五卅运动的影响和震慑力,对峙到最后,其结果是以租界让步,停止"越界道路"扩张而告终。

1929年,上海特别市成立了淞沪商埠督办公署,这一机构的成立,终于使中国方面可以与公共租界工部局坐到同一个平台上来签署禁止延伸越界道路的协议书了。于是，一鼓作气的丁文江紧接着又提出了第三个方案，解决租界内中国人参政的问题。上海公共租界的最高行政机构是参事会，是由外国人纳税者中选出来的参事所组成。但匪夷所思的是，这个参事会却不承认占租界内居住者9成的中国人的参政权，并由此而成为自20世纪初叶以来一个长期悬而未决的问题。

"大上海计划"是市政当局的一个重要战略部署，因此，上海市中心区域建设委员会又于1930年推出了一份更加详细而认真的"市中心区域计划"。此计划归纳为交通（水运、铁路、道路）、地域用途和公共建设等三个方面，约需要5年时间完成。

其中，第一个计划是整顿交通，使之形成一个能够振兴贸易发展的都市交通网，并以连接内陆水运为目标，疏浚吴淞河，延伸河道，拟在吴淞重建一个新港，使其成为振兴贸易发展的基地港口。实际上这是从上海开埠时就已存在的一个设想，只不过延续至今而已。当然这个计划中还包括那条1876年由怡和洋行所策划铺设的淞沪铁道线。当时，上海有两个火车站，一个是连接南京和上海的沪宁铁道线的北站；一个是途经杭州，开往宁波的沪杭铁道线终点站的南站。

市政当局在采纳这一计划中以铁路连接陆地和港湾运输方案的同时，又加建了一条从北站抵达江湾和吴淞的铁道线。这么一来，铁道线变得愈发错综复杂起来。除此之外，此计划还拟在市中心建起一个新的上海中央火车站，以便由此控制连接起这三条分散的铁道线，而将大批的货物和众多的客

■ 上海市中心未来火车总站规划

流量集中到市中心的区域来。然后再设定主要和普通两条干线的道路。主要干线道路是一些极为宽广的路，它放射状地把中心区域、吴淞新商港、新上海中央车站和租界紧密地连接在一起。普通干线道路则是在市中心区域及其周边的商业区、住宅区内普通道路的交通网，这些道路都要在各个不同的区域内单独完成。考虑上海的冬天气候寒冷、风大，所以要想方设法加长东西方向、缩短南北方向道路之距离。同时，还有建造公园和运动场的规划。

市中心区域计划的第二个要点是有用途地域计划。此计划是将上海市分为行政、商业和住宅三个区域。以行政区来作为市中心，将庄严的市政府厅舍、市参议会、图书馆、博物馆等建筑统统都列入这个计划中，同时还将住宅区分成了甲种高层和乙种低层住宅区。

1929年，这个计划刚一发表，市政当局就聘请了当时正在东京出席万国工业大会的美国城市规划专家A.E.飞力浦、原美国土木工业学会会长C.E.古隆斯克，以及德国柏林大学教授伯尔曼·杨金等专家亲临上海进行研讨。

克隆斯克会长对上海市中心区域的建设规划提出了若干意见，不过，巧合的是，他所提需要改正的方案几乎都与中方之意见雷同。

克隆斯克认为，在都市计划中最重要的是要根据用途来进行不同的地域规划；对多年来一直主张这种规划理论的克隆斯克来说，这个大上海计划应该是一个让他满意的计划。

毋庸置疑，比起技术问题来，主要影响"大上海计划"运行的还是财政问题。

列入第一期的建设经费为5000万元，当时财政紧缩的市政当局，效仿欧美各国，以公债的形式来寻求建设大上海的资金。他们强行收买土地，以此为担保发行公债，并进一步地筹措第二期的建设费用。

与此同时，他们还凭借这些已经调整好区划的土地进行贷款，不论是港湾设施还是仓库费用，甚至连公债的利息也不放过。由于土地价格的猛涨，市政当局打算再将这些运作过的土地卖掉，以此获利。

1929年10月，市政当局从市预算中填补出来的钱，发行了300万元的公债，由此，才得以使这些计划有条不紊地持续运行到1931年。而在开通大部分道路的工程建设中，可以说市政当局也同样地倾注了所有的力量。

然而，世事难料，就在1932年1月28日，爆发了上海"一·二八事变"，即第一次上海事变。

除日本关东军的高级参谋、"九·一八"事变的策划者之一的板垣征四郎大佐外，东京的裕仁天皇的文官党羽"十一人俱乐部"（成员包括木户幸一、近卫文麿、牧野显声等），也参与了上海"一·二八事变"的策划。该组织主张日本在完成对中国东北的征服前，需有一个"思考间歇"期，以应付国内外的许多问题。因此日本需要在这一期间在上海发起一场"假战争"。

于是，1月24日日本特务机关派人放火焚烧了日本驻华公使重光葵在上海的住宅，诬称是中国人所为。27日，村井向上海市当局发出最后通牒，限28日18时以前对他们所提出的无理要求给予满意的答复，否则将采取必要行动。

1月28日夜日方以保护侨民为由，要中国军队必须撤出闸北。不等中方答复，日军就向闸北的中国驻军发起攻击，国民党十九路军第78师156旅翁照垣部奋起而抵抗日本宪兵第6团的攻击，战争爆发，即为第一次上海事变。

在事变中遭受损害的地区，几乎全都集中在市政当局作为重点建设区域的闸北、吴淞和江湾一带。

就在这一年的10月，上海市发行了600万元的战后复兴公债，想以此来促进市中心区域的复兴。

可是，事与愿违，市民经济的困乏已使财政陷入非常窘迫的境地，市政当局只好又做出了让中央银行买下虹江口码头的决策。1934年，仍在竭尽全力想去实现第一期5年计划的市政当局又发行了300万元复兴公债，以求再度大展宏图；可是，雄关漫道，一切都未如愿。

7.4 "收回上海租界！"

刚刚得到第一次世界大战爆发消息的日本，立即向强占中国山东半岛的德国发出了宣战书，并以迅雷不及掩耳之势电闪雷鸣般地攻克了济南，占领了青岛。

1918年11月，第一次世界大战宣告结束。这次大战，不仅给上海这座城市带来了外观上的改变，而且还在极短的时间内动摇了基础已经稳定了的上海租界制度。包围着中国多年的诸列强关系也随之开始改变，作为战败国的德国退出了中国的历史舞台，而由正在进行侵略的日本填补了这个空缺。

战胜方之一的中国接受了德国的战败，并于1919年1月在布鲁塞尔举办的巴黎和会上提出了：索回德国强占的山东半岛的主权；撤销1915年日本强行提出的蛮不讲理的"二十一项条款"之要求；在华的外国军队必须撤兵；剥夺德意志帝国和奥匈帝国在中国的所有权益，并将他们逐出租界；恢复中国海关的自主权；取消帝国主义在中国的所有特权。

可是，以上提案遭到否决。日本和欧美列强，又岂能轻易放弃他们已经得到的这些权益呢？

1919年5月4日在北京发生的震撼世界的"五四运动"，就是以中国的外交在巴黎和会上的失败为导火线，致使学生们在天安门广场举行了大规模的示威游行。这次运动的意义在于使租界的回收工作得到了进展，使战败的德意志帝国与奥匈帝国把天津和汉口的租界还给了中国，进而又使美国在1922年的华盛顿会议作出了将青岛交还给中国政府的决定。

大清国曾把旅顺和大连租借给俄国，期限至1923年3月26日。从俄国手中将旅顺和大连转租过来的日本，却要在"二十一项条款"中，将租借期从1923年3月26日延长到1999年。中国政府坚决不答应，并强烈要求日本将这两座城市还给中国人，可是，日本政府竟断然拒绝。

日本政府的狂妄态度，激起了中国人极大的愤慨，上海的总商会发起了"经济绝交运动"，接着又在全国掀起了"收回旅（顺）、大（连）运动"。而与此同时，中国又与革命后的苏联签订了一个条约，根据这个条约，中国可以在1924年和1925年分别收回天津和汉口的俄国租界。

收回租界的运动波及全国各地，1925年在上海爆发了中国近代史上震惊中外的"五卅运动"。

此运动起因是1925年5月15日，上海日商内外棉七厂资本家借口存纱不敷，故意关闭工厂，停发工人工资。工人顾正红带领群众冲进厂内，与资本家理论，要求复工和开工资。日本资本家非但不允，反而向工人开枪射击，打死顾正红，打伤工人十余人，由此而成为"五卅运动"直接的导火线。

当天，在南京路上聚集了2000多名学生和工人，他们边散发着传单，边反复高喊着"打倒帝国主义"、"废除一切不平等条约"、"收回租界"等口号，强烈地抗议15日日本人枪杀中国人和逮捕学生的罪恶行径。

5月30日，工人、学生、店员、知识分子、商人等各界人士走上街头，举行了声势浩大的罢工、罢课、罢市游行，愤怒的人群把矛头指向了上海租界，明确地表达了"上海是中国人的上海"、"收回租界"的坚定信念和决心，使根深蒂固的上海租界统治开始发生前所未有的动摇。

在那天的示威游行中所散发的一张题目为"上海学生市民工人反抗帝国主义大运动宣言"的传单上是这样写的：

上海是中国人的上海。然而自从帝国主义强迫开埠以来，上海租界上的中国人，吞声忍气地蜷伏于帝国主义的压迫之下，过着牛马不如的生活！帝国主义者抽收房捐、铺捐、各种牌照捐，敲削盘剥，无所不用其极。现在又要加增码头捐及各项捐税了，然而纳税华人完全没有过问上海政治的权利！帝国主义者在上海的报纸丑诋中国各界人物，可以肆无忌惮；然而他们千方百计抵制中国报纸，逮捕新闻记者，还要颁布印刷附律，剥削中国人一切言论出版的自由！他们在中国开设工厂，像牛马一样地奴役中国工人，还不许工人有一点点反抗……

我们忍无可忍了。我们已经联合各校学生及一切爱国的市民工人，从今日下午起，分队到公共租界各大马路讲演，唤醒全埠中国人，一致起来反抗帝国主义！我们已经预备牺牲一切，冒犯各种困难与危险，为全中国反抗帝国主义的民族革命作前驱！

6月7日，学生、工人们联合起来，组织起了一个上海工商学联合会，并于第二天以此联合会的名义向北京政府的代表提出了17项要求，以期解决

"五卅运动"中的各项事件。

在这17项要求中,还包括增加刑务所的中国人看守,要在各种级别的警官中安插半数以上的中国人等条件,同时还提出了要停止越界道路的建设,并要无条件地将已建设好的道路及会审衙门均移交给中国政府管理;要遵守条约,归还已届期满的租界;要保证中国人在归还之前就能享有参加市参事会和纳税者大会的权利;撤回各国领事的裁判权;驻扎在上海的英国与日本军队要永久性地撤出中国。在这些条件中,当然还包括了上海租界在行政、司法和警察义务等诸多方面的条款。

尽管北京政府接受了上海工商学联合会的上述要求,开始与上海列强领事团的各方面交涉,但在这次运动中中国政府所表现出来的那种极其懦弱的态度,却遭到了各界人士的强烈谴责。

然而,不管怎么说,"五卅运动"在我国近代史上的伟大意义是无可置疑的,它是一次具有空前规模的伟大的反帝运动,它狠狠地打击了日本和西方列强的侵略势力,极大地削弱了上海租界长达百年的殖民统治基础。

数年后,租界上的会审公廨已被收回,越界筑路也被停止,并随之出现了一个华人参政的新局面。

收回上海租界,已指日可待。

■1943年1月11日,民国政府外交部长宋子文与英国政府代表薛穆在重庆签署收回租界的《中英新约》

7.5 踏在租界上的日本军靴

1937年12月3日，在被称为国际城市的上海租界最热闹的南京路和外滩上，由6000多名驻留上海的日本军人和住在上海的日本人，共同演绎了一场"阅兵式大游行"。

之所以说演绎，是因为"醉翁之意不在酒"，当时还置身于西欧列强所把持的国际社会中的日本，想借这次大游行来显示他们的威风，给上海租界和西欧各国施压，以便他们能够在租界上独领风骚、横行霸道。

在初冬寒风的吹拂中，这支日本军队，由工部局警察骑着跨斗式摩托车和印度人巡查开路，从公共租界西侧的火车站西出发，开始了他们蓄谋已久的阅兵式大游行。

走在最前面的是打前阵的宪兵队，跟在宪兵队后面的，是骑兵和骑在马上挎着军刀的军官。接下来的是步兵的大部队和机关枪步兵炮队，跟在最后面的是大炮兵部队。

经过中山公园前的愚园路、公共租界和法租界境界（现延安中路）的这支队伍，来到"大世界"后，又从西藏路北上向南京路进发。

伴随着队伍行进的步伐，空中响起了飞机盘旋的轰鸣声。当这支正在向南京路以西方向前进，在黄浦江尽头沿着外滩北上的队伍，到达"阅兵式大游行"终点站的外白渡桥时，已经是午后3点钟了。此时，等在这里的日本

■ 日军入侵上海

人手舞足蹈地挥动着手里的小"太阳旗",叽哩哇啦地又喊又叫。

第二天,日本军人为再一次展示他们的实力,又特意从外白渡桥出发南下。军士们把头一齐歪向右边,边看着公共租界与法租界,边向南前进。

东京的《朝日新闻》报,连续两天都在报道着这次上海的日本军队阅兵式的情况。

■ 上海外白渡桥

一份总结这次游行意图的日本报纸曾经这样报道:

这是以日本帝国的威力向租界上的欧美人和中国人示威。同时也是为扭转日本军国分子因为比西欧列强进入上海租界的时间晚而导致的那种自卑感。也许他们认为只有通过这么一种阅兵式,才会使这种自卑感转换成为一种盛气凌人的高傲心态。因此,这种阅兵式也只能在被欧美各国所侵占的上海这样的城市里进行,而不会去其他没有欧美列强横行霸道的城市里进行的。

然而,中国方面和租界当局对日本人的大游行都表示出了极其强烈的愤慨和不满。不过,这其中所表现出来的对应差异,其实正表明了各个租界所持有的不同立场。英国《泰晤士报》社论把日军在上海租界的这次阅兵式,说成是一种无视国际惯例的野蛮行为;法租界则在日本阅兵式的当天,就直接拒绝了日军先头部队穿越法租界的通行;还有一些人采取了强硬手段,把好不容易从日本人那里借来的太阳旗折断。总而言之,人们都在用各种表达方式来尽情发泄对日本侵略者的愤恨和敌视。

尽管中国人和法国人侮辱太阳旗的做法都是一样的,然而,这其中的心情却是相差甚远。中国人与这些入侵远东殖民地的西欧人的思想意识是有着本质区别的,因为日本人的这种行为,是发生在中国的土地上,这是一种恐吓中国的阅兵式。因此，首先被点燃起来的应该是中国人的怒火了，于是，这些燃烧着怒火的中国人，才从新新百货公司大楼的窗户上，向走进南京路的日本军投掷了手榴弹，以此来发泄潜伏在他们心底深处的那种对日本侵略者在自己国土上横行霸道的巨大痛恨和愤怒。

自1895年日本签订了《马关条约》以来，他们便开始了对中国肆无忌惮的侵略，之后，他们又倚仗辽东半岛的租借权和东清铁路的经营权，于1915年变本加厉地提出了无理要求的21项条款。

1931年"九·一八事变"后，怀着不可告人目的的他们又于1932年在中国的东北地区建起了一个伪满洲国，妄图进一步地加大对中国的无耻侵略。

随着日本侵略者在上海的势力日趋增强，他们又以日本人僧侣受到了中国人的袭击事件为起因，于1932年1月28日，发动了第一次上海事变。在这次事变中，他们以保护虹口地区在住的日本人为借口，不仅增加了日本海军人数，而且还增加了陆军人数，致使战争进入一个更加扩大化的无底深渊之中。

退出了国际联盟的日本，于1937年7月7日，在北京郊外的卢沟桥上打响了第一枪，把局势推向了全面战争，并以迅雷不及掩耳之势将战火燃烧到了上海。同年8月13日上海爆发了第二次事变。

中国人向日军游行队伍投掷手榴弹的这一举动，充分表现出了中国人要坚决抗击日本帝国主义的明确态度。

就在阅兵式游行后的第三天，1937年12月5日，蒋介石派系的上海市政府就在浦东东昌路上创办了一个"上海地方维持会"。这个维持会又在很短的时间内急速发展成为"上海市大道政府"。

■ 上海特别市政府大楼

本来，蒋介石派系的上海市政府已是四分五裂，而此时又恰逢那位毕业于早稻田大学政治经济系的苏锡文担任了市长，由于他的施政方针是"日本满一元化，消除国民与共产两党"，于是，"上海市大道政府"便成了日本人控制下的傀儡政府。

接下来，在第二年的10月，"上海市大道政府"改为"上海特别市政府"。苏锡文退位变为特别市政府的秘书长，市长的宝座让位给了上海总商会会长傅宗耀，政局由此而变得更加错综复杂起来。可是，不管怎么变，唯独不变的就是日本人在幕后的操纵。

而令人始料不及的是，1940年3月在南京又成立了一个汪精卫政权。汪精卫政权要求市长必须由他们自己人来当，在这之后不久，那位由上海特别市政府任命的连市长椅子都没有坐热的傅宗耀就被暗杀了，接替他坐到了市长宝座上的人是陈公博。

由于汪精卫政权是在原封不动地按照日本人的意图行事，所以上海市政府也就被牢牢地掌控在了日本人的手中。不过，要想将这种控制权延伸到由欧美独自管理的租界上，那又谈何容易呢？因为公共租界立下一条规矩："凡事必须要按照选举出来的纳税者组成的参事会意见作决定。"因此，即便是拥有强大军事力量的日本人，也只好照章办事。当时，日本在租界上人口第一，在投资额方面仅次于英国。尽管他们很明智的提出了要加入参事会的要求，可不幸的是：却又正巧撞上了一个强烈反对维护既得权利的欧美纳税者运动，因此，他们也就得到了一个与初衷事与愿违的结果。

1916年，租界参事会中只有一位日本人参事，到1927年时，增加到两位。这么一来，他们与英国的五位参事和美国的两位参事相比，已经没有多么大的区别了。

经过了第一次上海事变后的日本，为增强其本国发言权，在1936年进行的参事选举中，他们又推出了三位参事候选人。尽管如此，日本人还是在英美两国的联合战线面前吃尽了苦头。

在色彩浓厚的国际社会中，欧美列强对于日本人的诸多行径深恶痛绝。可以说在南京路上的阅兵式游行，只是让他们深恶痛绝的一个方面；而更让他们怒不可遏的还要数1941年12月那场导致太平洋战争爆发的珍珠港奇袭事件。奇袭的余波以迅雷不及掩耳之势，迅速抵达上海。就在那天3时30分，接到了偷袭夏威夷珍珠港成功消息的日军上海方面的舰队队长，立即向停泊在黄浦江中的美、英两国的炮舰劝降。迫于无奈之中的美国炮舰不得不向日军投降，但英国的海鸥号战舰却态度强硬，无论如何也不投降。

5时30分，日本海军开始以战舰偷袭围攻英国的军舰，并进行炮击。天还没有大亮的都市上海，被轰鸣的炮声和强烈的闪电包围起来，外白渡桥和百乐汇大厦就像是从黑暗中突然出现的两个巨大的怪物，在军舰的探照灯照射下熠熠生辉。15分钟之后，日军以击沉英国海鸥号战舰而宣告战斗结束。

第二天的早上6点半，日本方面迅速派出总领事等一行人去造访公共租界工部局，目的是向工部局转达他们进驻上海并想维持租界治安等方面的意图和安排。11时，日军再次进入租界，他们决定以外滩和南京路来作为海军陆战队的活动中心，并同时部署了其陆军部队的一些活动计划。至此，租界与虹口地区一样落入了日本军国分子的统治之中。

就在这一年的10月1日，公共租界工部局成立了一个临时参事会。在这个参事会中，分别选出了三位日本人、四位中国人、两位英国人和两位美国人来做参事，而德国、荷兰、瑞典也都各选出了一位参事进入了这个临时参事会。

占领了上海租界的日军，迫不及待地期待着能够更进一步地控制工部局，于是，他们决定由日本人来担任工部局议长以下的职务，并由日本警察来担任整个租界内的警备任务。

踏上了侵略中国这条路的日本侵略者，要想从已经陷入的泥沼地里返回原地，那根本是不可能的。况且，他们也绝不会放下屠刀立地成佛。在借助战争力量进行侵略的同时，日本人也在竭尽全力地加强以陈公博为市长的傀儡政权的经济基础。可是由他们暗地里扶持起来的汪精卫政权，却是一个软弱无能的政府。因此，日本人就不得不到处奔走来为他们撑腰打气，目的是想让这位陈公博市长所率领的上海特别市政府，能够给予他们更多的财政支持和帮助。于是，他们绞尽脑汁、用尽所有卑鄙之计策，终于将沪西地区的警察权从公共租界工部局那里移交给了上海特别市政府。1943年8月1日，公共租界和法租界被移交到了中国人手里，上海特别市政府也由此成为统括上海地区全域唯一的一个行政机关。

的确，回收自1843年以来就被欧美操纵着的上海租界，本是中国人多年来梦寐以求的愿望和理想。

然而，令人痛心的是，在此次实现上海租界回收的背后，却潜伏着日本人支撑汪精卫政权诸多不可告人的政治大阴谋。因为，上海特别市政府已完全被日本人所掌握和控制。因此，此次租界的回收对中国人而言，其实也只不过是一种统治者由欧美人变成日本人，换汤不换药的非实质性的转换而已。

不用说，这一结果并没给中国人带来多大的好处，反而使日本侵略者在上海更加飞扬跋扈。于是，便出现了一个表面上是由中国人而实际上却由日本人操纵和掌控的上海市政府，这种情况一直持续到1945年日本战败为止。

■ 日本领事馆，是日本帝国主义侵华的控制中心之一

第八章

百年租界上留下的脚印

8.1 一代宗师梁思成与林徽因

之所以称梁思成与林徽因为一代宗师,这决非出于崇拜他们人的恭维之称呼,其实只要看过他们的履历,便会心悦诚服。

在梁思成的一份简历上,这样写着:

梁思成(1901—1972),建筑学家,广东新会人。1927年获美国宾夕法尼亚大学建筑系硕士学位,1928年入美国哈佛大学美术研究院学习。回国后,曾任东北大学教授、建筑系主任,中国营造学社研究员,1947年获美国普林斯顿大学荣誉文学博士学位。新中国成立后,历任清华大学教授、建筑系主任,中国科学院技术科学部委员,中国建筑学会第一至四届副理事长,北京市第一至三届政协副主席,中国民主同盟盟员,1959年加入中国共产党,是第一、二届全国人大代表,第三届全国人大常委,第二届全国政协常委,第三届全国政协委员。长期从事古建筑研究和教学工作,1946年创设清华大学建筑系,对中外古建筑、城市规划、建筑设计造诣颇深。曾参加主持中华人民共和国国徽、天安门广场人民英雄纪念碑设计,设计了扬州"鉴真和尚纪念堂"等,被周恩来总理誉为中国的三宝之一。

这位从20世纪30年代开始就活跃在中国建筑界的著名学者,不但是中国建筑师学会的会员,而且还是中国建筑史学的创始人。其父梁启超是清末著名的改革家,曾为躲避清政府的迫害而逃往日本。梁思成生于日本东京,1912年辛亥革命后,才随父母从日本回到中国。他与林徽因青梅竹马,而走上搞建筑这条路,还完全得益于林徽因。

■ 林徽因与父亲林长民合影，摄于1920年

1921年11月期间，梁思成在与刚从英国回来的林徽因父女俩的交谈中，得知了林徽因准备赴美学建筑之事。他回忆说："我当时连建筑是什么还不知道，林徽因告诉我，那是艺术和工程技术为一体的一门学科。因为我喜爱绘画，所以我也选择了建筑这个专业。"然而，谁也没有想到，正是这一拍即合的共同爱好，成为他俩携手一生并为之奋斗的事业。

请再一睹林徽因之简历：

林徽因，原名徽音，1904年出生于福建闽侯一个官僚知识分子家庭。父亲林长民早年留学日本，是新派人物。1916年林徽因入北京培华女子中学，1920年4～9月随父林长民赴欧洲游历伦敦、巴黎、日内瓦、罗马、法兰克福、柏林、布鲁塞尔等地，同年入伦敦圣玛利女校学习。1921年回国复入培华女中读书；1923年参加新月社活动；1924年留学美国，入宾夕法尼亚大学美术学院，选修建筑系课程，1927年毕业，获美术学士学位。同年入耶鲁大学戏剧学院，在G.P.帕克教授工作室学习舞台美术设计。30年代初，她与梁思成用现代科学方法研究中国古代建筑，成为这个学术领域的开拓者，后来在这方面获得了巨大的学术成就。从30年代初一直到中日抗日战争的几年间，他们走遍了全中国15个省、200多个县，实地勘察了2000多处中国古代建筑遗构。他们的工作为中国古代建筑研究奠定了坚实的科学基础，并写下有关建筑方面的论文、序跋等二十几篇，另有部分篇什为其与梁思成等合著的建筑论文。在文学方面，她一生著述甚多，其中包括散文、诗歌、小说、剧本、译文和书信等作品，均属佳作，其中代表作为《你是人间四月天》，小说《九十九度中》等。

1949年以后，林徽因做出了三件为民族为国家有过贡献的大事：第一是参与了国徽的设计，第二是改造了传统的景泰蓝设计，第三是参加了天安门人民英雄纪念碑设计。

其实，早在1931年上海租界的一份建筑师人名录上所登载的一些活跃在上海的欧美及中国人的名字中，就已经出现了他俩的名字。尽管其诠释的标准并不明确，譬如像史沫特莱这样的著名人士并未登录。但若仔细查看一下这些人的经历，便可得知，登录在这上面的名字，多为西方人士和从欧美留学深造后回到上海的中国上层阶级的人士。

与他俩同时登在这本名人录上的中国建筑师的名字中，还有范文照、董大酉、李锦沛等几位留美回来的建筑师，以及对上海艺术装饰高层大厦作出过贡献的西洋建筑师威尔逊和邬达克。这些名字的出现，证明当时的中国建筑师已经具备了与西洋建筑师相同的资格和地位。而这时期上海的建筑师也获得了与律师、资本家及企业经营者等相提并论的资格。居住在上海租界的西方人根据这些情况，将那些从20世纪20年代末就开始从事建筑业的中国艺人们称之为"年轻的中国建筑师"。实际上，公开将传统的土木建筑工程技术人员承认为"年轻的中国建筑师"则始于1927年在上海成立的"上海建筑师学会"。

为此，梁思成在1932年出版的《中国建筑师学会的起源》一文中，就此问题作出了以下之论述：

要在传统的木匠与强大的工学和土木建筑工程技术人员中画出一条分界线，由此来确立自己的立场。我国五千年来，衣冠文物的昌盛成为世界之先驱。到了清代，朝廷进入恶政，也就没有了振兴的那种形势。自辛亥革命之后，各地发生内乱，没有了安定的岁月。那些必须进展的事业也日日地衰退了下去。

1931年中国建筑师学会会员名录

名字	生卒年份	学历
吕彦直	1894—1929	美国康奈尔大学建筑学学士
张光圻	1895—？	美国哥伦比亚大学建筑学院毕业，学士
李锦沛	1900—？	美国纽约普赖特学院建筑科毕业
刘福泰	1899—1952	美国俄勒冈州立大学建筑系毕业，学士
范文照	1893—1979	美国宾夕法尼亚大学建筑系毕业，学士
庄俊	1888—1990	美国伊利诺大学建筑工程系毕业，学士
黄锡霖	1893—？	英国伦敦大学学院（UCL）土木工程系毕业
赵深	1898—1978	美国宾夕法尼亚大学建筑系毕业，学士、硕士
卢树森	1900—1955	美国宾夕法尼亚大学建筑系毕业，学士
刘既漂	1900—？	法国巴黎国立美术专业学校及巴黎大学建筑系毕业
董大酉	1899—1973	美国明尼苏达大学建筑学士，建筑及城市设计硕士
李宗侃	1901—1972	法国巴黎建筑专门学校建筑工程师
刘敦桢	1897—1968	日本东京高等工业学校建筑科毕业
陈均沛	？—？	纽约工程大学毕业
杨锡镠	1899—1978	上海南洋大学土木科毕业，学士
贝寿同	1876—？	德国柏林夏洛滕堡工业大学建筑工程科（未正式毕业）
杨廷宝	1901—1982	美国宾夕法尼亚大学建筑系毕业，硕士
关颂声	1892—1960	美国麻省理工学院建筑系学士
黄家骅	1903—1988	美国麻省理工学院建筑系学士
奚福泉	1902—1983	德国德累斯顿工业大学学士，柏林工业大学建筑系工学博士
李杨安	1902—1980	美国宾夕法尼亚大学建筑系毕业，学士、硕士
巫振英	1893—？	美国哥伦比亚大学建筑学院毕业，学士
罗邦杰	1892—1980	美国明尼苏达大学学士，麻省理工学院建筑工程系硕士
谭垣	1903—1996	美国宾夕法尼亚大学建筑系毕业，硕士
陆谦受	1904—1992	英国伦敦建筑学院（AA）建筑系毕业
陈植	1902—2002	美国宾夕法尼亚大学建筑系毕业，学士、硕士
林徽音	1904—1955	美国宾夕法尼亚大学建筑系美术学士，耶鲁大学戏剧学士
梁思成	1901—1972	美国宾夕法尼亚大学建筑系毕业，学士、硕士
朱彬	1896—1971	美国宾夕法尼亚大学建筑系毕业，学士、硕士
薛次莘	1895—？	美国麻省理工学院土木工程系毕业，学士
苏夏轩	？—？	比利时建筑工程师
林澍民	1893（？）—？	美国明尼苏达大学建筑工程系毕业，学士、硕士
莫衡	1891（？）—？	交通部上海工业专门学校土木工程科毕业，学士
吴景奇	1900—1943	美国宾夕法尼亚大学建筑系毕业，学士、硕士
黄耀伟	1902（？）—？	美国宾夕法尼亚大学建筑系毕业，学士
孙立己	1903—1993	美国伊利诺大学建筑系，学士
朱神康	1895—？	美国密歇根大学建筑工程系毕业
徐敬直	1906—？	美国密歇根大学建筑系毕业，学士、硕士

注：本表内信息根据赖德林主编《近代哲匠录—中国近代重要建筑师、建筑事务所名录》（中国水利水电出版社、知识产权出版社，2006年）补充和修改。学历一栏内仅填写获得学位的教育经历

建筑师对人世间的重要性还没有被社会上的人们所认识，他们认为建筑师是承揽建筑业务的一般工人，由此而产生了很多误解。1922年夏我赴美学习建筑。在这里我看到了美国建筑业的发展和社会舆论的融洽，可是，在我自己的国家却连建筑师这个名称都还没有明确。因此，回国后我便召集了建筑界的同仁们，组织起了中国建筑师学会。

梁思成之所以如此阐述，是因为在重视文人而轻视艺人的中国社会，一直以来，工艺人被看做是下等人。当然木匠、石匠也不例外，统统都被认为是不值得尊敬的人。文艺复兴之后，西方建筑师想赢得社会地位也只不过是一些想入非非的梦幻而已。自从西洋人建立租界、盖起洋馆以来，领会西方技术工艺的人在逐渐增多，一些施工公司的"营造厂"，也开始拥有了先进的技术条件，有些甚至还超过了当时日本的规模。不过，即便如此，这些却与建筑师地位的提高毫无关联。

事实上，在当时的中国社会也并非无搞设计之人。孙支厦（1882—1975年）就是一个例外，他在以江苏为中心发展起来的清末民初资本家张謇的帮助下，就设计出了许多南通的近代建筑，尽管其详细情况并不十分清楚，但他所设

■ 1928年4月梁思成与林徽因在欧洲度蜜月

计的南通咨议局赢得了日本观摩设计比赛的大奖却是众人皆知。

中国建筑师学会中的大多数会员都接受过欧美教育，回国后的他们，当然不会心甘情愿地与那些没有受过什么高等教育，仅仅是通过看样学样久而自通的建筑设计人员享有同等地位，其实这也是梁思成组织中国建筑师学会的初衷和原动力。

1929年至1931年，梁思成与林徽因曾共同任教于东北大学，并创办了这个学校的建筑系，这门学科的开设，倍受学生们喜爱，不但开阔了学生们的建筑视野，而且还增强了他们学建筑专业的信心和兴趣，对培养中国的建筑人才奠定了一个良好基础。担任系主任的梁思成，向第一期的毕业生发表了一段极有学术价值的贺词，特摘录如下：

在今天的中国，对于社会上一般的人来说，所谓"建筑"是什么，大多数人是不理解的。很多的人包括工程师等一些有见识的人，认为"建筑"是"土木"的一种。还有一些没有知识的人，把建筑和机械、电气工程等混为一谈。

把机械、电气工程的问题求得我们来解决，而把建筑的问题却想让电器技术人员来解决。

……

人们对"建筑"有着种种的误解。他们认为"砖瓦和瓦块"（土木）就是建筑，而建筑也只不过是"在房梁上雕刻、在屋脊上画图"却了解不了这种追求其实用性、坚固性以及美学价值的建筑上的真正内涵。

……

要追求有实用性的坚固的建筑，就必须要有专门的人才，而这些专门人才的建筑家，也就是你们啊！可是，社会还不理解你们，很多人来问过我："到现在为止你们已经承包了几个地方的建设工程啊？"或是向我提出了承揽工程的要求。或者这些人们并不知道我们与那些提起诉讼的辩护律师、治病救人的医生的地位都是一样的。我们既是承揽所有工程的监督者，又是施工方的代表、还是顾问和权力的保证者。有些人往往误认为我们是诉讼方或药店二掌柜的，或是施工同业者的手下，这些严重的误解都是你们必须要矫正的啊!

……

今天,你们要毕业了。你们是东北大学建筑系的第一期毕业生,同时,你们也是"国产"建筑师的始祖啊!

……

为了中国的建筑事业,我期盼着诸位,去开创一个新的纪元!

在这段贺词中,梁思成从"建筑"的"工学"独立、传统的房屋工程建筑、技术者,一直谈到了提高"建筑师"的社会地位。在这其中,当然也不乏含有一种想抹去一些人对建筑师世俗偏见等方面的因素吧。

东北大学由张学良实行新政,积极网罗人才,全校的老师大部分都留学于英、美、法、意、德、日、俄等世界名牌大学。梁思成、林徽因的应聘,使这所新创办的大学蓬荜生辉。担任美学和建筑设计课的林徽因,经常把学生带到昭陵和沈阳故宫去上课。以现存的古建筑作教具,讲建筑与美的关系。林徽因知识渊博,又有非常犀利的谈锋,性格爽快幽默,因此她的课最受欢迎。空闲的时候,她和梁思成还去丈量那里的古建筑,作图稿可依据的记录。

有关文章曾经生动地记录下了林徽因的一堂课,她把学生带到沈阳故宫的大清门前,让大家从外部感受这组宫廷建筑群,然后让学生们讲讲最能体现其美学价值的是哪一座建筑。

学生们很踊跃地讨论起来,有的说是崇政殿,有的说是大政殿,有的说是迪光殿,还有的说是大清门。林徽因笑了,指出八旗亭才是其精华之处。它没有特殊的装潢,也没有精细的雕刻,跟金碧辉煌的崇政殿比起来,它还是简陋许多,而又分列两边,似乎不那么惹人注意,但它的美在于整体建筑的和谐、层次的变化、主次的分明。中国宫廷建筑的对称,是统治政体的反映,是权力的象征。这些亭子单独看起来,并不出众,可是从总体看,这飞檐斗拱的抱厦,与大殿则形成了大与小、简与繁的有机整体。说到这里,林徽因给大家讲了八旗制度的传说。公元1615年,努尔哈赤完善了镶黄、正白、镶白、正蓝、正黄、正红、镶红、镶蓝八旗制度。立国之初，凡遇军国大事，后金统治者必在"殿之两侧搭八幄，八旗之诸贝勒、大臣于入八处坐"，共商大计。林徽因引导学生认识到，从大政殿到八旗亭，不仅布局合理，壮观和谐，而且反映了从后金到清初共治国政的联合政体，是中国宫廷建筑史上独具特色的一大创造。建筑的美，不仅是各部分的和谐，即建筑形式中各相关要素的和谐，而且还表现为建筑形式和其内容的和谐。

林徽因的课在当时的东大，有着巨大的影响，脉络清楚，循循善诱，既深入浅出，又简明扼要，影响了东大整整一代年轻的建筑学子。即使过了许多年，她的学生们也没有忘记打开他们艺术思维之门的八旗亭与八旗制度的故事。

1931年"九·一八"前夕，东北已闻到了火药味，日本关东军经常如入无人之境般横冲直闯地进入校园。日本人为了强行修建沈阳——铁岭的铁路，竟然把东大通往沈阳城里的一条大路截断，并立下"随意通行者，格杀勿论"的路障牌子。连天烽火，即将引发。东大的几位院长之间的派系斗争，也剑拔弩张。东大建筑系的"弦歌"已处在断绝之秋。于是，梁思成、林徽因决定离开他们亲手创建的建筑系，重返北平，应聘于当时颇有名气的专门研究中国古代建筑的学术机构"中国营造学社"。

在这里他们开始了对古代建筑的解析和研究。经过仔细的考察、研究和绘测，梁思成出版发行了《清代营造则例》和《营造算例》。林徽因也在《中国营造学社会刊》上发表了《论中国建筑的几个特征》、《平郊建筑杂录》。梁思成在每册书的前言中都写道："……没有林徽因的合作与启迪，无论是本书的撰写，还是我对中国建筑的任何一项研究工作，都是不能完成的。书上为我分担的工作，我实指不出彼此分工区域……所以至少说她是这书一半的著者才对。"以此来表达他对林徽因的感激和挚爱。

梁思成的敬业和刻苦执著，令世人钦佩和赞赏；而更让人们津津乐道的是他对妻子的尊敬和挚爱。有人这样说：著名诗人徐志摩为了林徽因而与原配张幼仪离婚，著名哲学大师金岳霖为了林徽因而终生未娶。一个离婚，一个未娶的两个单身汉如此痴心地迷恋着自己的爱妻，这对任何一个作丈夫的人来说,都是一件非常难以承受的事情。然而,梁思成却用对妻子的真诚和博爱所化解。

他对林徽因的珍爱和尊重,使他不忍让她因感情而受一点委屈。对朋友的笃诚与信任,对妻子对家庭的高度责任心,使他赢得了妻子的挚爱和朋友们的赞赏。他以自己博大的胸襟和情怀,向人世间诠释了真爱的内涵和意义。

他俩青梅竹马、两小无猜、门当户对、才华出众,共同的爱好和共同的远大志向,使他们为中国的建筑事业做出了巨大的贡献。这也足以说明他们的结合是至善至美的,几十年妇唱夫随的风雨历程,他们荣辱与共,相濡以沫,他们是真正的精神与生活的最好伴侣。林徽因把自己的一生托付给他,梁思成是当之无愧的。

曾有人这样评价过:林徽因对徐志摩的感情的理解和尊重,使她获得了徐志摩的尊重和挚爱;她对金岳霖的钦佩和敬爱,使她一生拥有金岳霖的真诚和友情;她对梁思成的忠贞不渝和相濡以沫的伉俪情缘,使她真正的还原于一名女性、一个妻子、一位母亲。

一代宗师梁思成和林徽因,尽管离开了我们,但人们并没有因为时间的流逝而淡忘他们。相反,因为他们的博学多才,因为他们的真诚相爱,因为他们的卓越贡献,更因为他们的相濡以沫,所以围绕在他们身上的爱情和事业之歌,仍绝响于今尘今世,留给我们无尽的思念和感动。

8.2 重返人间

从日本作家林京子所描述的上海怀乡情结小说《米茜露的口红》中,可以深深地感受到她与上海这座城市的不解之缘。

林京子的幼年时代是在外白渡桥不远处的红砖瓦房子里度过的。

为躲避1937年爆发的第二次上海事变,他们全家返回了日本长崎。不过，在自己故乡住了没有多久的林京子，在第二年4月跟随着父母重返上海。那时，林京子才7岁。

在日本占领的上海港一角，从停靠在淮山码头的日本邮船上走下来的林京子一家的情景，在战前极为普遍。不管是哪一位乘客，也不管乘坐的是长崎号还是上海号轮船，总之，大家都是从这里下船，然后再从这里上岸进入上海。

登上了淮山码头的林京子一家，跟随着等候在那里的在三井物产上海分店工作的父亲，坐上了由中国车夫拉着的黄包车，向西（经过现长治路和现大名路）前行，向林京子自小就住惯了的家的方向驶去。然后，来到了一个三岔路口，在这里作为一个小学生的林京子看到了自己所熟悉的虹口商场。

在林京子的自传体小说《米茜露的口红》中，她很认真地记述了从虹口到家的这段用不了5分钟的路程。穿过虹口商场旁边的三岔路口，黄包车来到了一个能够看到黄浦江的地方。这里的林阴道上长满了法国梧桐，道路一侧是一片片的红砖瓦的房子，林京子的家就在其中，缓缓流动的黄浦江在家门前的不远处。

林京子的家是在外白渡桥旁东临浦江饭店一带的什么地方，然而，就在上海第二次事变，她全家返回日本一个星期之后所发行的"大上海新地图"的复印刻板上，却已找不到她家的正确位置。

在书中林京子是这样描写的：

沿着梧桐树林阴道上我们家的那座房子，位于以虹口商场为中心的马路上是一幢租借来的三层楼的红砖瓦房子。在我们住的这幢房子中，还带着一个不大的有草坪的院子。红瓦马鞍状地覆盖在屋顶上，从壁炉台竖立起来的四个角的大烟囱，突出在那个叠压着层层马鞍状瓦的屋顶上。这一带的房子结构基本上都是一样的，在这些排列着的红砖瓦的房子中，却充溢着一种英国工商业者居住区的气氛。

房东是一个崇拜西洋的中国绅士，他悠然自得地住在他所喜好的这栋模仿着英国街市建起来的房子里。林京子将怀旧的思绪倾注在了这栋临街红砖瓦的楼房之中,在小说里随处可见她与这位房东的儿子晨之间的初恋情景。总之,可以说上海的生活给林京子带来了甜美和幸福。然而,对于林京子一家人来说,令他们苦恼的是房东所聘请的那位管理这栋住宅的英国管理员。因为这位英国人非常讨厌日本租户,讨厌的理由完全不是出于对日本人的偏见,而是来自他本人的一些顽固而守旧的理论,他认为:

如果不了解房子里居住的人,就无法保护大街上的和谐气氛……如果把房子租给了日本人,那么他们就会立刻把木工带过来,让木工们把西洋式房间的地板提高,还要将不相称的白木柱子插进刷满白胡粉的墙壁和带花纹的壁纸上,然后再铺上榻榻米,装上屏障。虽说风依然可以吹进来,可是壁炉装饰架上钉上了胶合板,却给吹进来的风造成了屏障,而那些没有铺上胶合板的壁炉,就会用来放置物品。尤其是他们还要特意使高起来的天花板变低,磨光的地板由于吸进了榻榻米的湿气而失去了光泽。最重要的是,日本人的窗户上不挂窗帘,因为没有窗帘的窗户就像没有勒紧裤腰的女人一样,从外面看起来,真是有点太难为情了……

以上的这些观点,实际上都是日本人的一些癖好而已。可是,作为一个管理员的英国人怎么会对日本的房屋情况如此精通呢?或许这其中多半都是由林京子自己杜撰的吧。

除此之外,这本书还如实地描写了一些当时住在上海,确切地说,应该是走出了日本列岛的日本人的生活状况。

1939年和1943年那位曾两次访问过上海的早稻田大学建筑学科的教授佐藤伍夫接受了日本学术振兴会的委托,重新调查了住在中国的日本人的住宅情况。他陆续发表了一些不仅涉及上海,而且还涉及中国北部,包括伪满洲国国土等地方的报告,从这些报告的闪烁其词中,透露出了上海的日本人住宅方面的窘迫状况。

根据这份报告,可将当时住在上海的10万日本人的住宅情况分为以下三种：

（一）将建在虹口地区密集的中国式集体住宅和里弄，改建成适合日本人居住的住宅。由此，至少可以解决70%日本人的居住问题。

（二）把接收过来的欧美敌对国的房屋作为独立住宅和公寓，提供给20%住在上海的干部级别的日本人居住。由此可以使他们享受到在日本无法享受到的奢侈生活。

（三）作出一份为会社和公家机关新建的住宅计划。由此，可以解决剩余10%白领阶层日本人的居住问题。

当然，像百老汇大街公寓房那样的公共住宅和林京子家所住的那栋改造后的洋房，都纯属日本人在上海住房的个案。据这份报告披露：实际上，当时大多数的日本人，都是居住在改造过的里弄住宅里。而改造要点之一就是一定要铺上榻榻米，改造要点之二是要装上壁橱，之三是要重新装修厕所。

由近代所衍生出来的这种住宅里弄，因其纵向比横向长，所以就有极好的通风效果。而其3.7米的正面宽度纯属巧合，因为它正好可以容纳两个榻榻米。

还是以留下来的一座原建筑为例来作说明吧，从马路上进入大门，是一个露天空间的"天井"，一般卧室都设在二楼上，而日本人的卧室里却要铺上6个榻榻米，还要在墙壁的里面做上约有3个榻榻米空间的壁橱。假如房间还有富余，还会安装上壁龛或是其他的装饰物品。

■ 清末上海虹口日侨聚居区，沿途商家张挂日本国旗

原来的澡堂和厕所即便是原封不动地从未使用过，可日本人还是要按照他们自己的嗜好来进行改造和装修。对于当时的中国人来说，他们不但不使用那种传统的澡盆，而且还要用一个叫做马桶的特有的桶来代替厕所。这对喜好泡热水澡和爱清洁的日本人来说，当然是无论如何也接受不了的，因此他们也就只好想方设法地来进行改造。

当林京子全家搬到这里住的时候，他们随之叫来了木匠，铺上了榻榻米，并安装上了双扇的拉门隔扇。那位将批判的目光投向了林京子一家的英国管理员便喋喋不休地对邻居们诉说着他对改装这栋房子的讨厌和愤慨。可是不管怎么说，榻榻米、壁橱和时下的壁龛、厕所以及澡盆，这对于传统的日本人的房屋而言，就像是日本天皇传承下来的三件神器。不论是在北京豪华端庄的中庭型住宅里，还是在四合院和上海的里弄住宅里，总而言之，凡是有日本人居住的地方，那就一定会有他们认为来世最重要的这三件神器。所以在当时上海日本人的商业广告中，数量最多的就是榻榻米商店和木匠的广告。

由于太平洋战争的恶化，1945年3月，林京子一家，除她父亲之外，又一次返回了日本。回到了日本之后的林京子被编入长崎高等女学校三年级，处在风华正茂时期的林京子无论如何也没有想到，她竟然会成为全家唯一一个遭受原子弹爆炸袭击的人。

1945年8月9日，林京子所在的长崎市三菱兵工厂遭原子弹袭击，虽然她有幸脱险，但却是死里逃生，摸爬滚打3日后才经人指点摸索着找回了已面目全非、断壁残垣的家。在上海得知女儿被原子弹袭击消息的父亲于日本战败后回国，归国途中，他所乘坐的轮船触雷，所携财产损失殆尽。

20世纪60年代开始文学创作的林京子，以被原子弹袭击后的体验为题材于1975年创作的那本《祭之场》得到了日本第73回芥川奖。1979年她又在杂志上发表了一系列有关她在上海生活时的一些感受和体会的短篇文章，翌年又出版了她的自传体小说《米茜露的口红》。

阔别上海36年之久的林京子，又于1981年专程赶往上海，进行了为期五天的访问，翌年，文艺杂志上便开始连载她此次上海之旅的体验记，并于1983年以《上海》为书名出版。

书中林京子对自己的人生作出了如下的描述："一个是从父母那里得到的植根于母胎的生命和人生。从我出生开始，一直到1945年3月，父母亲陪伴着我，生活在上海，于是，才有了我所谓的上海时代。而这个时代是我最平稳、最幸福的少女时代。而另一个是1945年8月9日，在被原子弹爆炸袭击后的土地上重新绽放出的生命和人生。这两个生命和人生就好像是木和竹那样的差别，互相没有一点联系的这两个根却同时生长在我的身上。如果上海时代是我人生中阳的部分，那么，被爆以后，我的人生就开始进入了一个阴和负的时代了。当然，我在写的时候会把这两个时代区分开来写，但在维系这两个根的人生的深处，始终流淌的东西却永远是战争。"

1945年8月15日，以日本战败而告终的太平洋战争结束。而那些将榻榻米和生鱼片带进了上海的日本小市民们也作为战败国的国民，满脸沮丧地乘上了返乡之船，从虹口地区悄然离去。

8.3 殊途同归

如前所述，自1840年英国战舰轰开了中国东南沿海的大门之后，依据中英《南京条约》，上海就被列为首批通商的五口岸之一，激起狂妄侵略野心的英国人在1858年的《天津条约》和1860年的《北京条约》签订之后又接二连三地撬开了营口、烟台、汕头、海口、镇江、汉口、九江、天津等地的大门。

这些被迅速扩充为英国殖民地的亚洲城市急需基础设施的建设，因此，也就急需大批土木和测量方面的技术人员。上海建筑方面的技术人员在19世纪60年代的急剧增加，恐怕也是由于此种原因所致。因为当时的上海已成为中国台湾地区、长江流域和其他殖民地之中心，因此，从四面八方而来的技术人员，往往都是先到上海，然后再从上海奔赴各个不同地区上任。

从英国等遥远的大洋彼岸国家来到了上海的这些西方技术人员，都有着不同的家庭背景和复杂履历。他们的到来或许是出于一种对异国的憧憬，或许是想出人头地，或许是想发一笔横财，或许是受到了当地政府之邀请……

总之，他们是舍弃了自己的家园，跋山涉水才来到了这些正在兴起的英国殖民地的亚洲城市的，并由此开始了不停地变换地方，辗转于各个不同居留地的颠沛流离的生活。

譬如1842年出生在悉尼的史沫特莱吧，他25岁时来到香港，并在一个认可他的建筑事务所找到了工作。假如他从此就在这里定居下来，那么，他的人生轨迹也许与"颠沛流离"这几个字就会彻底地分道扬镳了。利用香港建筑事务所的假期，他访问了日本，并由此而喜欢上了日本。于是怀着一种对日本的无限眷恋之情，他从香港移居到日本神户，开始走上了一条浪迹天涯的人生之路。他先是在神户与别人合伙设计了一座教堂；而后又移居到横滨，在横滨完成了一座俄罗斯大使馆的设计方案；到1878年时，他又以一个营造制图学教师的身份站在了东京大学理学部的讲坛上。

1891年浓尾大地震后，史沫特莱回到了悉尼，他又在自己的故乡开始了他的设计工作。虽然这是在十几年后上海报纸的讣告中介绍的，但史沫特莱返回故乡的理由并非仅此而已。是否可以这么分析：被当时日本蓬勃壮大发展起来的日本建筑师夺去了职业，也是一个促使他回归故乡的原因之一吧？不过，在这之后，他又重返日本。至于他这一次重返日本究竟是在自己的祖国遭遇不佳，还是因为念念不忘在亚洲享受的优厚待遇，这却无从考究。可是，今非昔比，此时，东京大学建筑系毕业的那些日本建筑师们已经变得有权有势，他们已经不可能再让一个雇佣来的外国建筑师来喧宾夺主了。

这么一来，万般无奈的史沫特莱只好乘船去了上海。而这次的上海之行也没能留住史沫特莱不停奔波的脚步，依然到处漂泊的他又去了正处在修建时期的汉口租界。

1903年，这位在上海去世的建筑师走完了颠沛流离的一生。如此之命运，也许是他的性格所致。不过，这似乎具象地体现出了一个不驻留于任何固定地方的殖民地建筑师，为寻求一个未知的工作，而四处漂泊的那种特性吧。从香港到神户，从神户到横滨，又从横滨到悉尼，再从悉尼到汉口，又从汉口返回上海，然而，对于史沫特莱来说，是否已看清了那条横贯在他脚下的殖民地与殖民地之间所缠绕着的环状之路了呢？

接下来，要说的是那位领事馆的设计师克劳思曼。1867年，英国领事馆在上海又重新设立了一个由他们自己来领导的工部局。因恐于容易与租界工部局的名字相混淆，所以便起名为"工务局"。当时殖民地政策已经进入东南亚地域人们的视野之中，于是，经过苦思冥想的英国人，在1883年又将泰国和朝鲜的工程也列进了这个正式名称为"工务局"机关的管辖之内，从此便由他们一手承揽起了东南亚地区所有领事馆的新建和改装工程。

19世纪50年代，因远东地区贸易而在各地建起来的领事馆都已开始腐朽老化了，于是，所有人员都在抱怨这些旧的办公房屋太陈旧太窄小，已越来越不适应日益增多的领事馆工作的需要。

在人们的强烈要求下，领事馆终于被批准进行重建。毫无疑问，重建领事馆的任务交给了英国工务局，他们当即挑选了一些能干的技术人员来到了工务局。原陆军工程师克劳思曼又挑选了住在上海的海军技师R.H.鲍伊斯给自己做助手。其实在接受这一任务之前，他们已先后完成了在上海、福州、台湾和朝鲜、日本等一些地方的领事馆工程。

克劳思曼所设计的领事馆建筑，几乎全部都是带有外廊的殖民地建筑样式。他是一位官办居留地建筑家，其流动轨迹，近似于史沫特莱。可他与史沫特莱又是两个不同体系的殖民地建筑师，前者的背后有强大的英国工务局做后盾，而后者却既无后台又无帮手地单枪匹马闯世界。

像史沫特莱这样单枪匹马的殖民地建筑师所跋涉出来的这条轨道，实际上是从官办的国家建筑师所分裂出来的一条轨道。毋庸置疑，这条轨道定会促使史沫特莱身旁的那些竞争对手，如雨后春笋般地步其后尘，走上他所开创出来的这条路。

在这里还要提到的就是那位以英国皇家协会（RIBA）会员身份出现的正统建筑师凯德纳。他的名字最初是以一个建筑方案修改者的身份出现在英国圣公会派圣三一教堂的修改方案上的。

这座于1847年建成的英国圣公会派圣三一教会礼拜堂，由于造价非常低廉，所以建成没有多久，屋顶就塌陷了。这座建筑在20年后竟然完全变成了一堆废墟。1866年，教会决定重建教堂。在众多来参加竞标的建筑师中，胜出的是英国建筑师司各特，当时他正在英国为许多教会作设计。

那么，究竟是什么原因，竟然能让这位擅长设计哥特式建筑的名建筑师接受了遥远上海的一座异国小教堂的设计，现已无据可查。然而，据说，这套设计方案，却是司各特最得意的一件13世纪哥特式风格的作品。

这座最初建起来的教堂之所以成了废墟，是由于建筑经费不充裕而造成的。可是，要想使教会的经营一下子变得好转起来，恐怕也绝不会因为委托了英国名建筑师来设计就会改变的。

显然司各特并不了解上海的实际状况，所以他设计的这座壮丽而辉煌的教堂建筑方案是很不现实的。

为了弥补这种与现实之间的差距，教会便请来了自1866年起就在上海居住的建筑师凯德纳。凯德纳到上海来，据说是由于接到了英国第二代驻沪领事奥鲁考兹库的邀请。他1864年在汉口设计了一座教堂，之后，又在上海设计了一座领事馆。很显然，之所以请凯德纳出山来改建圣三一教堂，正是因为他具备了一个殖民地建筑师改建教堂的丰富经验和技能。

倘若凯德纳确实是由奥鲁考兹库邀请来的，那至少可以说明这个时期，租界正在摆脱那种把设计好的图纸从南方送过来，然后再交给中国工匠们来实施的初期建造方式，而是开始了一种由正统建筑师直接在上海设计，直接交给中国工匠们的建造方式。

像凯德纳这样的人物上海是非常需要的，恐怕当时也只有凯德纳能够根据当地的资金和材料来重新建造圣三一教堂。1870年前后，第一次经济危机袭击了上海，一些地产商趁机买卖土地，由此而致使外滩的建筑再次更新和改建。

那个与怡和洋行竞争的宝顺洋行在经济危机的冲击下，于1866年倒闭，而代之而起的有利银行与建在外滩的香港汇丰银行这两座建筑也都出自凯德纳之手。

不论是香港汇丰银行还是有利银行，可以说，它们都是第一次改变外滩面貌的先驱建筑。这种先驱建筑的最初动向是放弃了惯用的外廊殖民地样式，而贴近了同时代在英国流行的正统样式。虽然这种正统的样式也同样是环绕着外廊，可各楼层的窗户及通风换气口装置却脱离了既存形式的表现方式，由此而处处淋漓尽致地显示出了凯德纳的非凡才能。

凯德纳与史沫特莱生于一个交错的时代。凯德纳来到上海时，史沫特莱正从香港经由上海到达横滨。不过，若从这以后的时代来观看这两个人的经历和他们的人生轨迹，那么，可以说，正是这些颠沛流离的殖民地建筑师拉开了 1860 年后半期，在上海以及东南亚的一场"建筑师戏剧"的帷幕。

8.4 邬达克情陷上海滩

8.4.1 初入上海滩

2008 年是匈牙利著名建筑设计师邬达克诞辰 125 周年、逝世 50 周年纪念，这引起了匈牙利和上海对这位建筑师的关注，更引发了建筑装饰艺术的话题。1 月 22 日，由匈牙利共和国驻上海总领事馆、上海市城市规划管理局在沪举行 2008 邬达克年启动新闻发布会以及"上海装饰艺术派建筑"研讨会，拉开了邬达克年的序幕。

这篇报道刊登在 2008 年 2 月 20 日《建筑时报》上，从这段小小报道的字里行间可以深切地感受到，建筑师邬达克的名字已深深地融进了上海人的心里，并融进了这座城市的历史中。

用斯洛伐克语发音的这位人物，于 1893 年出生于奥匈帝国时期匈牙利北部高地的巴恩斯卡·毕思套利阿镇上。也许是因为受了当建筑师的父亲的影响,他在布达佩斯皇家学院学习建筑,1914年从这所学院毕业后,1916年当选为匈牙利皇家建筑家协会的会员。如果仅以此做了结,那么,邬达克的名字也就不会像今天这般响亮了。

第一次世界大战的爆发,改变了这位建筑家协会会员的命运。他很快成为奥匈帝国在俄罗斯前线的一名军官。不久,在战场上被俘的他就被流放到俄罗斯西伯利亚地区。因他既有军官身份,又懂建筑,所以在狱中不但没服苦役,而且还享受到了可以将自己照片寄往家中的特殊待遇。但又有什么能比自由更可贵呢?

"十月革命"的爆发使俄国内部陷入混乱,他又很快地从战俘营成功逃脱,并乘上了一艘日本货船,于1918年抵达上海。那年,他刚满25岁。此时这个刚刚逃离战乱、身无分文、流落异国的匈牙利年轻人,无论如何也没有想到这座城市不仅接纳了他,而且还让他在人生最宝贵的青壮年时期能如鱼得水般地发挥出他的建筑才能,为这座城市留下了60多件经典的建筑作品:其中包括美丰银行、国际饭店、大光明电影院、美国总会、沐恩堂、诺曼底大楼等优秀建筑。当然,更让他没有想到的是,"邬达克"这个名字已经成为

■ 邬达克

90年后今天,上海建筑史上的一个标志。

曾经学习过建筑的背景帮了深陷困境中的邬达克。从1918年起,他在美国人开设的建筑公司克利洋行里做助手,其间学会了汉语。在克利洋行的7年中,学院派出身的邬达克吃了整整7年的"萝卜干饭"才初露锋芒。他谨慎工作,设计了一批包括医院、俱乐部、学校、银行、教堂、电影院、剧院在内的建筑,其中的代表作便是沐恩堂。沐恩堂带有明显的复古主义色彩,重细节的装饰和复兴的哥特式塔尖都有着浓重的欧洲情结。

邬达克是幸运的,上帝眷顾了他,并让他死里逃生到达上海之后,正好赶上了上海建筑的黄金时代。

当时的上海正处于要打造成一个国际大都市的进程之中,所以各国的建筑师接踵而来,带来了世界上最先进、最时髦的建筑理论、建筑模式和建筑材料,此时的上海也因此成为一个展示世界近代建筑风格的大舞台。就是在这个八仙过海、各显其能的大舞台上,才让人们欣赏到了邬达克不同凡响的建筑师的表演才能。

8.4.2 声名鹊起

真正让邬达克声名鹊起的是1925年他在上海建立起自己的建筑事务所,就是这个事务所,让这个精神流浪者,这个城市配角,转变成为了一个塑造这个城市灵魂的建筑师。

1925年,邬达克在圆明园路209号开设了邬达克打样行(即建筑师事务所),人到中年,他在上海的建筑事业开始走向巅峰。此后20年,花旗总会、大光明电影院、国际饭店……几乎每年他都会出一个代表作品,而且每个作品问世后都引起了不小的轰动。他逐渐成为上海最有名望、最活跃的建筑师,几乎垄断了当时上海所有的经典建筑设计。

随着上海新样式建筑的逐步出现,邬达克的设计风格也发生了从传统走向创新,从模仿走向独创,进入建筑设计新潮流的重大转变之中。1933年,他设计的大光明电影院其造型、立面以及内部功能等处理上都表现出了罕见的先锋倾向与明显的现代主义特征。可以说在岁月的磨砺中邬达克的"先锋作品"愈加趋向成熟。

一年之后,邬达克再创"先锋",设计出了号称"远东第一楼"的上海标志性建筑——国际饭店。他极其引人注目的新潮设计得到了上海建筑界的广泛关注,并由此成为上海最有影响力的新潮建筑师。建在南京路上的一等地段的国际饭店,其西邻是大光明电影院。要判断出这两座建筑是否出自一人之手,主要不是去看建筑的轮廓,而是要去看其独具匠心的细部。那些在天花板上的霓虹灯管的照明,楼梯扶手的曲线造型,多处使用金属的植物纹样的细部装饰,似乎都在向人们证明着它们是出自同一作者的建筑。

国际饭店是邬达克的初期作品,它与美国总会的建筑不同,是一座强调垂直性样式的建筑。连结起来的几条竖线,随着窗框而延伸到上层,然后又逐一层层收进,至顶部再以塔式完结。这座被誉为高层大厦的样本建筑,直到20世纪80年代末期,仍被夸耀为上海的最高建筑。

不过,相比于国际饭店这样的标志性建筑,邬达克还在上海建造了许多私宅和公寓,位于淮海中路的诺曼底公寓便是其中之一。

淮海中路最西侧,有一个六条马路汇聚的庞杂路口,其中斜刺里伸出的一条狭小马路就是武康路,这条路和主干道淮海路之间形成了一个不到30度的夹角。就在这个看似局促的三角形空间里,一座气势恢弘的八层建筑却如"海中巨舰"般拔地而起——这就是老上海们都知晓的诺曼底公寓,又名东美特公寓。由于这座大楼位于淮海中路与武康路相交处,所以人们也叫它为武康

■ 1934年落成的国际饭店

■ 建于1924年的诺曼底公寓是上海最早的外廊式公寓

大楼。这也是邬达克在上海参与设计的第一座公寓建筑。

诺曼底公寓竣工于1924年,楼宇狭长而高耸,从西侧看,像是在霞飞路(今淮海路)上由东向西行驶的一艘巨轮。至今,在斜射夕阳的辉映下,这艘巨轮显得非常具有动感而恢宏。

诺曼底大楼楼高八层,第一、二两层成基座状,由一串半圆型的券廊续围;第三至七层由褐色面砖贴面,显得庄重雍容。其中,第三层有三角形的窗楣装饰,而每层西侧顶部的房间都有一个出挑阳台;第八层处理成檐部,混凝土石状面墙与楼宇的基座上下呼应;三、八两层则有栈道似的通长阳台形成明显的建筑物腰线。

1925年独立之后的邬达克接连不断地又设计出了许多作品。其范围涉及医院、公寓、学校、教会、住宅、旅馆以及工厂等多方面。至于他为什么能够从事这么多类型的建筑设计,对于今天的人们来说,已经成了一个谜,至于谜底,则尚待研究和探讨。

1945年,邬达克离开上海移居瑞士时还不满50岁。从20年代末到30年代的他究竟是如何以如此之旺盛的精力投入到设计中,究竟又是如何盛产出了如此之多经典的建筑,这其中他所付出的辛苦与心血自然是不言而喻的。

8.4.3 代表作品

邬达克的魅力多半与他神秘面纱下的波澜起伏的生涯有关系,当然,更重要的是他那些烘托出上海装饰艺术时代氛围的建筑历史名作。

大光明电影院

大光明电影院是上海第一流的电影院。尽管电影院的经营是靠观众对上映影片的内容和电影本身质量的认可来决定的,但电影院的建筑样式也是一个不可忽视的重要因素。如果说,国际饭店象征着上海建筑的高度,那么,大光明电影院,则是代表了上海建筑的一个时代。今天,上海留存下来的诸多电影院和剧场,几乎都是沿袭了大光明电影院的艺术装饰风格建造起来的。

在设计大光明电影院之前,邬达克曾经改装过上海大戏院,并设计了浙江大戏院和虹口大戏院。1933年,邬达克将大光明戏院以先锋设计改建为电影院,获得了巨大成功,大光明电影院也由此而成为中国西式建筑转向现代主义的一座标志建筑。

邬达克的成功设计使旧戏院浴火重生,大光明不仅赢来"远东第一影院"的美誉,还就此成为各地观众一座观赏电影的圣殿。

■ 改建后的大光明电影院

这座钢筋混凝土结构的大光明电影院,占地面积4016平方米,建筑面积7902平方米,为美国近代式建筑。其前部为2层,后部为4层。为立面造型。南立面由大面积长窗与半透明玻璃灯柱组成,后背是竖横交错板片墙面。西侧耸立的长方形玻璃灯柱和大门口乳白色玻璃雨篷十分别致,晚上通电后灯火通明,数里之外即能望见,成为大光明电影院的一大标志。大门装有12扇铬合金玻璃门,门前用黑色大理石镶嵌。影院门厅十分宽敞,两侧设置的倚墙大楼梯通向二楼,楼厅休息处建有飞溅式水柱喷泉。门厅的低坪铺嵌着铜条的彩色磨石子,加上透过大面积玻璃长窗的室外光线,则显得十分明亮。观众厅共有2016个软席座位分为上下两层,厅内乳黄色平顶配以金黄色波浪形吊顶镶边。影院的放映和冷气设备都是当时最先进的设备,因此观赏效果极佳。

走进大光明电影院,入口处有一个大厅和长长的楼梯,那些顺着墙壁的霓虹灯管和楼梯扶手等装饰，都是邬达克的得意之作，而最精彩的还要数剧场部分的天花板饰面，几层环绕着天花板的大波浪式的造型，使霓虹灯的光线从间隙中漏射出来。闯入眼帘的是正在上演的美国电影，屏幕上播映着人们所憧憬的现代生活。幕间，那淡淡的、金黄色的霓虹灯光时不时地悄然扫过那些进入情节中的观众们的脸庞和头顶。

"绿房子"

邬达克与许多中国民族资本家私交甚密，他的作品多是中国人投资建造的，这在外籍建筑师中并不多见。1935年，邬达克为"颜料大王"吴同文设计了自己在中国的"收山之作"，由于外墙贴绿色面砖，老上海人称它为"绿房子"。为一睹这座位于上海铜仁路333号的绿屋真容，司徒雷登特地从北京前来造访。更有某国外交官，当年曾用一艘万吨邮轮外加50万美元现金想交换而未能成功。

1932年，日本对华侵略扩张，吴同文凭着预感，觉得这场仗是避免不了的。于是他就开发军绿色颜料，结果绿色为他挣了很多钱。吴同文由此认为绿色是他的幸运色，便想在嵌有他名字的爱文尼路和哈同路（今天的北京西路和铜仁路）之间建一幢绿房子。他请来了已经声名显赫的邬达克，要求房子必须是"独一无二"的。邬达克拍着胸脯跟他保证："即使再过50年，这幢房子的现代感仍是超前的，哪怕再过100年，我相信她仍不会过时！"

邬达克设计的这幢房子，阳台上没有柱子，这在20世纪30年代是非常现代的。圆形的绿屋像艘扬帆起航的船，圆形被认为可以化解凶险；扬帆起航的船，更代表了美好的寓意。

"绿房子"为四层钢筋混凝土结构，造型采用了局部回弧形体量，采用了带形玻璃窗、流线型室外大楼梯及水平阳台，室内设有玻璃天顶的日光室、安装弹簧地板的跳舞厅。总共四层楼的房子配有电梯，这是上海私宅首创。电梯门是弧形的，并且是木制的，显得十分豪华。

20世纪三四十年代的上海正是邬达克所代表的现代派占上风的时期，所以直到现在，这座已经被列为文物保护单位的"绿房子"依然以其独特的气势傲然立于众多现代建筑中。

在坐落着许许多多的样式主义的住宅和西班牙式风格的集体住宅的上海大街上，这座带有淡绿色瓷砖饰面的圆形日光室的住宅格外显眼。它的曲线、玻璃和瓷砖都是极具特色的。内部装饰使用了意大利产的带图案的大理石，同时还大量地使用了在上海刚刚生产的能够百分之百通风换气的铁制窗户，以及奥斯奇电梯等诸多新的设备。就连卫生间的洁具和书房、寝室里的日常用品，也都使用的是走在时代最前沿的艺术装饰品。

中国台湾建筑师卢日镇旅居上海时，曾在邬达克的事务所工作过。在多年以后的一次采访中，他回顾了当时在上海的一些情况。他说，1935年前后的上海建筑界流行的是"国际样式"。接着，他提起了作为当时上海优秀建筑师的邬达克的名字。他说，在建筑界内部，对邬达克，大家都是用"出类拔萃"、"无与伦比"等词语来作评价的。

1945年，邬达克移居瑞士，曾一时在罗马从事过设计，两年后，移居美国，并在那里逝世。

邬达克是20世纪30年代上海最著名的建筑师。他把自己一生中最宝贵的时光和最重要的作品，都留在了上海这座城市中。他的名字将与这些默然无语的经典建筑一起进入历史，并永生共存。

8.5 雕栏玉砌的艺术之魂

"艺术装饰"一词来源于1925年在巴黎举办的艺术装饰博览会。在这个以"装饰美术和工业美术国防博览会"为正式名称的博览会上，展出了有关建筑、建筑装潢、家具、服饰、庭园、摄影、电影等方面品目繁多的作品。

尽管美国没有参展，可是他们却从这个博览会上受到了很大的启发，当时，正在卷入消费文化中的美国，将这种艺术装饰展览中所披露出来的创意，全部都容纳进了都市生活的各个层面之中。

"艺术装饰高层大厦"的建起，标志着室内家具、照明器材、外侧窗框和顶部等艺术装饰已经走进了高层大厦的建筑设计之中。

如果来到上海的江西中路和福州路交叉处，就会看到两座造型出奇相似的建筑。即便是看惯了外滩景色的上海人，对这两座像孪生姐妹般的逐步收缩成梯状屋顶的都城饭店和汉弥尔登大厦，也依然会流露出非常惊讶的神态，那就更不用说，刚落成时的这两座大厦最初所带给上海的巨大震撼和惊喜了。这并不是一种单纯的推测，巴马·丹拿上海事务所的设计者G.L.威尔逊，把为解说这两座建筑的高度而特意写的论证稿，寄给了当时的中国日报社，从1932年这份上海特集号的论证稿中便可清楚这一点。

纽约的高层大厦是按照1916年公布的地区规划法建造的。此规划法的目的是为限制建筑的高度、确保建筑的密度和体积。因而上海也按照此地区规划法来确立了高层大厦的建设标准。

建筑高度的限制是此规划法中最根本的问题。1916年在美国纽约划分出了有关建筑种类的1、1.25、1.5、2和2.5等5个倍数的高度，就是用数字来表示高层大厦面对道路的宽度所允许的高度范围。凡超出这些范围的高度，则必须建在道路的中心线与所允许的高度范围内所连接而成的倾斜线内。

汉弥尔登大厦和都城饭店都是按照纽约地区规划法的规定建造起来的。因此，在它们的完成过程中必然还会包含着一些更为繁杂而细致的规定。不过，要想使这个规划法变得简单一些，那么，也就很有必要在上述的规定中对建筑造型加以限制。

纽约艺术装饰高层大厦的造型，就是出自1916年开始实施的《纽约地区规划法》。

威尔逊对纽约地区的规划法赞叹不已，在他的倡导下，1932年这一规划法被引入上海。尽管威尔逊把都城饭店和汉弥尔登大厦宣传为"是按照建筑规制完成的代表作，它显示出了20世纪建筑样式独特的典雅与美观"，但实际上这两座建筑根本就不可能百分之百地依据"纽约地区规划法"来建造。

归根到底也只不过是把纽约艺术高层大厦建筑的意识形态引进了上海而已。再说了，在这种建筑规制的严格束缚下，建筑师们又怎么可能发挥出他们的创造力呢？况且这又不是靠坚持不懈就可以摸索出来的一条路。

假如将上海的高层大厦全都模仿成纽约的那种高层大厦的样式，或许这么做的结果会给上海自然而然地营造出一种与当时纽约类似的城市气氛来。按照规划法之要求，这种不得不将大厦上部逐步收缩的造型，不论是在纽约，还是在效仿它的上海都已经被升华为一种流行样式的造型了。

当我们将这些模仿纽约的高层大厦进一步地冠以"上海"这一都市名称时，这些建筑便理直气壮地摇身一变而成为"上海的艺术装饰高层大厦"。

在上海艺术装饰时代，法国的赉安事务所也被认为是一个非常重要的建筑设计事务所。在1924年的那本"建筑手册"中曾有过这样的介绍，说赉安和埃布塞鲁合伙开设的这个事务所，不但规模大，而且作品也很多。在当时上海派的西方建筑师中，仅法国派系的建筑师就占了三分之一，然而，在一本介绍当时上海著名外国人的名录册中，却对这个事务所没有任何详细的介绍，只不过是轻描淡写了："此事务所曾参与了法租界许多重要建筑的设计"这么一句话而已。

那座被正式称为"法商球场总会"的法国俱乐部就是这个事务所的一件重要作品。在1949年以后，这个法国俱乐部改头换面为锦江俱乐部，并成为

■ 赉安工程师事务所三位合伙人

国内外重要人士的社交场所。1990年3月，又将其保留下来的部分原有建筑，改建为"花园饭店"而闻名于世。

在1926年2月6日发行的《字林西报》中，曾使用了诸如"灵活地运用舒适的地基"、"巧妙地设计出了好的气氛和式样"、"室内装饰的艺术性"、"友好的羁绊"等优美的词句来赞美这座刚刚开业的法国俱乐部。在南边广

■ 1925年的法国总会（今花园饭店一部分）

阔的庭院里，有一个宽阔的网球场，人们在打网球的同时，还可以到网球场的外廊里悠闲地品茶和聊天。如果是在夏天，到屋顶平台的西餐馆去吃饭也是一件令人惬意之事，一楼中央设有酒吧，是人们以酒会友的好场所。此外，还可以在游泳池和保龄球场锻炼身体，在那间有着椭圆形天花板的跳舞场跳舞。总之，法国俱乐部中的种种娱乐设施都在这篇新闻报道中无一遗漏地展现出来。

在提到了"室内装饰艺术性"的同时，这篇报道还这样介绍道：从这座建筑的外观上来看，人们也许会认为这是一座带有外廊的新巴洛克式建筑。可是当你从入口处登上二楼的楼梯和跳舞场时，才会发现跳舞场前的小房间装饰的都是井然有序的直线和锯齿形纹饰。原来这是比新巴洛克式更贴近装饰艺术的一座建筑。

可以毫不夸张地说，这座建筑几乎蕴涵了可以与沙逊大厦、格林文纳公寓和邬达克的国际饭店相媲美的所有装饰艺术之精髓。

此外，在这篇新闻报道中，还提到了这座建筑的设计者，两位年轻的建筑师——34岁的赉安和29岁的埃布塞鲁。但其中除了介绍他们是1920年从法国来到上海，以及他们在设计法国俱乐部时非常严谨细微的构思和设计等寥寥数语之外，再无他言。

然而，他们的才能之花，也同时开在了上海的其他建筑之中。漫步在淮海中路，那座20世纪30年代后半期竣工的、引来众多惊喜和赞美的万国储蓄会公寓（也叫淮海公寓），也是出自赉安和埃布塞鲁这两位年轻的建筑师之手。

这座公寓式建筑，它的第一层是商店，院子中有一栋13层高的主楼，主楼的后面是一个带有停车场的集体公寓，建在面对着法租界的淮海中路上。巧妙的导线并不是这座高级集体公寓的唯一特点。左右两边层层往上收缩的整体风貌、曲线状的拐角、数条强调高度和流动感觉的直线造型从其正面的楼顶上一直垂到了二楼处。尽管其室内装饰是一种单一的基调，可即便是用现代人的眼光来审视这座楼房，也丝毫不会有一种老式建筑的感觉。

新中国成立以后，这座公寓就一直被各国的外宾长期使用。直到今天，也依然是一些领事馆的工作人员住在里面。

米吕蒂也是一个不能忘记的名字。他出生在瑞士的日内瓦，曾在苏黎世工科大学土木工程系受过教育。他是在1920年33岁时来到上海的，在这之前，他曾经在德国、瑞士、巴西、阿根廷、新加坡等地架设过桥梁，做过许多建筑结构设计。到达上海之后，他成为法商经营实业公司结构设计事务所的合伙经营者，又继续在中国各地架桥。1930年，他从合伙经营者中独立出来以后，便参与了法租界的基础设施建设。

之所以在此提到这个人的名字，并不仅是因为他曾经架设过桥梁这一单纯的理由，最主要的还是缘于他所设计的那座可以与法、美两国抗衡的装饰艺术高层大厦。这是唯一一座能在外滩的法租界里寻找到的高层大厦，这座曾经的法国邮船公司大厦的建筑设计，也是米吕蒂的作品。假如没有那种立体的层层往上收缩的上层部分，那么这座建筑与现代建筑的样式也就没有什么差别了。因此，在当时这也可以算是一种最新的建筑样式了。

今天，当你路过建在南京路的那座贴着瓷砖的罗曼式风格的YMCA国际大厦时，当你登上了那座曾经的永安公司（现为华侨商店）高高耸立的19层楼时，当你来到那座尽管从背后看起来十分简陋，却依然渗透着装饰艺术之魂的高层大厦（现为南昌大厦）时，便会情不自禁地想起那个曾经的上海高层艺术装饰时代，想起那些身影已从外滩上消逝的建筑师们。

雕栏玉砌应犹在，只是朱颜改。

8.6 有情人终成眷属

清同治十二年（公元 1873 年），正是上海开埠 30 周年。

这年夏天，一个破衣烂衫、蓬头垢面的犹太小伙子站在了上海外滩的街头上。然而，谁也不会想到，就是这么一个不会引起任何人注意的穷小子，却在异国他乡的大上海呼风唤雨，创造了令人震惊的传奇，并将这个传奇留在了上海这个城市的历史中。

他就是那位曾经轰动了大上海的最大私家花园——爱俪园的主人欧司·爱·哈同。

哈同出生在伊拉克首都巴格达，其后，便随着在沙逊洋行做杂工的父亲迁往印度孟买生活，5 岁丧父，其母历尽艰辛将他抚养成人。在与母亲相依为命的岁月中，他捡过垃圾，到码头上做过搬运工，几乎做过所有的苦活。也许正是这些经历，才历练出了他吃苦耐劳的坚毅个性。

如果就这样在孟买生活下去，那么他的人生之路即便会出现传奇，也不会出现在中国的大上海了。然而，世事难料。竟然是母亲临死前的一番嘱托，改变了他的人生轨迹，使他离开了孟买，从此浪迹天涯。他先是去了香港投靠父亲的朋友萨拉大叔。途中，他染上了热带病，被英国船长赶下船，送到了一个荒无人烟的小岛上。当时已经奄奄一息的哈同也许就此长眠于这个小孤岛上了。也许是命不该绝，这时一位善良的印度老人竟然奇迹般地出现在哈同面前，出现在了这个杳无人烟的小岛上。他先是用草药医好了哈同的病，而后又将他送去了香港。

这本该是神话中的传说故事，然而，它却千真万确地发生在这位刚满 24 岁的年轻犹太人的现实中。到达了香港的哈同，假如能够顺利地找到萨拉大叔，那么也许他的人生之路会在香港延续。可不巧的是，萨拉大叔几年前已经离开了香港，去了上海的沙逊洋行。又重新陷入了万般无奈尴尬境地的他，只好重操旧业，再一次地过起了流浪的生活。他先是到铜锣湾去捡垃圾，而后又到尖沙嘴码头去做搬运工，晚上则露宿坑道或是街头巷尾。

那么，哈同又是如何站到了上海外滩的街头上的呢？这还得从一艘"天使号"轮船说起。这是一艘往来于香港和上海之间的货船，打探到这条船动向的哈同想方设法找到了这条船的船长，要求以做苦工为代价，免费前往上海。没想到船长欣然接受了这一要求，终于让哈同登上了这条驶往"上海的人生"之船。

来到了上海的哈同经过几番周折总算是找到了萨拉大叔，并在其帮助下踏进了老沙逊洋行的门槛。在这之后的很短时间内，哈同就得到了老沙逊对他的认可和赏识，这也许要归功于犹太人那种天生的精明、勤劳和忠诚，当然，磨难和挫折使哈同拥有吃苦耐劳的坚毅和果敢也是一个不容忽视的因素。

据史料记载，真正让哈同大显身手的其实还是1883年的那场中法战争。当时法租界洋房十有九空，地产价格骤然下跌。在这种严峻的形势下，租界上英、法等洋行全都在迫不及待地往外推销土地，可哈同却反向思维，向老谋深算的沙逊提出了低价收购土地的建议，没想到，这么一位貌不惊人的年轻小伙计的一个建议，竟然使沙逊洋行发了一大笔横财，哈同的名声也由此随之鹊起。

而最使人津津乐道的，还是他与罗丝（法号为迦陵）的爱情和婚姻，尽管这条爱情之路，一如他的人生之路，充满了说不完道不尽的酸甜苦辣，但不管怎么说，终究还算是有情人终成眷属。1886年（光绪丙戌年）的七月初七，他与新娘罗丝，迈过了千重坎坷，顶住了万重波折，总算是迎来了步入婚姻殿堂的万道霞光。

与他挽手相依的这位新娘，其来历颇富争议。一种说法说她是沈大姑与一位法国水手的私生女，从15岁时就已经开始在码头上以卖花为生了。这么一来，说她是一位中法混血的姑娘，也就无可厚非了。第二种说法是说她在20岁时，到法国花花公子梅里埃家做女佣，并在很短时间内做了梅里埃的情妇，可在这之后不久，梅里埃便回国了。没想到曾信誓旦旦地答应她马上就能返回来的梅里埃，这一走，竟然再无音信。在苦苦的煎熬等待中，罗丝的精神崩溃了，她失去了爱情，失去了恋人，失去了经济来源，她变成了一个一无所有的人。万般无奈的她，只好去了妓院。然而却还有一种更为奇特的说法，说她从小就与农民谢子章订了娃娃亲，但过后以罗丝提出退亲而了结了这门亲事。

那么，究竟哪一种说法最为确切，目前尚无定论。

不过，不论哪种说法，恐怕都不会是空穴来风。总而言之，罗丝的身世是个谜，据说就连她自己也没有搞清楚。她仅从母亲那儿得知，父亲是法国人，名叫路易。可是，她的姑妈却在她母亲去世后告诉她：她的生父是中国人，姓罗，与姑妈是兄妹。其父原本是船夫，后因参加小刀会灭洋抗清，被人打断了一条腿，于是不能上船而以摆小摊为生。由于收入甚微，母亲只好到法国人路易那里去帮佣。一年后，母亲生下了她，父亲怀疑她是他人之女而气绝身亡。在她父亲死后不久，她的母亲便与法国水手路易公开同居，并让罗丝认路易为父。

罗丝长大后，去了沙逊洋行三班兼地产部主任梅里埃的家里做了帮佣，之所以如此，据资料显示，是由于路易的突然失踪，以及她母亲撒手人寰。

梅里埃被这个说着一口流利法语的东方灰姑娘迷得死去活来，很快爱上了她，并与她山盟海誓。

如果不是梅里埃父亲要他回国的一封信，也许他们热恋的时间还要长一些。可是，肥皂泡吹起来的时候，往往都是五彩缤纷，令人沉醉。这好像是早已安排好的一出舞台剧，梅里埃与哈同互换角色的时刻，伴着剧情的发展悄然而至。

哈同与罗丝的初次见面，竟然是在梅里埃离开上海之后罗丝的衣物被沙逊洋行的大班夫人抛出梅里埃的门外之时，而来向她索要梅里埃房门钥匙的，不是别人，正是来接替梅里埃业务的哈同。尽管场面如此尴尬，可是，哈同却深深地记住了罗丝的倩影，这个倩影似乎像一颗种子，种在了哈同的心上，在罗丝一点儿也不知晓的情况下，开始日复一日，悄悄地萌芽了。而此时的罗丝依然在苦苦地思恋着她的白马王子梅里埃，等待着他按期如约返回。

然而，当梅里埃想起了要重返上海之时，却又被突然爆发的中法战争，阻止了他即将出行的脚步，使罗丝的期盼和苦恋再一次转眼成空，也彻底击碎了她想成为洋太太的美梦。命运不知要将罗丝带往何方……

绝望中的罗丝，为生活所迫而走进了妓院。可是从妓院中赎她出来的，不是她日思夜想的白马王子梅里埃，却是刚刚出现在她人生舞台前的犹太人哈同。

被救出樊笼的罗丝，为报答哈同，执意要给哈同做帮佣。而这正中从心底里喜欢罗丝的哈同的下怀，他早就梦想着这一天的到来。况且，初见面时种下的那颗种子已在发芽生长。于是，他们很快堕入情网。

当梅里埃再度从法国返回上海时，他曾深深爱过的那位姑娘罗丝已是今非昔比。梅里埃的到来使罗丝那颗移情别恋的心重掀波澜。尽管自己已投入哈同的怀抱，但那的确是当时的无奈之举，因为最初点燃起她心里爱之圣火的人就是这位初恋情人梅里埃呵，于是顾不上考虑哈同感受的罗丝，权衡再三，决定与哈同分道扬镳，重回梅里埃身边。

此举宛若一盆冰水浇到了烧红的烙铁上，哈同的心碎了，但他阻挡不了，无力回天，只能听天由命。然而，罗丝却怎么也没想到如今的梅里埃也已今非昔比。他按其父意旨已与一位贵族出身的法国女郎成婚。这对罗丝而言不啻一个晴天霹雳，刚刚重新升腾起来的所有的美好憧憬和爱，如同肥皂泡般刹那间破灭而不复存在。无论如何也接受不了这个现实的罗丝再也控制不住自己的情感，像一头怒不可遏的猛兽，突然狂喊着冲向梅里埃，要他偿还自己所付出的青春与情感。

于是，更戏剧性的一幕开始上演了。

梅里埃从未见过罗丝如此疯狂。他眼中的罗丝，婀娜多姿；他心目中的罗丝，柔情万种。罗丝的歇斯底里冲垮了梅里埃的精神防线，在慌乱中他拿出了自己几年前从一个中国人手中买来的2亩地的地契，双手递给罗丝，想以此来偿还自己已无法实现的海誓山盟之债，熄灭罗丝心中的怨恨。疯狂但还没有失去理智的罗丝接过地契后，强迫梅里埃在地契上亲笔用法文注明："我将此赠给罗丝。梅里埃。"

可以说此举真正显示出了罗丝不同于常人的聪明和远见。就是这一纸地契，成为哈同与罗丝后来走上发迹道路的铺路石，而梅里埃却在以后的岁月中为此付出了巨大的代价。

至于最后的结局,却恰似小仲马《茶花女》中的阿芒和玛格丽特,都是遭到了父亲的干预而告终。只不过《茶花女》中的阿芒,没有听从父训,才使其父暗中将他们拆散,最后导致悲剧。而现实生活中的梅里埃,却很顺从地遵照父愿,娶了一位门当户对的法国女郎而导致了他与罗丝的爱情悲剧。

由此看来,罗丝之悲,在于她对梅里埃的轻信和对门当户对的误解;而罗丝之聪明,在于她在精神受到巨大刺激之时,却没有失去理智,竟然还能强迫梅里埃在地契上注明:"我将此赠给罗丝。梅里埃"。这份坚强与聪慧凡人实难为之,那么,她之所以能成为哈同夫人,其中奥妙也就不难理解了。

也许是命中注定的旷世奇缘,尽管当时的哈同在上海滩上已小有名气,尽管他已成为一个腰缠万贯的"地产大王",可是,他却依然爱着这位曾是梅里埃情妇、曾狠心无情抛弃过自己的女人——罗丝。尤其不可思议的是还能与她不计前嫌地手挽手走进了婚姻的殿堂……

对于这桩婚姻,他们的孙女罗舜梅曾在《上海姐妹》一书中这样写道:

我记得祖母是一个端庄而威严的人,一个具有钢铁般意志、令人敬畏的女家长。但是,她在某个时期必定是活泼而迷人的,吸引并征服了雄心勃勃、正在迅速崛起的哈同。她必定具有我的祖父觉得是不可抗拒的志在必得的个性,因为她不是一个通常意义上的美人,而且她的出身不明不白。她有一个法国父亲和一个中国母亲,这个父亲或者死了,或者抛弃了女儿。我也听说她曾卖花以帮助养家。

无论她的情况如何,我的祖父母在1886年的婚姻是真正的合作和联盟,尽管必定有人大皱眉头。

上海当时是一座东方与西方共处关系往往很紧张的城市。英国人的俱乐部众所周知是禁止娶"本地"女子的男子入内的,但这个禁令显然并不延伸到把她们作为情妇;而且,这个城市因为禁止中国人进入某些公园和其他公共场所而臭名昭彰。外滩林荫大道上的一个公园挂着"狗和华人不得入内"的铜牌。所以,我祖父母的不同种族的婚姻即使没有引起足够多的非议,也是被人大皱眉头的。他们举行了一个双重婚礼：先是在一个犹太教堂，接着根据新娘的意愿举行中国仪式。

这是我的祖母对自己中国传统方面抱有强烈感情以及在家中坚持中国习俗的最初迹象，尽管我不记得她除了西式衣裙还穿过别的什么服饰。

正如罗舜梅女士所言，她的祖母罗丝是以自己活泼而迷人的无穷魅力和钢铁般的意志征服了她的那位雄心勃勃、要在上海干一番大事业的祖父哈同。

婚后，他们先是"夫唱妇随"。而后，罗丝很快就成了哈同的贤内助。哈同有任何事，定要征求罗丝的意见，奇怪的是，只要按罗丝的意见去办，往往都会成功。久而久之，竟然使哈同深信罗丝有"帮夫运"，将罗丝奉若神明，对其百依百顺。这么一来，他们的"夫唱妇随"，也在不经意间转换成为"妇唱夫随"。

回顾这对夫妇一路走来的情和爱，可以说是一波三折。然而，奇特的是，每每在他们的感情濒临崩溃的边缘之时，竟然总是峰回路转、起死回生。仿佛是冥冥之中有一种力量在力挽狂澜，让这本应是凄美的爱情故事，转瞬间化成了一个令人回味无穷的传奇神话……

8.7 哈同花园的悲欢离合

今天，当你信步来到延安中路，就会被一幢顶端有镏金五角星的建筑所吸引。"上海展览中心"几个醒目的大字，会在不经意间把你引入这座巴洛克式风格的俄罗斯建筑的大厅内，环顾四周，仿佛有点置身于莫斯科宫殿内的感觉。据说在过去相当长的一段时间内，这幢建筑顶端的镏金五角星曾是上海的一个制高点。如今整个上海展览中心占地面积达9.3万平方米，可又有谁能想到，它的前身就是曾经轰动上海滩的哈同花园呢？尽管如今这栋已成为大展览中心的建筑仍不乏宏伟之气派，可昔日哈同花园的神秘与豪奢，却都早已不复存在；今天的我们也只有从那些掩映在院落里幽静的水池和布满苍穹的晚霞中，去默默地回味那些挥之不去的倩影，以及那曾经的沧海桑田。

1900年秋，镇江金山寺香烟缭绕，往来香客络绎不绝。一位30多岁、举止儒雅而端庄的僧人正在接待着一对外国夫妇。这位僧人是这座寺庙里接待往来宾客的知客僧，原姓黄，法名为宗仰，因其故乡是常熟的虞山，虞山又名乌目山，所以便称他为乌目山僧。而此时此刻乌目山僧接待的不是别人，正是已结婚12载却依然膝下无子的哈同夫妇，不用说，他们一定是为求子而来。也许是天意的安排，乌目山僧竟然与这夫妇二人谈得很投机，一见如故。于是，他兴致勃勃地将哈同夫妇请进了他的禅房，并向他们介绍了他近年来所研究的《左传》、《史记》、《易经》等古代经典及当代文人龚定庵、黄遵宪等的学术文集。

接着，他又指着墙上的两幅园林画说，这是他云游天下时自己的即兴之作。并解释道，是根据曹雪芹《红楼梦》中所描绘的大观园景色的模拟之作。听到这里的哈同夫人罗丝突然惊住了，原来这正是她在苦苦寻找的一幅画啊！因为多年以来，她一直都梦想着要在上海滩建起一座能与大观园媲美的私家大花园来，而眼前的这幅模拟之作不正是自己梦寐以求的大观园图吗？这岂不是"踏破铁鞋无觅处，得来全不费功夫"吗？

之所以要建这座私家大花园，真正起因是缘于1898年哈同低价购入的那块300亩的土地。这本来是位于罗丝家乡涌泉浜旁罗家村的一块几乎没有任何商业价值的土地。可是，老谋深算的哈同却把它看做是一块会身价百倍的土地，并预言总有那么一天会被租界收回来。

而他的夫人罗丝，却硬是想在这块地上建起一座私家花园来。其原因有二，一是供自己享用，二是因为此处是她的出生地，造成园林，既可光宗耀祖，又可满足其享受荣华富贵之虚荣心。这么一来，一向对夫人言听计从的哈同当然是只有唯命是从了。

于是，罗丝当即就在金山寺拜乌目山僧为师，并盛邀他为自己未来的私家花园出谋划策。

次日,罗丝便穿起素衣,走进了香烟缭绕、红烛高照的大雄宝殿。先拜佛,后拜师。

乌目山僧请一位法师依照《三归仪轨》,说明"归依佛"、"归依法"和"归依僧"的意义,然后,举行了仪式,承认罗丝为在家修行的居士,还为她取了一个法号——迦陵。

1900年深冬,乌目山僧带着行装来到了哈同公馆。罗丝专为乌目山僧安排了一间禅房,并委任他为自家大花园的总设计师。

从1900年筹划开始,历时9年,于1909年秋建成的这座中西合璧的大花园,以惊世之貌展现在罗丝的面前,她多年来的美梦终于得以成真。花园取名为"爱俪园",是乌目山僧取哈同全名欧司·爱·哈同中之"爱"字和罗迦陵字"俪蕤"中之"俪"字。今天我们这些后人们,似乎从这园名中就可以体会到哈同对罗丝的那份浓浓的爱以及那份深深的情。不过,尽管如此,人们还是习惯于将这座花园称之为"哈同花园",而不是"爱俪园"。

据资料记载,这座花园的总面积达300亩左右,设计以仿《红楼梦》中的大观园景观为主,西式景观为辅。园林分为内园和外园两大部分。园内假山玲珑剔透,小溪碧波荡漾,楼台金碧辉煌,亭阁古色古香,景色十分雅致。

■ 孙中山在辞去临时大总统职务后返回上海,
入住爱俪园。 (1912年4月6日)

■ 哈同花园（1904—1910）

有人算过，爱俪园内有"楼八十、台十二、阁十六、亭四十八，还有十大院落、九条马路、七乘桥、四小榭，大小树木，八千有奇，洋洋大观"。每处名字都极富有诗意。这座被称之为海上大观园的上海当时最大、最为豪华的私家花园，曾以其豪奢、经典、宏伟和气派而轰动一时。

1910年三四月份，爱俪园建成不久，罗迦陵就在天津见到了清隆裕太后的母亲，并做了这位老福晋的干女儿，这样就使她与当时掌握实权的皇太后隆裕成了干姊妹，于是，她又顺理成章地成为大清朝的皇亲国戚。

更值得一提的是，革命先行者孙中山还曾多次下榻于此。

■ 孙中山在爱俪园
（1916年11月24日）

夏伯铭先生曾对孙中山入住爱俪园时的情景作出了如下之描述：

1911年12月25日，哈同夫妇在爱俪园设午宴欢迎孙中山入住爱俪园，出席者还有黄兴、宋教仁、陈其美、胡汉民等革命党主要成员。一时间名人云集，盛况空前，成为沪上新闻热点。

1912年4月3日，孙中山在卸下临时大总统职务的第三天，再一次住进了爱俪园的侍秋吟馆。4月6日，哈同在爱俪园宴请孙中山和他的长女孙娫、次女孙婉以及当时作为他秘书的宋霭龄。宴会之后，哈同还与他们在爱俪园合影留念，这张承载着爱俪园昔日历史的宝贵照片被后人们小心地保存下来，并一直留传至今。

侍秋吟馆是由一座名为"待雨楼"的中式小楼和四周的平房所组成的。其周边被巧妙地设置了一些假山、亭台和长廊等景观，其中珍草异木、苍松翠柏拥簇其间，环境十分幽雅。孙中山非常喜欢这个地方，于是他将自己居住过的这座小楼取名为"仙药窝"，意思是"孙逸仙携救国救民之药的藏身窝"。

孙中山对哈同夫妇同情和支持中国革命表示感谢，并提议在园内通向马路的西走廊尽头，挂一块"欧风东渐"的横匾，以表示园主人将欧洲的科学文化和先进思想传播到东方之意愿。哈同夫妇非常尊敬孙中山，对这个提议表示赞同。不久，"欧风东渐"的大横匾悬挂起来了，"待雨楼"也被正式改名为"仙药窝"。

1913年6月15日，被袁世凯封为东三省筹边使的国学大师章太炎与民国才女汤国梨在爱俪园举行婚礼，前来致贺者多达2000人，其中包括孙中山、黄兴、陈其美等中华民国开国元勋及各界名流。因此，可以说爱俪园不仅是哈同夫妇的私家花园，同时也是当时上海社会名流和政界要人经常聚会的地方。

哈同曾出巨资收集河南安阳出土的大批甲骨，并请罗振玉等著名学者在爱俪园进行整理，所以中国的不少甲骨文专家都是从爱俪园走出去的。

由于罗丝笃信佛教，因此，她在园内创办过中国最早的佛学大学华严大学，之后她又接着创办了一所近代颇有影响的佛学大学——圣仓明智大学，国画大师徐悲鸿也曾经在这所大学内执过教。全盛时期园内光管家、警卫、仆人、和尚、尼姑、教师、学生等就有800多人。

上海人街头巷尾热议的哈同花园，不仅有章太炎的婚礼，圣仓明智大学的复故典礼，还有热闹非凡的赈济水灾游园活动。

在《哈同年谱》中有这样的记载：1914年"开放爱俪园，以游资助吴兴水灾会"，1917年9月"开放爱俪园，以游资助京直奉吴兴水灾义赈会"，1917年10月"开放爱俪园，以游资助汴晋湘鲁秦鄂水灾义赈会"，这种活动前后举行了三次。1917年，北方的冀、鲁、晋三省河流泛滥成灾，京直奉地区受灾最为严重，灾民达上千万人，"人民死丧甚众，灾民流离失所，惨不忍闻"。9月初，主持上海救灾工作的淞沪护军使卢永祥，邀请沪海道尹王赓廷，上海县知事沈宝昌，淞沪警察厅厅长徐国梁，上海地方审判厅厅长袁钟祥，会审公堂会审官吴炯之，巨商王一亭、黄楚九以及诸如中国红十字会、中国济生会等慈善团体的代表及各界名人共一百多人聚集爱俪园，哈同亲自在会场殷勤地招待来宾，代表灾民向来宾鞠躬道谢，并向来宾呼吁："此次灾情甚重，筹办急赈，需款甚巨，应请到会诸君，热心赞助，或慨解私囊，或热心劝募，各就各人能力设法进行。"他还当场捐献1000元，赢得到会人们的赞赏，大家一致推他为京直奉义赈会的洋人会长，卢永祥为华人会长。

9月下旬，哈同夫妇又一次开放爱俪园，举办"京直奉水灾义赈会游园大会"，为了扩大募捐的影响，9月25日哈同在当天的《时报》上刊登了以下一则广告：

上海哈同花园游览大会　每　一元　童仆减半

本园主人哈同先生因京直奉水灾待赈，特允于阴历四日、十五、十六、十七日开放四日，任人游览。

本园拓地二百亩，亭台花木，步步引入。特色一。

本园点缀新颖，布置完善，各种戏剧幻术无不尽有。特色二。

本园特辟书场，罗致沪上著名校书一千余人，弹丝品竹，借供评赏。特色三。

本园每日夜间并行大会，旗灯仪仗，簇簇主新，数里之遥，逶迤可达。特色四。

文人雅士，怡情书画，本园特设书画社。特色五。

广仓学会尚有丛编发行，

本园就会设肆，便人购买。特色六。

本园添设茶楼酒肆，食馆茶摊，特色七。

■ 徐世昌所题"广仓学会"匾额

从以上这则广告中便可以得知，花一元钱就可以买一张门票，进入哈同花园，这对当时以有缘进哈同花园为荣的人来说非常具有吸引力。即便是用"万人空巷"、"举市若狂"等词汇来形容当时的盛况恐怕都不为过。每天光是进这座花园的门票收入就达上万元之多。

哈同夫妇的办学和赈灾之举，赢得了当时北洋政府历任总统的嘉奖，得到了一系列的崇高荣誉。

为哈同夫妇祝寿也是哈同花园公开活动中的一项重要活动。1913年罗迦陵五十大寿、1917年哈同夫妇的百廿大寿（哈同66岁，罗迦陵54岁）和1922年哈同夫妇的百卅大寿，都曾引起了上海滩上的极大轰动。

1922年，71岁的哈同与59岁的罗迦陵在园中大做"百卅大寿"，楼台高筑，名流欢聚，盛极一时。其规模之大，可与清朝皇帝"普天同庆"的万寿相媲美。大总统黎元洪、逊帝溥仪、瑞康皇贵妃等均送来了贺匾与贺联；连一向清高的文人沈曾植和王国维，也送来了贺联；各省督军省长、道尹知县等等，所送的贺礼，更是数不胜数。

春去秋来，一年又一年，逝者如斯。走过了极盛时期的爱俪园，竟在不知不觉中走进了它的黄昏时期。于是一件件意想不到的烦恼之事，接踵而至。先是在罗丝所创办的圣仓明智大学内出现了同性恋、强奸女生等恶性事故。紧接着又掀起了男校发生的学潮,这迫使哈同夫妇只好在1922年冬季,宣布学校关门,随之广仓学会也于第二年宣告结束。几年之后,浙江省当局又没收了他们夫妇二人费了很大力气在西湖的平湖秋月旁边建起来的杭州罗苑。

在这些剪不断、理还乱的烦恼中,哈同一天天变老。1930年冬,他突然患了气喘病,幸得中西名医及时的治疗,方才有所好转。可没想到,就在来年的3月,他的病情复发,日趋严重,经多方医治无效,于1931年6月19日傍晚5时多离世。

哈同死后,在爱俪园的燕誉堂设置了灵堂,开始了前后长达100天的治丧期,前来吊唁者不计其数,追悼亡灵的道场之兼收并蓄,祭奠死者的仪式之声势浩大、铺张奢侈,堪称旷世葬礼,天下一奇。在7月21日《申报》的一篇文章中,曾经这样描述过:

19日下午,余友王君以哈同丧事赴爱俪园有所接洽。余思一瞻此宏丽之爱俪园,逐随之往。惜来去匆匆,未得畅游,然已扩眼境不少矣。兹拉杂记之,以示富翁死后之风光,及其糜费之巨。

车方由西摩路转入静安寺路,即见爱俪园门前之巍峨牌楼,上书"东辕""西辕"四字。园中走道,悉以白布临时扎成走廊,悬灯无数。此灯骨以挽联扎成,诚创举也。园中一片圆形草地,上有一碑,亦挽联制成。入夜碑中电炬放光,洵属奇观。昔日壁柱之有色者,今咸刷以白色,宛如雪后银装世界。治丧办事处不啻一小规模之政治机关,内分庶务、会计、文牍等科,办事人甚多,仆役咸服夏布长衫,礼貌甚恭,一望而知为曾经训练者。余小坐仅半时许,竟易茶十五次,而每易一次,仆役亦易一人。若能知其仆役之数目字,或可得一惊人之数也。

祭堂以王君事冗,不遑一观。然据王君言,与孔庙丁祭时无异。两旁置钟鼓,礼仪隆重。闻大祭时,将由大同乐会郑觐文以仓圣大学校友资格,加入奏中和韶乐。中和韶乐系祭圣人所用,今用之哈同,抑哈同亦圣人耶?一笑。点主者系三位前清遗老,一状元,一探花,一榜眼。外国人之丧事,而完全用中国式,余未之前闻,有之,恐自哈同始也。

在8月22日举行正式公祭的那一天,一份上海报纸刊登的一篇题为《远东怪人》的文章如是报道:

哈同是远东的大富翁之一。他生前对于金钱,有时一掷千金万金,有时却异常吝啬,常以偶然之爱,化用数万、数十万,而办公室里,常隆冬不肯生一火炉。

哈同在上海,可说是白种人在中国的一个象征,他现在死了,盖棺论定,可以说他是一个严格的个人主义者。他崇拜着各种宗教,怀想着各种欲望,从无满足之时。做事专拣有利于己的去做。以一个外国人,竟拥有如此巨额的财产,可见他本领的高强和狡猾,也可说是中国的可悲和可耻。

哈同生前,曾捐资兴建犹太教堂,并影印佛经全部,最近又雇人将《可兰经》全部译成中文出版。所以,爱俪园中,各种教徒、僧尼、居士,前往祭吊者,不下数千人。

1941年10月3日,罗丝也撒手人寰追随哈同而去。

没有后代的哈同夫妇,收养了很多孤儿。不过,他们无论如何也不会想到:在他们过世之后,养子养女们竟然为争遗产而打起了官司。曾几何时,哈同花园的落成曾轰动了整个大上海滩,而今依然轰动了大上海滩的却不成想竟然会是由他们亲手抚养长大的儿孙们的遗产争夺案。

真是此一时,彼一时也。曾经不可一世的哈同夫人,现正孤独地躺在那里,不论她的养子养女们为争夺遗产打得多么不可开交,不论她亲身抚养成人的这些儿孙们多么有辱她的脸面,她都永远听不到也看不见了。所有的人都已无暇顾及她了。历史的滚滚巨浪已将她对儿女子孙的教养之恩冲得无踪无影。

哈同走了,罗丝也走了。尽管他们妇唱夫随,相依相守一生;尽管他们从一贫如洗走向富贵,从乞丐成为亿万富翁;尽管他们建造起轰动上海滩乃至全国的"海上大观园";尽管他们俩所有一切都是第一;可是,他们俩却两手空空地走了,什么也没有带走,什么也没有随他们而去。

人去楼空，岁月无情。见证他们夫妇爱情的这座哈同花园也随着他们的离去而逐渐荒芜起来。

太平洋战争爆发后，日军占领了这座花园，园内建筑被破坏殆尽，其间这座享有盛名的私家大花园还曾遭受过无数次火灾的劫难。到1945年时，这里已变成一片废墟。

哈同花园，生于乐，止于悲。

哈同花园的消逝，是一个时代的结束。

但历史将会永远记住哈同花园，记住哈同花园的缔造者，记住哈同花园的悲欢离合以及它所留给人们的传奇和无尽的思考。

8.8 乱世之双雄

如果说沙逊是19世纪末至20世纪初期的上海不动产之雄，那么巴马就是上海建筑界的一个设计巨头。因为那个时期外滩上的大部分地产都归沙逊家族所有，而这些建筑的设计则是出自于巴马·丹拿事务所。那么，这位上海当时最大的地产商，又是如何与当时上海、乃至亚洲最大的设计事务所之设计巨头合作的呢？他们又是如何共同改变着上海街区风貌的呢？这还要从巴马·丹拿设计事务所的发展历程说起。

这个事务所的创始人威廉·赛尔维，当初跟随着从英国到澳大利亚做了移民的双亲来到了香港。尽管1842年英国政府管治香港后，并没有什么周详的城市规划，但随着社会发展，经济起飞，人们对瑰丽建筑的设计需求也与日俱增，于是，威廉·赛尔维于1868年在香港成立了第一个建筑事务所，在历经了近一个半世纪沧桑的今天，这个事务所已发展成为东南亚历史上最悠久、规模最大的一个享有国际声誉的大集团公司。

时光荏苒，1884年，巴马和丹拿走进了这个事务所。刚刚进入事务所的巴马，正巧赶上了一个香港本部参加设计香港银行上海支行的竞标机会。当时正值23岁的巴马，竟然能以超人的聪明和才华，在这次竞标中脱颖而出、一举获胜。由此而使这个事务所的名声大震，并奠定了巴马在事务所的地位，使他一步登"天"，成为此后近30年事务所的设计主持人。1895年，他与合伙人丹拿同时被授与英国皇家建筑师学会会员资格，事务所也以他俩的名字重新命名为巴马·丹拿事务所。

上海有利银行是巴马·丹拿事务所在上海最初的设计成果。这座于1916年建在广东路与外滩交汇拐角处的建筑，在总体设计上较多采用了新古典主义与近现代主义相结合的折衷主义手法。在大门的两旁竖立着修长的爱奥尼克立柱，外墙以花岗石贴面，在它的拐角处还设计了一个顶端带有球形圆顶的塔亭，比起其近邻的上海俱乐部和那座同时期建起来的玛礼逊洋行来，这座建筑的三段式构图立面又有明显的巴洛克式风格的艺术特点。

以此建筑设计为开端，巴马和丹拿骄傲地走进了上海建筑界的设计领域中。他们还将自己的事务所设在了有利银行大厦的一角处，以便能够全身心、全方位地来打造上海的新风貌。从19世纪末到20世纪初叶的外滩，是西方建筑师独霸一方的舞台，若将有利银行完成之后而开始的这个时代的外滩，说成是由巴马·丹拿事务所打造起来的，也并非是言过其实。

从北端的英国领事馆开始，到现在延安东路为止的这条路上的24栋外滩建筑，其中的9栋都是巴马·丹拿事务所设计的。而1916年建在外滩的所有建筑中，除4栋属他人设计之外，其余均由巴马·丹拿事务所设计，由此可见此事务所实力的强大。

1929年9月5日，巴马·丹拿事务所又以其雄厚的设计实力，在上海外滩南京路口设计了一座总高为77米、顶部设有19米高的一个墨绿色金字塔形铜顶的10层(局部13层)楼高的沙逊大厦。这座大厦以其向上逐渐收缩的金字塔形轮廓线，加之其腰部及檐口部位以几何图案装饰的整体姿态，似乎是在向人们宣告：沙逊大厦的建成，预示着上海现代建筑思潮的开端，同时也拉开了近代建筑史舞台上具有重要价值的"现代建筑设计"剧之帷幕。

继沙逊大厦之后，这个事务所在1933年时又设计了一座"S"形布局的河浜大厦；接下来又先后设计了两座建筑布局、楼层层数以及建筑样式几乎都一样的汉弥尔登大厦和都城饭店；与此同时还在当年又设计了一座平面呈条状、中部为19层楼高，其两翼台阶状跌落为13、14、16等不同层高的主立面为垂直线条钢框架结构的格林文纳公寓大厦。几何图样装饰少，而建筑形状表现突出是这几座摩天大楼的共同特征。若与沙逊大厦相比，它们都明显地具有现代建筑风格。作为上海当时最有影响力的设计事务所，这种设计风格的转变，显然是在向人们宣告：此时的上海建筑界已经开始了以现代风格来引领它的设计潮流了。

温斯通·韦斯曼在他所著的《高层建筑史新视点》一书中指出："外滩上的高层建筑，凡是在1916年以后竣工的，任何一座看起来都好像是模仿美国的高层建筑来建造的。若从其建筑造型的观点出发，便可将第二次世界大战为止的高层建筑划分为七个时期。"根据温斯通·韦斯曼的这种分类式，则巴马·丹拿事务所设计的这些楼房，均应归类于第二到第四个时期的外滩建筑范畴之内。

那位专门撰写纽约装饰艺术高层建筑史的小林克弘，在他所著的《装饰艺术的摩天楼》一书中，依据温斯通·韦斯曼的论证，他总结并归纳出了19世纪70年代的外滩建筑特征；他认为第二期的主要特征是在屋顶的造型上下了功夫，这一时期使用的是折线型屋顶，而到第三期的外滩建筑，却已从折线型屋顶变成了平顶式的屋顶。而始于80年代第四期的外滩建筑，则是在立面的分割造型上花费了巨大的功夫。

纵览整个外滩鳞次栉比的高层建筑，你就会发现，正如温斯通·韦斯曼所说的那样，这些建筑的整体结构都是由三段构成。尽管每座大厦的古典主义的细部结构和高度各异，可成为三段结构式的整体却都如出一辙。即便是那座中央承载着大圆屋顶的香港汇丰银行也不例外，甚至就连那座象征着上海现代建筑思潮的沙逊大厦，若是将其顶部的四个锥角去掉，那么映入你眼帘的也一定会是一个完整的三段结构式造型的摩天大厦。

8.9 浪迹天涯

以清朝为中心的东亚国际体系，被西欧列强蹂躏而崩溃的时候，日本政府也效仿了从欧美列强那儿学来的殖民主义政策。他们撇开了从中国唐朝以来所受到的诸多传承与恩惠，甚至在建筑方面，也开始迅速向西洋式样转换。神社和寺庙的传统建筑样式都被作为守旧样式而摒弃，可是，一些欧式建筑，却在转瞬之间兴起在东京的大街小巷里。日本人试图用"同化"的手段去继承"异化"样式的衣钵。

假如看到那座上海日本人俱乐部的大楼，其"同化"转"异化"这一难解之困惑也许会如冰雪般消融。因为这座大楼是在1914年，日本向德国宣战那一年竣工的，因而它是赤裸裸地表现出了日本近代的欧式建筑样式。大楼的设计者福井房一（1869—1937年）在这座建筑中所采用的建筑样式，则象征性地暗示出了日本近代建筑迄今为止所走过的历程及今后的发展方向。

为了加深本国同胞之间的和睦，在公共租界和法租界里，英、美、法、德等国家都建起了有自己国家血统的俱乐部，不管是上海俱乐部、美国俱乐部、德国总会还是法国俱乐部，都想以此处作为本国乡亲的联络场所，凝聚起本国人的感情来。

各个国家之所以都非常注重俱乐部的建筑样式，不言而喻，为的是以此来显示自己国家的尊严和强盛。

福井在上海设计的这个日本人俱乐部，尽管也按日本人的生活习惯在三楼上设置了和室，但整座楼从外观上来看，却是一座完全模仿了西方的欧式建筑。福井房一没有从建筑学校毕业，因而他走上了一条与从建筑学校毕业出来的建筑师完全不同的路。

从某种意义上说，福井是从建筑工地上磨练出来的，而后他又去了美国，在美国的建筑工地上打拼了10年。福井曾在上海和汉口流浪过，如今还可以在这些地方找到他曾经活跃过的一些场所。无论是上海还是汉口，这两座城市都是当时国际社会的一个缩影。若想在上海开展建筑设计活动，就需要与从西欧各国来的建筑师们为伍，可对于那些只知道洗温泉澡的日本建筑界的某些狭隘的人士来说，的确是一件很不容易做的事。然而，与日本人俱乐部中的那座和平女神像雷同的，一种脱离亚洲建筑样式的西化的思想意识，却已经在福井房一的头脑中孕育起来。

福井初次抵达上海时，与他一起筹划、合伙经营公司的，是一位与他经历相似的日本人平野勇造。平野勇造曾师从于给天皇画肖像的意大利建筑师卡佩莱茨泰，而后，他又去了美国加利福尼亚大学的建筑学科深造，直到毕业。

1899年作为被三井物产会社雇佣的建筑师，平野勇造承担起了三井台北支店的设计工程；1903年，他又进行了以三井物产上海支店为开端的海外设计工程。其后不久，他就在上海成立了自己的建筑事务所。在1908年出版的远东产业介绍中，平野勇造与艾特金森·达拉斯及司各特这些著名的西方建筑师齐名，成为当时在上海的13名建筑师之一。

平野勇造的代表作是他于1911年设计的上海日本领事馆，这座建筑以其欧式的复折屋顶和细部典雅的装饰，展现出了平野勇造已开始欧化的建筑技艺和设计才能。也许是由于性格的不合，福井竟然放弃了与平野合伙经营了3个月之久的上海建筑事务所，与平野分手而独自去了汉口。至于他们之间究竟发生了什么，谁也说不清楚。也许，狐与狼之间的结合本来就不合适。

上海将持不同意见的人称之为"异己者"。跟在福井和平野屁股后面拍马屁的下田菊太郎（1866—1931年）的足迹也留在了上海。这位令福井讨厌的日本人曾在美国学习过正规的钢筋混凝土制造技术，他之所以来到上海，据说是因为接到了正在建设中的上海俱乐部的一份邀请函，请他到上海来为这个俱乐部的内部装饰进行设计。

本来，在这个俱乐部内部装饰竞标中胜出的是莫里森事务所。可是，世事难料，天有不测风云，谁也没有想到，好不容易中标的莫里森，却突然谢世。若从时间上来看,这时正好是福井离开平野去汉口的时候。

随着上海俱乐部内部装饰设计的结束,下田又设计了上海的日本人小学校和日本邮船淮山码头,之后,他又参与了上海日本人俱乐部的设计。

平野、福井和下田都曾在美国受过教育,对日本而言,他们是三位走失了的日本建筑师,而对他们个人来说,则是一种向往西方教育的理想和愿望才使他们毅然决然地离开了自己的故土。

在日本,那些毕业于工部大学校和帝国大学的人,如果不能唯唯诺诺地服从老板的指令,就会因偏离路线而被排挤出去。然而,对于平野、福井和下田这三个人来说,他们是幸运的,他们"逃离"了日本,来到了当时被称为远东国际社会的上海租界。因为这么一来,总算是可以松口气了。他们不但理所当然地挣脱了不拍日本老板马屁,就有可能被排挤出建筑圈外的桎梏,而且还可以就此将自己的才能展现在这个国际大舞台上。况且,他们既不用像英国建筑师那样去寻求冒险,也不用像德国建筑师那样去靠国家的扶持和帮助。

日本的近代建筑教育,开始于现在东京大学建筑系的前身工部大学校造家学科。这时的上海,正好是凯德纳设计的香港汇丰银行与有利银行竣工后的1879年,而工部大学校造家学科也恰好在此时给社会上输送出了他们的四位第一期毕业生。这其中,包括后来操纵着日本建筑界的辰野金吾和在赤坂离宫的设计中作出了毕生贡献的片山东熊。这些毕业生的老师便是正处于朝气蓬勃时期的英国建筑师乔赛亚·康德。他培养出来的这些学生,几乎个个都是全面学习过西方建筑,都有着与西洋同化的一个远大目标和理想。

可以说,这种与日本明治时代一脉相承的精神,急速地促成了一个职能团体造家学会(现日本建筑学会)的建立。于1886年成立的这个学会的成员们,虽然表面上在一个劲儿地向这些培养日本建筑师的外国教师频频弯腰鞠躬,致以不尽的谢意;可回过头来背地里又恨不得让这些外国教师赶快滚出日本去。

1893年,辰野金吾建起了日本银行本店,1909年,当赤坂离宫展现出片山东熊优雅的设计风格时,他们两人却悄悄地离开了亚洲,怀着一颗虔诚的心,前往西洋去探究实现"同化"的目标和方向。

这些离开自己故土和家园，远赴美国留学的日本学生，以他们的刻苦学习和拼搏，以他们自身所体验的危机中的奋发意识，想尽快地促使亚洲与西洋的同化。

如果说辰野金吾和片山东熊这两位从日本工部大学校造家学科走出来的第一期毕业生，他们是怀揣着振兴建筑业，实现日本与西洋同化梦想而踏上了赴西洋留学之路的话，那么，1911年平野设计的上海日本领事馆和1914年福井设计的上海日本人俱乐部大楼，这两座建筑所展现出来的欧式风格和样式，岂不是都已雄辩地证明了日本与西洋同化已不再是梦想，而是梦想成真地实现在了中国都市大上海的土地上。

第九章

历史曾在这里驻足

9.1 犹太人的第二故乡

上海的崛起与通商开埠关系密切,自开埠以来,上海租界就接纳了各种梦想家、淘金者,其中也包括那些面临生存威胁的犹太逃亡者。

英、美两租界合并而成的公共租界,顾名思义,是一个不受任何国籍限制的公共场所。到1930年时公共租界已住有英国、美国、日本、法国、德国、苏联、印度、葡萄牙、伊朗、丹麦、瑞典、挪威、比利时、澳大利亚、西班牙、希腊、波兰、捷克、罗马尼亚、土耳其等20多个国家的外国人了。

截至1925年,除日本人之外,住在中国的外国人已达12万人之多,当时光住在上海的就有3万人之多。这其中大多都是工人、职员、商人和店员,其次为建筑师、铁匠、拳击运动员、高尔夫球职业运动员、牙科医生、照相师、卖春妇和靠伴舞为生的舞男等各阶层人士。这时的上海已明显呈现出了一个名副其实的世界都市风貌。

两次世界大战的爆发使上海的人口形势发生了巨变,1840年时住在上海租界的外国人还不到10个人,可是仅仅过了半个世纪,至1890年时已增加到5000多人。又过了半个世纪,到了1942年时,已达至15万外国人口的高数值。

公共租界外滩南端的上海俱乐部,是一个名副其实的国际俱乐部。一位曾是战前新闻工作者的会员,对这个俱乐部作了如下介绍:

……上海俱乐部,是由最初住在上海的十几位英国人数十年前创办的,我在职的那会儿,这个俱乐部就已经有三四百人的会员了,当然这些会员仅限于男性而已。新会员的加入条件相当严格，每年一次的舞蹈大会才允许几个名额非常有限的女性加入。因为这是一个以维持英国人社会地位为主的俱乐部，所以会员基本都是英国人，只有很少数的美、法、德等国人，而日本人会员仅有一名。由于日军对华北地区的制压，致使英国在华北的权益遭受到很大损失。为缓和关系，所以才不得不又增添了一名日本人会员，这么一来，这个本来就有着国际氛围的上海俱乐部也就变得更加复杂起来。

上海俱乐部反映了当时的上海租界，而上海租界又是国际社会的一个缩影。

1937年8月13日，日军占领了上海的非租界区。此时的国民政府已撤到南京，汪精卫傀儡政权还未建立起来，而英、法、美等欧美列强只是租界的管理者，并无任何签发证件之权力，于是租界处在了一个三不管的局面之中。战争打乱了一切秩序，上海的特殊形势反倒造成了一个更大的权力真空，这无疑导致上海成为全世界唯一一个不需要签证就能进入的城市。

第二次世界大战，希特勒开始屠杀犹太人，犹太人面临着生死威胁。

于是，他们开始向世界各地流亡，其中一个主要的流亡地就是中国的上海。令人匪夷所思的是，世界如此之大，为什么遥远的中国上海反而会成为数万逃离劫难犹太人的藏身之地呢？

当时世界各国纷纷向流亡的犹太人关上了大门。其原因有二：一是因为美国国会有一批鼓吹孤立主义思潮的人，以怕影响美国本土人的生活环境为由，坚决主张不能接收那么多的难民。二是因为此时的德国已经占领了奥地利、捷克、波兰等国，而瑞士虽是中立国，但因与德国为邻，深恐本国受战争牵连，因此，它也效仿其他的欧洲国家同样做出了抵制接收犹太难民的决定。这么一来，弥漫在欧洲战火中无处可去的犹太人，便只好将遥远的上海作为他们唯一可以逃亡的藏身之地。

于是，他们分不同的时间，从不同的路线辗转来到了上海。他们的逃亡路线有两条，一条是从欧洲出发，沿着西非海岸向南，绕过好望角，从东非北上，经过亚洲的南亚、东南亚，最后经香港抵达上海；另一条路线是先进入意大利，再经过苏伊士运河,然后再从东南亚经香港抵达上海。

1940年,英国和德、意两国在大西洋和地中海展开了激烈的海空战,由此而切断了犹太人海上的流亡路线。迫于无奈,犹太人只好选择一条更加艰险的逃亡之路——穿越广袤的西伯利亚,然后再经中国东北、朝鲜或日本抵达上海。

根据后来学者们的统计,二战期间流亡到上海的犹太人达到2.5万,这个数字超过了当时加拿大、澳大利亚、新加坡、印度和南非五个国家收留犹太难民的总数。

来到上海的犹太人,想在这个语言不通、信仰不同的陌生城市里生存下来,又谈何容易?在最初的时间里,他们只能摸着石头过河,寻找出一条生路来。幸亏这里慈善机构的救助,才使这些初来乍到、摸不着一点儿头绪的犹太人可以每天排队领取一日三餐,在露天的地方集体进餐而得以生存下来,对于这些犹太人来说,可真是九死一生啊!

但不久,他们感觉到仅仅靠这么救济下去,不是长久之计,也无法维持一种稳定的生活。于是,他们开始在这座城市里寻找自己的谋生之路。有些人开始在虹口做一些小生意,比如在咖啡馆、冰淇淋冷饮店,做香肠、做蜡烛,这些东西因为便宜,又是洋货,所以很快就受到上海人的欢迎。舟山路是当年犹太人聚居的地方,也是虹口区当年最繁华的地方,在它最鼎盛的时期,走在这条路上,几乎都会让人产生一种置身于欧洲的错觉,犹太人的聚集区已经逐渐地呈现出了一片繁荣景象。

顽强的生存本能使得犹太人终于在上海安定下来,他们逐渐走出了局促而被动的难民生活,并开始对后代进行良好的教育,他们甚至还有了自己丰富的娱乐活动,犹太人在异国上海的生活开始出现光明。

就在上海的犹太人对生活逐渐充满希望的时候,欧洲的犹太人却正在遭遇着德国纳粹空前的威胁和杀戮。

据资料记载:德国纳粹也注意到了流亡到上海的犹太人,于是他们开始酝酿一项名为"梅辛格"的计划,计划的内容是想一次性地屠杀掉在上海的所有犹太人。可是不知为什么,这项计划竟然没有实施,因此有关此计划的真伪,还有待进一步考证。但在历史上，却的确有过一个名叫梅辛格的德国纳粹，他在屠杀犹太人的历史中，曾经扮演过重要的角色，被称为"华沙屠夫"。据说此人也确实到过上海，他想按照"梅辛格"的计划步骤，把犹太人流放到海上让他们饥渴而死，或押解到采石场，让他们做苦力劳累而死，同时他还提出了一个要把犹太人作为医学解剖标本的建议。总之，所有的屠杀计划都要在犹太人新年的那一天进行，因为这一天是犹太人最重要的节日，所以纳粹要趁他们团聚的时候将所有的犹太人逮捕。逮捕计划应该是在1942年9月1日，那一天的上海究竟发生了什么？可在查遍了这一天上海的各大报纸之后，也没有发现任何一条有关犹太人的新闻。

1942年纳粹党通过了最后一个解决犹太人的方案，他们决定将所有犹太人赶入集中营，开始大规模屠杀。对于打算在地球上进行种族灭绝行动，将所有犹太人彻底消灭的希特勒来说，他会放过那些逃到东方的犹太幸存者吗？

就在犹太人陷入生存绝境之时，二战进入最激烈的时刻。苏军取得了斯大林格勒保卫战的胜利，在欧洲战场，盟军也开始反攻。胜利的消息不断传来，支撑着历经磨难的上海犹太人活下去的信念。

就在那黑暗看不到未来的时日里，犹太人寝食不安、忧心忡忡地等待着曙光的到来……

这些从纳粹的血腥屠杀中，历尽千辛万苦、好不容易逃到了上海的犹太人，无论如何也不会想到，刚刚逃离虎口的他们其实又落入了狼窝之中，因为当时实际掌握着上海控制权的却是纳粹的国际盟友日本。

日本人将这些犹太难民视为眼中钉、肉中刺。当然，使日本人神经过敏的还不仅仅在于此。

因为当时伴随着犹太难民的到来，还有7000多左右的俄国人也进入了上海的法租界和公共租界。而这些人中有八成以上都是逃避革命的俄国派系的犹太难民。因此，俄国人的增加，实际上也等同于犹太人的增加。

在对来到上海的犹太人进行煽动性的敌对调查中，日本人突然发现实际掌控着上海和香港经济界、舆论界、行政界的大部分人，几乎都是以沙逊家族为首的欧美国籍的犹太人。

虽说当时的上海已是一个国际公共场所,但实际上这里却是一个以英、美、法三国为主流的国际大社会。而住在这里的中国人,也大多是从欧美留学回来的知识分子。由此不难看出:当时主导上海社会的是欧美派系,而不是日本派系。当然,这种状况极大地挫伤了这些不得不身处于以西洋人为轴心国际社会中日本人的自尊心。于是,他们便不顾一切地将这一私愤发泄在对犹太人的倾轧之中。

然而,日本人不愿意接受"梅辛格"计划,原因之一是他们还不想去明目张胆地杀犹太人,原因之二是他们还希望依靠犹太人的财富来推动在中国进行的伪满洲国建设计划。不过,这些狡猾的日本人,最终还是绞尽脑汁地想出了一个让犹太人变相死亡的替代方案,那就是建立无国籍难民隔离区。

1943年2月18日,上海很多报纸都刊登出了《关于无国籍难民之居住及营业》的布告。布告公布:难民们须按规定在3个月内迁入隔离区,如不与日本当局合作,则严惩不贷。这么一来,刚刚稳定下来的犹太难民们不得不抛弃他们好不容易创立的家业,面对再度的流亡。

隔离区位于虹口区中心的一个狭小的地带,当上万犹太人被迁入隔离区后,他们的生活因为隔绝而进入最艰难的状态,而一直在接济难民的犹太人联合会此时也中止了救援……

由于日本人的封锁,许多曾经在上海找到工作的犹太人也因此失去了职业。大量的失业与外界救济的中断,导致饥饿开始流行,一些犹太人开始死去,当年的犹太人医院成为可以救助他们生命的最后一个地方。

从1943年2月到1945年8月的两年多时间,是上海犹太人最困难的时候,很多人因为没有职业,吃不饱穿不暖而逐渐死去,其中大部分是老人和儿童。

据统计,第二次世界大战中,约有600万左右的犹太人在欧洲惨遭杀害,2.5万左右的犹太人逃亡来到上海。他们在隔离区度过了2年6个月,病老死亡1000人,新出生婴儿408人。

大战结束后,隔离区才得以撤销,犹太人陆续离开上海。离开上海的犹太人,将上海称之为他们的"第二故乡"。

9.2 德国人的一枕黄粱梦

1871年,统一了德国的普鲁士国王威廉一世即位,做了皇帝。于是,妄想称霸称雄的他便开始挑战英、法等国家,并依次使喀麦隆、东非成为他的管辖领土;其后他又把手伸向了亚洲。不过,那时英国已经占领了缅甸和香港,法国占领了越南,俄国占领了西伯利亚,因此,在亚洲的这片土地上给德国留下来的地方也就寥寥无几了。1884年,威廉一世攻占了太平洋俾斯麦诸岛屿;第二年,他又将马歇尔群岛变成了他的领地;欲壑难填,不久,他侵略的手又伸向了中国。

1899年,继承了威廉一世野心的威廉二世,向清政府租借了以青岛为中心的胶州湾地区,并在那里铺设了铁道。其实,他在1898年时就已经获得了使德国军队在青岛驻扎的权利。

1904年4月22日,德国皇太子专程从慕尼黑赶来,参加上海德国总会的动工仪式,这座由德国人自己设计建造的建筑,位于外滩与仁记路(现滇池路)相接成T字形的拐角处。那一天,这里几乎聚集了所有住在上海的德国人。

那时住在上海公共租界的德国人已有785人。假如以这个数字为标准,那么,德国就可以成为继日本、英国、葡萄牙、美国之后的第5大势力国家了。所以,从狭窄的河南路旧总会俱乐部里搬出来的德国人,迁移到上海外滩这一最繁华的场所,也是他们的必然之举。

实际上,这次的动工仪式,并不仅仅是向人们宣告德国人要在外滩上建造楼房,而他们真正的本意则是要借此之机,大张旗鼓地为所有住在上海的德国人大造权势之威,大造盛气凌人之威。

远东和德国本国的建筑师几乎全都赶来参加了德国总会的设计竞标选拔赛,在竞标中胜出的是住在上海的德国建筑师倍高。他所设计的这座由新罗马风格与古典主义风格合为一体,具有浓郁民族主义气息的建筑,可以说是非常具象地表现出了德意志帝国的雄心和野心。在这座建筑的一隅处设计了一个有着倾斜复折式屋顶的塔楼。一个能容纳200人的大餐厅就设在一楼内，若坐在这个餐厅里，边欣赏着外滩上无与伦比的美景，边优雅地品尝着美味佳肴，那该是一个多么令人陶醉的场景啊。在同一层楼里还有一个会议室和一个庞大的拥有15000多册藏书的图书馆，在最上面一层楼上，还有专门为这个总会会员设置的11套豪华客房。

世事沧桑。不久，德国在第一次世界大战中战败，这座德国总会的地基和大楼便全部卖给了中国银行。无奈的命运，使这座曾寄托着无数德国人美梦的辉煌建筑，竟然在顷刻间易主。

那些曾经聚集在这里的德国人，当时一定是憧憬着一个无法预测的美好未来，所以才那么理直气壮地讴歌了这座耸立在远东上海的德意志帝国建筑。

其实在德国总会动工仪式6年之前，威廉二世就已经把德国东洋舰队的军事据点和远东贸易的根据地构筑在青岛了，并把青岛改建成了一个德国风格的港湾城市。

那些来自德国的建筑师们，为能扩大自己国家的殖民地领域，为在异国他乡这片土地上大展宏图，实现他们飞黄腾达的美梦，他们抛家舍业远离故土，从遥远的德国来到青岛，以都市建设为目标，先在青岛居住下来，然后，再从青岛来到上海，并在上海定居。也许这就是德国殖民地建筑师们所要走的一条典型的人生之路吧。

在慕尼黑修完学业的德国人倍高在埃及政府工作了5年之后，于1899年来到了中国，他的天赋和设计才能，开始暴露无遗地展现在中国台湾地区铁道的铺设和中国最早钢筋混凝土的建筑以及在华俄道胜银行大楼的设计中。当他胸有成竹地从德国总会设计竞标中胜出之后，即与C.卡尔合伙开办了一个联合事务所，这个事务所承揽了以天津、汉口和北京、天津、济南的德华银行为首的德国在中国投资的主要建筑的设计工程。今天，我们依然可以从当年这些上海德国建筑师的作品中，解读出德国建筑的奇光异彩来。

那时，外廊殖民地的建筑样式已经开始向安妮女王复兴样式转移。正是在这一转移过程中，采用纯正古典主义建筑样式的英国建筑师们才真正地窥视到了德国人对德意志帝国的强烈思念,以及他们对英、法等先进国家的抵触心态。

在 1914 年开始的第一次世界大战中,德国战败。这一残酷的事实,彻底将那些图谋在中国发展、实现凤愿的德国建筑师的美梦击得粉碎。万般无奈的德国政府也只好乖乖地将青岛交给了日本人。

于是,众多的德国人开始南下,前往那只有一条分界线的国际自由主义的上海公共租界去。

1915 年,1000 多名德国人一举迁移到了上海居住。可是,这种情况并没有维持多久,5 年之后,这里的德国人就只剩下了不到 200 个人。由于他们无法操纵的战争,而导致德国人的那颗妄想凌驾于欧洲其他国家之上的野心,也在这里被历史的狂涛巨浪淹没了。

9.3 不散的竞争之魂

东起外滩,西抵静安寺,全长 10 里,过去曾被称为"十里洋场"的南京路,是在近代历史的风雨动荡中成长起来的消费一条街。

上海开埠之初,这条路还只是一条下雨天里的泥泞小路。1850 年麟瑞洋行的大班霍克等人疏通了这条路,并用碎石将其覆盖。由于经常会有一些年轻人在这条路上骑马行走,于是这条路就开始被称作"马路",或直称为由英文 Parklane 直译的"派克弄",零星的洋行分布其中。随着英租界的扩张,其名称也由"马路"渐渐地变成了"大马路"。1862 年,为扩大租界范围,西方殖民者以修建跑马场为名,强占了约 80 多亩的土地,在这里建起了一个内是花园、外是跑马场的娱乐场所,不久这条泥泞小路的两边便出现了许多为这个娱乐场所服务的各种大小不一的商铺。1865 年,工部局在扩建这条马路的同时,将其正式命名为南京路。此后,这条路便不断地由东向西延伸扩展,马路两旁的商店也随之不断地增加,已初备"中华第一街"之雏形。于是,这条昔日下雨天里的泥泞小路，告别了往日的穷困与寂落，开始了不同凡响的繁华与喧嚣。

到1914年时，这条路已经成了远东最大的购物中心街，由此而引发了那些想发财致富的外商和中国富商们的投资兴趣。

这年8月，在广州创办了国内第一家现代化百货公司，被誉为"中国百货业之父"的澳大利亚华侨商人马应彪来到上海，在进行了多次考察之后，他决意选择日升楼易安茶社旁边的那块地，尽管这里市面清淡，有人告诉他财神爷不喜欢，但他却认为这块地相比而言比较便宜，况且，这里还有直达上海北火车站的电车，足以带来大量的外地旅客。于是他便很爽快地买下了这块地，准备建造一座与他在香港和广州同名的先施百货连锁公司。

三年后，1917年10月20日，先施公司在上海南京路正式开业。人们终于见到了这座大楼，它不仅是上海的第一座商业大楼，而且也是上海第一家由中国人自建的综合百货公司。新开张的上海先施百货公司位于南京路北侧，楼高5层（后为7层），耗资200万元，建得富丽堂皇，与当时低矮的旧式店铺相比，可以说是鹤立鸡群，在上海轰动一时，开业当天整条南京路都堵塞了。其附设的屋顶戏院、东亚旅馆和豪华餐厅也同时开张，杂耍、宁波滩簧、绍兴戏、京戏、变魔术的、吃点心的，一时间人山人海，甚至让人流连忘返，数日不归。

这么一来，这条繁华的南京路竟然在不经意间集聚起了一个消费的城堡。花费近三年时间，最先建在南京路和浙江路拐角地上的先施百货公司，为方便顾客到这里来消费，还在它旁边的十字路口处，铺设了两条交叉着的电车轨道。

随着先施百货公司的开业，南京路上更是与往日不一样地热闹起来，过往行人络绎不绝，每天来到这里的消费者竟达20万人之多。

先施公司开业第二年，营业额已达439万元，相当于投资额的两倍还不止。然而，商场如同战场，无处不在弥漫着看不见的硝烟。就在先施公司准备开展周年店庆活动的时候，马应彪的广东老乡郭乐、郭泉兄弟在先施公司的对面开了一个与先施经营范围相似的永安公司。

据说两兄弟在选永安店址的时候,并不清楚南京路上究竟路南人流大还是路北人流大,还是郭乐想出了一个取豆数人的办法,他派出两个人去,分别站在南京路南北边,过一个人取出一颗豆,一天下来,结果发现南边取出来的豆多于北边,由此而证明路南人流更多。于是,兄弟俩就决定把店建在了路南的地方。果不出所料,就在永安开业的20天后,就把原来准备的3个月的存货全部卖光。

其实,先施公司的董事们听说永安公司要正式动工的消息后,便暗中窥视、侦察,探听风声,以便随时改变自己的竞争策略。当他们得知永安准备建造一座6层高的商业楼时,一石激起了千层浪,董事会和股东们一致认为不能让对方在高度上超过自己,马上做出了将5层楼改为6层楼的决定。

可是,永安也不甘示弱,立刻又在自己的楼顶上加盖了一层"绮云阁",由"绮云阁"耸起的塔尖处,即可远远地俯视着先施公司的楼顶。没想到这更激怒了先施公司,他们无论如何也咽不下这口气,于是又硬是在自己的楼顶上加了一个3层的"摩星楼"。这么一来,虽然最终还是先施公司占了上风,但对于永安公司营业额的后来居上他们却无可奈何——只有一声叹息而已。

其实在先施公司开店之前,南京路就已经是上海的商业中心了。这里各种各样的商店鳞次栉比,那些挂着的招牌和张贴着的旗子,把传统店铺的门面装饰得花花绿绿。每个店里的商品都琳琅满目,并分门别类,详细划分出

■ 1917年建于南京路的先施公司大楼

■ 1918年建于南京路的永安公司

了时装、绒毯、金银、靴和食品等不同的种类。总之，只要在南京路上来回转上几趟，就一定会买到你生活中所需要的所有商品。

当然，最好不过的还要数先施百货公司。因为在这里，不但日用品应有尽有，同时还可以在这里举办各种宴会和娱乐活动。尤其让人们津津乐道的是先施百货公司开店不久所兴起的那场商业大变革运动，正是这场大变革运动给上海及全中国的消费世界都带来了巨大的影响。在此之前，商店里的任何商品都不标价，而是靠与顾客的讨价还价来定价格。先施公司摒弃了这种落后的旧式做法，而是开始明码标价，并在商品售出的同时，给顾客出具收条。紧接着他们又将星期天定为公休日，最为轰动的是，马应彪打破以往商店店员均为男性的传统，开创了雇用女性来做店员的先河，推出了中国第一批女店员。为了吸引更多女性加入店员行列，马应彪的妻子霍庆棠还做起了公司化妆品部的售货员。这在当时封建意识异常浓厚的中国，的确是一件不可思议之事。那时，未婚女子要深锁闺阁，而已婚女子则要把服侍男人作为唯一职责。

而马应彪先生的原配夫人，先施公司创办人中这位不得不提的巾帼英雄——霍庆棠女士，却勇敢地迈出了第一步，打破了传统的旧观念。她本是一位牧师的女儿，少年时代聪明好学，喜欢追赶时代思想新潮，曾经热情地拥护孙中山的反满主张。婚后她襄助丈夫经商，行之"实业救国"之大业。她认为随着时代的发展，男女平等不容置疑。于是，她给丈夫出谋划策，为方便女顾客，应招聘女售货员，马应彪对此建议欣赏有加，二话没说立即贴出了招聘启事，可等了一个多月，却没有一个人敢来应聘。没想到这位老板娘一不作二不休，竟然亲自披挂上阵做起了公司化妆品部的售货员，同时还带动了她的两个小姑和她一起来售货。为吸引顾客，她利用业余时间，了解和掌握了货品性能，她端庄的仪态，再加之善于辞令，所以深受男女顾客欢迎，一时间"三个女人同台站"的佳话传遍上海、香港和澳门。社会上的人士纷纷来到先施公司购物娱乐，都想亲眼目睹一下这位勇气可嘉的老板娘，也想见识见识女售货员的服务状况，于是，刹那间，公司生意倍增。为了工作的方便，霍庆棠还带头剪去发辫，同时劝导公司内其他妇女员工剪辫，大概从这个时期才开始呈现女性短发的干练之风。霍庆棠的人格勇气成了公司一时的活广告，直到生下自己的第五个儿子她才辞掉了售货员这一职务。

1918年9月5日，永安百货公司开业。它除了比先施公司晚一年开店之外，其他所有做法几乎都效仿了先施公司，就连其地点也选择在了南京路附近以南的地段。这座由巴马·丹拿事务所设计的6层楼高的建筑，尽管其细部的装饰与先施公司有所不同，但从其内部的欧美式旅馆，到"天韵楼"这一屋顶乐园的所有布局，以及销售柜台和店员之间相互对应的排列组合，也都是按照先施公司的模式来进行的。不过，这个大楼内的光线和内部的空间却胜过了先施百货公司，尤其是它的销售额，自开业之日起，就一直遥遥领先于先施公司，这么一来，南京路上的百货商店由此开始了激烈的竞争。

1934年，在其东邻处，永安公司又建起了一座22层新的附属大楼。这座新大楼的高度仅次于当时称为天下第一楼汇中饭店的高度。在它7楼上的那个叫做"七重天"的酒吧，是上海当时唯一的酒吧，至于它为什么起了"七重天"这么一个名字，就不得而知了，也许是源于美国好莱坞的那部名为"第七天国"的电影，当然这仅仅是一种猜测而已，因为这种说法并没有什么确凿的证据；然而，不可否认的是，这座屹立起来的大楼，对于当时的中国人来说，的确应该说是一座可以看得到天国的建筑。其以第5层楼的走廊处连接起了矗立在这块三角形地基上的永安百货公司的新、旧两座大楼，尤其是那座新楼上的以雄伟姿态刺向天空的高高的尖塔，则代表着上海装饰艺术高

■ 永安公司大楼的尖塔

层大厦的问世。以先施、永安两个百货公司为先锋，在很短的几年内，南京路上又接连不断地建起了许许多多大、中、小的百货公司。

1926年1月23日建在先施公司西侧的新新公司开业；1936年1月10日大新百货公司也开始营业。这两个百货公司的经营方针及规划布局与领先于他们的先施、永安百货公司并没有什么太大的差别，几乎都是在内外狭窄的空间里摆满了清楚地标着各种不同价格的商品，各百货公司的大楼内都设有旅馆和西餐馆，就连娱乐空间也几乎都是雷同地设在屋顶的平台上。总而言之，所有这些百货公司都在按照新兴起的一些经营方法运营着。

各个百货公司的不同之处，也仅在于大楼的建造年代和设计人不同而已。最早的三个百货公司的建筑特点是每座大楼的最顶部都带有一个竖立起来的尖塔，以此来炫耀着古典主义的建筑样式。而新新百货公司的这座建筑既没有尖塔，也没有古典主义建筑样式的细部装饰，而是偏执于一种另类的艺术装饰造型。

由此看来，时代已将古典主义建筑样式视为一种过时的建筑样式。如果百货公司的建筑样式跟不上社会发展的潮流，那无疑是对这些销售世界上最时髦最先进商品的百货公司一种致命的打击。大新百货公司大楼则是由关颂声、杨廷宝、朱彬等从美国回来的这些建筑师创办的名为基泰工程公司的建筑事务所设计的，这是一个技术最好、资质最高、经营数量最多、也最受人喜爱的代表中国建筑师成长和崛起象征的中国设计事务所。南京路上百货公司的林立与以上百货公司之间的商业竞争，兴起在第一次世界大战之后，可以说中国消费者就是在这种背景中成长起来的。

以先施和永安为首的百货公司的创设，不仅是一部商业史的开端，在某种意义上，其消费的发达也促进了社会服装等文化的发展和进步。无论是新式旗袍还是中山装都是从这里走向大众。20世纪20年代，南京路上的商店已发展到300多户，成了中国商业的中心。到了30年代，南京路进入繁盛时期。它摘取了太平洋西岸最繁华大街的桂冠，并与巴黎的香榭丽舍大街、伦敦的牛津街以及纽约的百老汇街齐名，而跻身于世界著名的商业街行列。

这里最具有象征性的就是对中国女性时装的反映。被称之为"旗袍"的这一中国女性独特的服装，实际上是与消费革命在同一条轨道上发展起来的。在清代的《大清会典》中，规定了哪一等级人士才能穿哪一种质地品位的服装。但在已步入商业社会的大上海，不管商人还是下九流，所有的人都在延续着"华衣鲜履"这一传统。

起始于传统的满洲女性衣裳的这种旗袍，本来是还要戴上帽子、穿上"短袄"和"长裙"的一种服装。可是，到1926年时，人们又将这种服装的裙子和上衣连在一起，变成了连衣裙。随着电影女演员的诞生，以及女学生和浮

■ 为宣传参加芝加哥博览会的展品，上海商界特邀沪上名媛着新款旗袍做广告

■ 旗袍之美

游在城市里女性的增加，于是，那些似乎已过时的长旗袍或短旗袍竟然又反复流行起来。以细长切口来强调腰部细度及身体曲线的旗袍成为20世纪30年代的时装特色。

各个百货公司不厌其烦地以广告的反复播放来诱惑消费者们，他们以敏锐的眼光，相互张望着对方室内的摆设以及商品的销售情况。这里，每天，甚至每时每刻，都在上演着"看不见硝烟的激烈竞争"。而这种历史所遗留下来的竞争之魂，至今依然飘荡在大上海的南京路上。

9.4 山外有山

随着中西文化的深入交融，上海已逐渐成为最适合有钱人生活和享受的一座城市。不过，让住在这里的人们唯一感到不适的，就是这个城市夏季的炎热。在冷风电风扇尚未普及的那个年代，为了解决这个问题，一些有钱人便在上海建起了可以避暑的外廊殖民地样式的住宅；还有一些人在租界的西郊外建起了带有宽阔庭园的公馆。即便如此，难耐的酷暑依然咄咄逼人，这就迫使这些有钱人不得不去寻找一个能够远离酷暑的避暑胜地。

然而，这种酷暑并不仅限于上海，而是波及国内的所有租界。于是这便激发了那些想在中国舒适居住的西洋人寻找避暑胜地的愿望和热情。

为此，1894年夏，居住在上海的美国传教士佛利甲跋山涉水来到了浙江省德清县境内，在这里他发现了一座风景秀丽、夏季清爽凉快、可以很好避暑的山，这座山的名字来自于春秋时期莫邪和干将夫妇在此为吴王阖闾铸成举世无双雌雄双剑的古代传说，以取二人名字中一字合并而得莫干山名。当年干将刻苦磨剑的地方，就是现在的剑池，剑池旁的一块大石，称为"磨剑石"；观瀑桥上方一块巨大的岩石，称为"试剑石"。莫干山属天目山余脉，海拔758米，耸立在富饶的杭嘉湖平原之上，山体被郁郁葱葱的竹林覆盖，放眼望去，一片纯净的绿青色扑入眼帘，恬静清凉。此外，山上还有一些如剑池瀑布、芦花荡公园等景点。这对从酷热难耐的上海租界奔波而来的佛利甲来说，总算是找到了一个他认为非常理想的避暑胜地。

不久，又有3位美国传教士梅生、霍史敦和史博德博士从上海租界找到了这里，莫干山上的清凉幽静使他们流连忘返。于是，他们不但向山民租赁了房屋，而且还在这里住了下来，同时还在外文报纸上大肆宣传这里是上海租界洋人最好的一处"消夏湾"。

消息传开之后，1896年秋，英国商人贝勒打着教会的名义，也从上海租界赶来，并在山上租地一方，建起了一座编号为545号的别墅，可以说这是在莫干山上诞生的第一座别墅，在走过了一个多世纪的风霜雨雪的今天，这座别墅还依然完好无损地坐落在莫干山上，向人们述说着它昨天的故事。

到1920年时，这里已经形成了面积为1940亩的一个外国人的避暑胜地，并成立了一个由上海租界发起的自治机构避暑会，这座山由此而进入了上海西方人的视野。招蜂引蝶，仅这一时期在这座山上建起的154幢西式别墅中，光是西洋人的别墅就占了118幢。

这些风格各异、无一雷同，分别代表欧、美、日、俄等十多个国家建筑风格的山地度假别墅，掩映在浩瀚无垠、绿波万里的竹林之间，给这魅力四射的莫干山更是增添了一种令人无限遐想的神秘色彩。而与此同时建起的还有3座教堂，以及众多配套设施如网球场、游泳池、图书馆、跳舞场、幼稚园、警察署、邮局、墓地、商店等。

1927年6月，上海特别市第一任市长、蒋介石在日本留学的校友加义兄黄郛也在这座山上买了两套别墅，他把其中具有皇家气派的一座起名为"白云山馆"，并在离别墅不远的地方设立了一个岗楼，如今，这座岗楼已改成了一座供人们观看日出的观日台。

白云山馆是一座有二层楼房、建筑面积数百平方米的别墅，在它朝南的阳台上附有凹圆槽的柱身，置身其中，便会顿时感悟到一种古希腊式的"高贵的单纯和静穆的伟大"。

众所周知，1927年12月1日蒋介石与宋美龄在上海举行了盛大的婚礼庆典，可他们婚礼之后便连夜赶往莫干山度蜜月之事却鲜为人知。尤其是在途中他们接到了一份密电后，竟然临时改变主意，决定速返上海之事，更是少有人知。那么，当时究竟因为什么，而使要去度蜜月的新婚夫妇俩放弃了这次莫干山之行呢？不言而喻，当然是这封密电所致。正是它的及时到来才避免了蒋介石与即将要召开的国民党二届四中全会预备会失之交臂，才使蒋介石不沦落至永远失去权力巅峰的下场，因为就是在这次会议上，已经下野的蒋介石被重新推举为国民革命军总司令，重掌大权。

可以说，这次临时改变的蜜月之行，淋漓尽致地揭示出了蒋介石把仕途看的高于一切的政治理念和人生观。

就这样，一直等到1937年第二次国共谈判时，蒋介石才偕宋美龄来到了莫干山住进了白云山馆，这么一来，才总算是弥补了他们新婚时所留下的遗憾。

那么，又是什么原因能使蒋介石和宋美龄把度蜜月的地方选在了莫干山呢？

这是因为莫干山冬季如春，漫山遍野山花烂漫，鸟语花香；阳光泼洒在山林间，溪水潺潺，微风阵阵从树丛中吹来，使人心旷神怡。尤其是荫山间的毛竹特别粗壮，株株都有二三丈高，碗口般粗，这对特别爱竹画竹的宋美龄来说，再适合不过。

此外，白云山馆的左边还有一条蜿蜒的山道，沿阶而下有一个露天舞池，这对非常喜欢跳舞的宋美龄来说，当然也是一个最佳的选择。

再说，蒋介石费尽心机才终于娶到了宋美龄这么一个有背景的妻子，很想荣归故里炫耀一番。故此，他才选择了这座离自己故乡奉化很近的莫干山来度蜜月。

据资料显示：1928年5月，浙江省政府成立莫干山管理局，接收了当地行政权。一部分外国人开始转卖房屋，至1929年，莫干山外籍别墅减少到了78幢。此后，不仅上海、江浙的不少富商豪门在此设房短住，而且来此游览避暑的国民党要人、军阀权贵也很多。他们纷纷在山上购买洋人的别墅或自行觅地筑楼，比洋人造得更漂亮，出现了如诗如画的景象。

1934年上海滩大青帮头子张啸林，也在莫干山上建起了自己的"林海别墅"，这是一座中国传统宫廷式结构的别墅。建筑由一中一西两幢房子组成，中式仿庙宇格局，琉璃瓦飞檐翘角，是单层议事厅，西式为两层楼房，门前栽种三棵百年黑松。中式客厅大门为镂空格子木门，门上有技艺精湛的《西厢记》插图木雕，门前四根柱头雕着八仙过海的故事，推门入内，横梁挂有前后两块匾，主匾是堂名"百忍堂"，由北洋政府总统徐世昌题写，副匾是孔子七十二代孙孔德成题写的"风月无边"。一进大门，就有足足四段天梯，曲曲折折壁垒森严，站在特别宽敞的阳台处，不经意间仰头就会看到一座依偎在旁的庙宇雕梁画栋和一座西式小楼，转过身才霍然发现自己已置身于山巅之中。眼前竟然是一片开阔的林海，大风鼓起脚下的阵阵竹涛，看上去很有"聚义堂"之气势，其势如人，霸气十足。

步张啸林之后尘，1935年杜月笙也在莫干山上建起了一座中国古代宫廷式的别墅，只不过这座别墅不同于张啸林的别墅那样张扬霸气，而是隐藏在绿树丛中，门前的玉兰花和桂花树在早春和秋日里散发着一阵阵清香，有一种极富诗意的味道。虽然这栋如今编号为547号的别墅，因久未住人而变得潮湿、门窗斑驳，但其格式布局却依然保留下了20世纪30年代青砖灰瓦老虎窗的上海里弄的建筑风格。这座集古朴和典雅于一身，融浓郁的文化底蕴和轻松的休闲氛围于一体的别墅，是由青褐色花岗岩筑成，二楼前后共有五个房间,每个房间都是厢房式的,约为13至18平方米左右。别墅内随处可见风格各异的壁炉、生机勃勃的植物,庭院内相互交错的观景廊、水池和竹林,是一座将东西方文化完美融合于一体的中西合璧建筑。

将自然风光融入其中,形成了这座别墅的人文与自然相互辉映的建筑风格。早期的莫干山别墅均是由英、美、法、德、俄等各国人士兴建的,因此,风格样式丰富多彩。而后期的莫干山别墅则以国民党要人、工商富豪为主人,例如1937年,周恩来曾"一登莫干,二至匡庐"与蒋介石秘密谈判两党合作事宜,而选择的谈判地点是莫干山的白云山馆。

此外,中国有很多名山,既是避暑胜地,同时也是佛教或道教胜地。距离上海不远的舟山群岛的普陀山,就是一座很有名的佛教圣地,也是当时租界上西洋人最喜欢的一处海岸避暑胜地。

一到夏天,人们可以坐上直达普陀山的轮船,去享受周末海岸生活的快乐。随着中西文化的交融,享受避暑胜地快乐的也并不仅仅是欧美人,就连那些卷入了上海国际社会的中国人,也开始去体验海岸水浴给人们带来的快乐与享受。从黄浦江顺流而下去往高桥栈桥,从那里来到面临太平洋的海滨浴场,居住在上海的中国人都十分喜爱到这里来避暑。位于北京和天津附近的北戴河、秦皇岛,以及德国人以前在山东半岛开发的青岛海滨,都是这一时期所开发出来的避暑胜地。中国北方的这些避暑胜地,其干燥的空气和适度的气温,提供了与中国南方完全不一样的舒适和风凉的感觉。

诚然,正是这些避暑胜地的开发,才在不经意间引领出了一个让当时的国内外有钱人旅游观光的热潮。

伴随着19世纪末到20世纪初京津和胶济等铁路线上列车的开通,更是给这些往返于各避暑胜地的旅客们带来了极大的方便。于是一时间,来这些地方避暑的、旅游的、观光的人们流连忘返、络绎不绝。

他们沿着中国大陆的海岸线北上,或是去山东半岛的青岛海滨,或是去距离北京较近的北戴河。这两个地方尽管在距离和意识上并没有多大的不同,可对租界上的欧美人而言,不管是到什么地方去,都不仅仅是为了避暑,更重要的还是想去寻求一种异国情调的舒适感。

既便是来到了距离上海不远的杭州西湖胜景或是幽远沉静的苏州园林深处，可在他们的心目中，深深眷恋着的还是上海的外滩和那波流涌动的黄浦江水……

虽说是山外有山，但终归是：

风景这边独好。

9.5 华灯初上的不眠之夜

9.5.1 人间天上"大世界"

在上海租界爱德华七世路和西藏路交界的地方，一座模仿巴洛克式造型、与中国传统的招祥纳吉风水塔合为一体的尖塔楼，被命名为"新世界"大楼。

自1917年7月14日"新世界"开业之后，这座以消费和欢乐为象征的尖塔楼，便开始接连不断地将人们聚集到这一中国传统与西方文明相融合的"新世界"的娱乐空间来。人们在这里尽情地欢乐，尽情地享受，哪怕花光口袋里所有的钱……这种状况一直持续到今天，今天的这里依然是上海的娱乐中心，依然是一个热闹非凡的场所。

说起上海综合的娱乐设施，首先应该提及的就是那座于1913年建在浙江路和南京路拐角处的"楼外楼"。这是一座由黄楚九策划和建造的建筑。人们来到这里，边喝茶边聊天的同时还能从它平台上架起来的玻璃房内，清清楚楚地观赏着窗外车水马龙的街景。当时，这种单向的透明玻璃深受人们喜爱，并由此在上海传播开来。继"楼外楼"之后，黄楚九先生又于1915年在西藏路和南京路交叉点的北侧，建起了一个与百货商店同名的"新世界"娱乐中心，这个"新世界"要比"楼外楼"大得多，在这里不仅能看电影、京剧和地方剧，而且还能打台球。在如此尽兴的同时还可到它的西餐馆里去品尝一顿美味的西方风味，可以说，这里已经成为了一个名副其实的综合性娱乐中心。倘若登上它上面的那座尖塔楼，还可清楚地看到南京路对面的那个跑马场。不久，黄楚九与"新世界"娱乐中心决裂，于是，"新世界"改成了"大世界"。

从这一名称的更改中，似乎已预示着"楼外楼"与"大世界"之间的针锋相对。然而，不论是从面积，还是从高度上来看，"大世界"都凌驾于"楼外楼"之上，并成为上海娱乐之王。这座由中国建筑师杨锡设计的"大世界"建筑，从其入口部分到室内装饰，从家具、图案设计到伸缩性地板，从大理石到照明器具，均为统一的艺术装饰样式。

不久，这座"大世界"就转到了上海黑社会头子黄金荣的手上，于是，转瞬之间"大世界"又变成了一个巨大的赌博场所，给这座象征着消费和欢乐的尖塔披上了一层异样的神秘外衣。

在"新世界"和"大世界"出现以前，地处华界南市的上海城隍庙（今老城隍庙），是上海最早的娱乐场所。这里有诸多的茶楼书场，既能听说书、又能听评弹或看木偶戏；此外，街头巷尾还有卖艺、耍猴或看西洋镜等各种杂技艺卖，可以说是上海唯一一个叫做"白相城隍庙"的娱乐中心。

随着"新世界"、"大世界"在上海开业所引起的轰动，激发了许多人想搞娱乐场的热情和愿望。当时在公共租界巡捕房工作的陆氏兄弟见游乐业有利可图，便出资将始于1918年的劝业场仿照新世界、大世界的格局加以改建，使其成为一座四层楼高的钢筋水泥结构的建筑，在它的顶楼上设有西式水泥凉亭，并建一巴洛克风格钟楼。

为与大世界、新世界和城内的大千世界遥相呼应，陆氏兄弟便谦虚地将这个新建的游乐场命名为"小世界"。其底层为大剧场，可演京剧；二楼是一个演越剧、沪剧和昆曲等百戏的地方；三楼有个夜花园，在这里播放无声电影，演出古彩戏法、评弹说书等。场内还设有茶室和小吃排档等，门票仅为小洋贰角，一张门票从中午进场到深夜11时为止，规模不大，却乐在其中。因此，这里每天莺歌燕舞、热闹非凡。

1922年11月13日，爱因斯坦应邀乘船赴日本，在途经上海的短暂停留中，他游览了城隍庙，还特意去"小世界"观看了一场昆剧演出。

一时间各种各样的娱乐场所便风起云涌般接连不断地出现在大上海的租

界和华界。从"天外天"、"绣云天"、"新世界"、"大世界"、"小世界"到"神仙世界"、"大千世界"等等繁多的名称，赤裸裸地表现出了人们那种想把天上神仙乐园搬到人间来的迫切愿望。

"新世界"、"大世界"和"小世界"是老上海人都知晓的三个娱乐场所，随着近百年的时间飞逝，这三个游乐场也已历经了沧桑巨变。从地域上讲，原来分属公共租界、法租界和华界南市，如今同在黄浦区；从面貌上来讲，也已今非昔比，"新世界"已改建为现代大型商场，"小世界"也改建成为商务会所及百货商场，今天虽然已难以寻觅到那座已经变成了红都剧场的百乐门饭店和舞厅（1934年竣工）的"大世界"之踪影，但在这块土地上的那座尖塔楼所放射出来的光辉，却把人们引向尘封许久的历史深处。

9.5.2 前世今生《夜来香》

伴随着以"大世界"为首的各种各样娱乐场所的出现，上海的大戏院也应运而起。

大戏院的外观，毫不例外地从浓厚的古典主义样式改建成以中央装有尖塔为主流的艺术装饰样式。当时的国泰大戏院就是以这种样式建在淮海路对面的地方。而在同一块土地上耸立起来的还有一座同样竖着尖塔的光陆大戏院。

1895年12月28日，一位叫路易·卢米埃尔的法国人，在巴黎卡普辛路十四号的咖啡厅里，用他的"活动电影镜"放映了《墙》、《婴孩喝汤》等西洋影戏片，这便是世界上最早的西洋影戏片，这一天，被人们公认为是世界电影时代的开始。

随着远东上海这一巨埠的崛起，西洋影戏片也随着西风东渐之势，于它诞生后的第二年落户上海。

1896年8月11日这天晚上，上海一个叫做徐园"又一村"的娱乐场所门口聚满了人群，原来是在上海的《申报》上登出了一则"初三夜乃设西洋影戏、客串戏法、奇巧电光焰火"的广告，这引起了人们的关注，便争先恐后来到这里买看"西洋影戏片"的票子,以便能对这个从未听说过的 "西洋影戏片"先睹为快。而广告中所说的"西洋影戏片",正是路易·卢米埃尔放映的电影。

游艺晚会开始,在变戏法演京戏放焰火中间,穿插放映了西洋影戏片,这是在中国放映的第一场电影。对于这种"从一块几尺见方的白布上竟能映出栩栩如生的人物及飞禽走兽的真实动态"的西洋影戏片,可以说是自古至今上海人闻所未闻、见所未见的西洋景,于是人们开始一传十,十传百,越传越神,观众与时俱增,西洋影戏片成了大上海十里洋场津津乐道的热门话题。当然,这也很快地招来了那些见到能赚钱的缝就插发财针的外国商人们,他们迅速地抓住了这个机会,及时地把目光投向了中国的电影市场。第二年7月,美国人萨洛松来到上海,他先后在天华茶园、奇园、同庆茶园等不同的地方播放影片,门票分五等,分别为五角、四角、三角、二角、一角。为扩大影响,他还雇人在《游戏报》上刊登了《观美国影戏记》,并在上海的大街小巷贴满了广告。

而那位西班牙人雷莫斯,先是在上海闹市区的四马路青莲阁茶馆旁租了间房子来专门播放电影,不到四年的时间就赚了一大笔钱,之后他又于1908年在海宁路和乍浦路口租地,用铁皮搭起了一个"活动影戏园",这是中国第一个有250个座位的正规影戏院,取名为虹口大戏院。这个影戏院的建成无疑带给了那些建筑商和电影商诸多的启发,于是,他们纷纷效仿雷莫斯,霎那间,一些被现代人称之为电影院的大戏院,如大光明大戏院(现大光明电影院)、南京大戏院(现上海音乐厅)、国泰大戏院(现国泰电影院)、美琪大戏院(现美琪电影院)、大上海大戏院(现大上海电影院)以及大华大戏院(现存不明)、光陆大戏院等便竞相争艳地鲜花般绽放在了上海滩上。

一石激起千层浪,无形中也激起了那些发财欲望强烈的西方电影商们,他们便用尽手段地将西方电影频频引进上海,致使这种商业化的电影特性,直接造成了上海电影院的空前繁荣。甚至连当时一些设计者不明的电影院也模仿着大光明电影院的样式,将自己的影院改装成为艺术装饰风格的电影院。

到1925年时，在上海光放映外国影戏片的电影院就有40多家。仅在虹口区放映质量差一点的外国影片的电影院就有4个；此外，还有3个日本电影院。第一次世界大战前上海以法国影片为最多；可是到了战后却是以美国影片为最多。像《呼啸山庄》、《飘》、《白雪公主》等脍炙人口的片子都是美国电影，它与那些特别难懂的法国电影不同，竟然能在很短的时间内就在整个大上海的各个剧院轮番播映。坐在有着舒适背椅和良好通风设备的电影院里，一边观看着不断变幻着内容的影片，一边欣赏着电影院的豪华设施和合理性的布局，这对当时那些有钱的中外富豪们来说，那可真是一种美不胜收的顶级享受。

中国的建筑师也并非无用武之地，在西藏路和南京路交叉口稍微往北地方的那座"都成"戏院，就是由当时三大中国设计事务所之一的华盖设计事务所设计的，并于1933年竣工。尽管这座建筑没有尖塔，可是它的几条垂直走向的霓虹灯线和大上海戏院的文字，却清晰地闪烁在上海的夜空里，并把大理石砌成的入口处所强调的曲线造型映放得熠熠生辉。1934年竣工的大光明电影院，是一座展示邬达克艺术装饰风格特点的电影院。在日本战败的前三个月，这里还曾举办过一场李香兰的《夜来香》独唱会。尽管这是一场自传体的演唱会，但却给人们留下了非常深刻的印象。

《夜来香》当时在上海滩可说是家喻户晓，脍炙人口，作曲家黎锦光受百代唱片公司的邀请为李香兰谱写的。这首歌参考了中国民间小调，然而其

■ 1936年的南京大戏院，今为上海音乐厅

中旋律和节奏却完全采用的是欧美风格,很快就传遍了沦陷区。可惜这却是一首在灯红酒绿中传唱的禁歌,虽然好听,当时人们也只能私下唱它。她在自传中说:"尽管这首歌很受欢迎,但流行的时间不长,后来日文版和中文版都禁止出售……理由是任何一首外国的软绵绵的情歌都会使风纪紊乱。"不仅如此,1945年,她还曾因演唱这首歌受到了租界工部局的传讯。她说:"他们怀疑我唱这首歌是期望重庆政府或共产党政府回来。"最使李香兰念念不忘的还是这首歌的词作者黎锦光。1981年,她特地邀请了黎锦光访日,在鸡尾酒会上他们还一起登台高唱了《夜来香》这首歌。

山口淑子(李香兰)出生在中国东北辽宁,祖籍是日本佐贺县,祖父是一个汉学学者,父亲受其影响早年到中国学习,后任职于"满铁"公司。13岁时,她认了父亲的中国同学李际春为养父,也因此有了一个中国名字李香兰。

命运有时是在不经意之间改变的。山口淑子的"李香兰时代",正值日本侵华时期,"她在祖国日本和故国中国之间的夹缝中受到命运捉弄,度过了非常苦恼的青春岁月。"

1945年日本战败,李香兰被军事法庭以"汉奸罪"嫌疑审讯,后来她的俄罗斯犹太裔挚友柳芭冒着生命危险,证明了李香兰的日本人身份,她才被释放回国。

告别了"李香兰"的山口淑子,回到日本后跨入影坛,曾想过闯荡好莱坞,后因故放弃。1958年,山口淑子从夫姓改名大鹰淑子,并退出演艺界当起了外交官夫人。1969年,已经50岁的大鹰淑子圆了记者梦,当起了富士电视台的节目主持人,还前往越南、柬埔寨、中东等战争前线,采访过阿拉法特、曼德拉等风云人物。1974年,频频在电视上出镜的大鹰淑子在田中角荣首相的劝说下出马竞选,从此当了18年的参议院议员。

韶华易逝,光阴不再,一代歌后总有谢幕之时,垂垂老矣的议员也曾是星光熠熠的舞台佳人,半个多世纪前大光明电影院的这场李香兰《夜来香》独唱会,将永远地定格在1934年竣工的这座展示邬达克艺术装饰风格特点的电影院里,这是上海电影院的历史,也是李香兰前世今生《夜来香》的历史。

9.5.3 百年电影、电影人

自从徐园内的"又一村"放映了"西洋影戏片"以来，一大批将国外电影引到上海来的投资商们又发了一大笔横财。欲壑难填的他们甚至就连一些荒诞而低级下流的美国电影，也堂而皇之地搬上了屏幕，在上海的各大电影院里，被一遍又一遍不厌其烦地放映着。

直到从日本留学归来的任庆泰发明了中国自己的电影，才使这种持续近10年之久的状况有所改善。

出生在辽宁法库县四台子村，在日本学过照相的任庆泰，1892年在北京琉璃厂土地祠开办了丰泰照相馆，并为京剧名伶拍"戏装照"。

他以拍照片的原理为基础，经过种种艰辛的尝试和努力，终于在1905年开发出了视为"活动的照片"的电影，拍出了一部取材于小说《三国演义》由京剧名流谭鑫培主演的京戏影片《定军山》。由此，中国的电影才开始走上屏幕，走进人们的视线之中。

2005年12月12日上海举办了一场盛大的"上海市纪念中国电影诞生100周年"的庆典晚会，国家广电总局也在北京隆重地举行了"中国电影诞生地纪念碑落成典礼"，为"揭开了中国电影第一页历史"的任庆泰树碑立传，并以碑文形式记述了这位中国电影鼻祖的不朽功绩。

1912年，瞄准了大上海电影市场的美国商人依什尔和萨弗接办了宾杰门·布

■ 早期在上海拍电影的场面

拉斯基创办的亚细亚影戏公司。他们急于谋求与中国人的合作，于是，通过各种渠道，他们与一位出身于浙江宁波商人之家，毕生以上海为舞台从事电影事业并有相当英语水平的张石川联系上了。于是，张石川与擅长写剧评和剧本的戏友郑正秋联合组建了"新民公司"，承包了"亚细亚影戏公司"的编、导、演全部工作。

1913年郑正秋以其家乡潮州的一桩真实的封建买卖婚姻为背景，编写了剧本《难夫难妻》，由此而拍摄出了中国第一部故事片，这部影片在当时的法租界法国影戏院首映时，坐无虚席，盛况空前。张石川和郑正秋也因拍摄《难夫难妻》而名声大震，并被舆论赞誉为"中国故事片的拓荒者"。

尽管如此，但《难夫难妻》毕竟是一部演绎情节简单，仅半个小时就结束的短故事片，很难满足观众们越来越高的观赏欲。

1921年7月1日，一部根据1920年洋行买办阎瑞生勒死妓女的时事新闻改编而成的电影《阎瑞生》，轰动了整个大上海滩。

这是有史以来第一部由中国人拍摄的长达近2个小时的故事片。此片的成功放映打破了当时西洋影戏片对中国电影市场的垄断和控制，在中国电影史上具有划时代的深远意义，标志着中国电影已进入了一个起步后的发展时期。

随着中国电影业的崛起，在上海这片土地上诞生出了中国最早的电影编剧、导演和演员，造就出了一个又一个被广大观众深深喜爱的电影女明星：这其中既有歌喉甜润的周璇、雍容华贵的胡蝶，又有深沉而又俊秀的阮玲玉

■ 1934年八大女明星合影，坐着左起：袁美云、陈燕燕、王人美，立着左起：叶秋心、黎明晖、蝴蝶、阮玲玉、徐来

和身姿活泼的陈燕燕以及天真清纯的袁美云等，她们在不同的影片中，塑造出了各种命运不同的悲欢离合和一些无常的七情六欲，甚至还常常会将各种不同地域的建筑也直接展现在电影的画面中去，以此来烘托主人公的身份、地位及人物之个性。

就拿《马路天使》这部电影来说吧，影片一开始就出现了福州路上上海大剧院的摩天大楼，接下来的镜头瞬间突变，转摄到地上，转摄到街角边棚户区的贫民窟中。屏幕上的摩天大楼和破烂不堪的棚户区，分别象征着上海租界所表示出来的截然不同的"天堂与地狱"的生活状况。

这部由赵丹、周璇主演的电影《马路天使》，轰动了十里洋场的大上海，人们络绎不绝来到各大影院门口，争先恐后地排起了长队，一时间洛阳纸贵，一票难求。

这是一个发生在上海的故事。以乐队吹鼓手小陈为首的报贩老王、理发师、失业者、小贩等几个"有难同当、有福同享"的把兄弟，结束了在马路上谋生的一天生活，回到了太平里低矮的小阁楼。小陈和老王的住处与邻居小云的住处正好对窗而邻。因家乡沦陷，小云和妹妹小红一路奔波从北方逃难来到了上海。没想到脱离虎口又入狼穴，姐姐小云被一个琴师和他的鸨母妻子所霸占，而妹妹小红则终日随琴师出入茶楼酒馆卖唱。

尽管他们没有钱，尽管他们贫穷，但他们却苦中作乐、乐在其中。"天涯涯，海……角……觅呀觅知音……"每天傍晚从太平里低矮的小阁楼里都能传出小红那含情脉脉《天涯歌女》的歌声，这给劳累了一天的他们带来了无限的温馨，也在不经意间拨动了对窗相望小陈的心弦，时间在人们的相识、相知、相熟的过程中，一点一点、慢慢地流逝着，一颗爱情的种子悄然而至，在这两个同是天涯沦落人的心田里逐渐萌芽并开始发育成长。而内心经受着重创的小云也在暗中恋着小陈，但小陈却因为看不起她低贱的职业而不搭理她。

黑社会的流氓头子古成龙，看中了随琴师去酒楼卖唱的小红，便买通了琴师要把小红占为己有。心术不正的琴师和见钱眼开的鸨母，决定把小红卖给古成龙。得知这一消息的小红惊恐不已，深恐自己难逃厄运，便着急万分地跑去与姐姐一起和小陈、老王商量。老王在墙壁上的旧报纸上看到了一则"养女告鸨母"的消息,这无意中给他提了个醒,于是,他便鼓动大家去找律师帮忙解决,没想到律师却告诉他们打官司需要500两银子,银子不到手,完全可以帮的忙也不帮,至此,他们才恍然大悟,第一次知道了"打官司必须要有钱"。

此时的小红已被琴师和鸨母扣留,万般无奈之时,老王急中生智,他从旧报纸上撕下一个"逃"字递给小陈,小陈心领神会,想方设法偷偷地把小红接了出来,并在兄弟们的帮助下,搬离到了别的地方,与小红结为夫妻。

小红脱离了坏人的魔掌,可暗恋着小云的老王还惦记着小云,他劝小云也逃走。一天夜里,小云在街头被警察追赶,情急之下逃到了小红的住处。从此以后,小云也脱离了魔爪,她也渐渐地对关心她的老王产生了爱意。几个人互相扶持,在苦难的生活中寻求乐趣。

随着时间的流逝,各行各业开始呈现出不景气的样子。理发师为理发店将要歇业而发愁,为了理发店的生意,小陈和老王又吹号又敲鼓,大张旗鼓地帮忙招揽生意。

琴师夫妇和古成龙为了寻找逃走的小红和小云,终日四处搜寻。琴师这天刚好路过理发店,看到了小陈和老王,便暗中跟踪,寻到了他们的住处。第二天,琴师纠集了古成龙等恶棍前来抓人。正巧这时老王和小陈都不在家,小云从窗口发现了险情,便让小红翻墙逃走,自己却被恼羞成怒的琴师扎了一刀。古成龙一看要出人命,转身就溜,琴师见状也逃之夭夭。

等到老王他们闻讯赶来,小云已经奄奄一息了。老王焦急地盼咐小陈等人照看小云,自己跑去找医生。可当老王因钱不够请不来医生而无奈地回到家里时,小云已经含恨离开了人世。

影片的演出受到了观众的高度赞扬和喜爱,并被誉为中国电影史上的经典影片。当然这其中赵丹功不可没,是他把心地善良、乐于助人、淳厚质朴又爱自作聪明的吹鼓手小陈的形象,塑造得真实而又自然,有血有肉,活灵活现,才如此深入人心。

众口皆碑的是这部影片以现实主义手法真实地再现了暗娼、歌女、小号手、

《马路天使》海报

卖报郎、剃头匠等一群生活在城市底层人们的痛苦生活和悲惨命运。尽管他们出身卑微、生活极度贫困,尽管多年的动荡与战乱甚至使得他们孤苦伶仃、家破人亡;然而,那种对自由、对爱情和幸福的渴望与憧憬却从未在他们的身上泯灭过,他们在艰难困苦的生活中挣扎着,相互扶持和帮助着,甚至为此不惜付出生命的代价。

如果说这些底层人们栖息的贫民窟为地狱,富人们挥金如土的高楼为天堂,那么,这些小人物的命运便注定是与当时纸醉金迷的上层社会格格不入的。落后和愚昧,先进与文明;嘈杂与贫穷,安静与富裕;环境与人的冲突都给人一种巨大的反差和滑稽感。而当这些小人物通过自己的努力,依靠着自己的力量想去获得属于自己的那点微薄的生存自由和幸福时,他们才明白没有钱寸步难行,而这里一切的一切都需要用钱来实现,尴尬,失落,无奈……仿佛是从天堂坠入地狱般地开始清醒,不论他们付出多么巨大的代价,最后还是以失败而告终。小云死了,天堂依旧还在。片尾中的贫民窟依旧在风雨中摇曳,高楼依旧耸入云端,贫民窟与天堂之间隔着的是一条他们永远无法逾越的深不见底的鸿沟。

　　这部影片自成功问世以来，在这大半个世纪飘然而逝的今天，却依然脍炙人口，经久不衰，可以说它是一部开创了中国百年电影先河的经典之作，这部电影称得上是百年电影、电影人。

第十章

笑迎曙光的大上海

10.1 日本帝国的终结

太平洋战争后期,日本为本土的防卫及战争的继续,决意设定绝对国防圈,以此来确保其重要地域。

1944年夏,日本设置的"绝对国防圈"被摧毁,其本土处于盟军飞机轰炸范围之内。挑起战争的东条英机内阁,眼看败局已定,被迫宣布倒台。新上台的小矶国昭内阁,在苦苦支撑了8个多月后,便主动地提出了辞职。

1945年4月5日,刚刚出任新内阁首相的铃木贯太郎,在他组阁还不到一个月的时间里,就传来了希特勒战败自杀、德国投降的消息。

为稳住局势,铃木首先向驻苏联大使佐藤发出训令,令他速请苏联政府从中斡旋调停。

1945年7月17日,苏、美、英三国首脑在柏林近郊波茨坦举行会议,此会议是在法西斯德国已经投降,日军在亚洲和太平洋战场屡遭失败、行将彻底崩溃的背景下召开的。当时,美国认为他们的原子弹试爆已经成功,因而他们即便是不借助苏联的力量,也已经具备了促使日本投降的条件。这么一来,原先他们所迫切希望的苏联对日作战,反而转化成了一种相反的心情。

由此,会议期间,美国总统H.S.杜鲁门与英国首相W.L.S.丘吉尔就敦促日本无条件投降的备忘录进行了磋商和修改,随之,美、英、中三国政府代表共同签署了由美陆军部长H.L.史汀生起草,并于7月26日联合发表的《中、美、英三国促令日本投降之波茨坦公告》,简称《波茨坦公告》或《波茨坦宣言》。苏联于8月8日对日宣战后也加入了该公告的行列之中。

就在此公告发布的第二天早上10点,首相铃木、陆军大臣阿南大将、海军大臣米内大将、参谋总长梅津大将、军令部长官丰田大将、外务大臣东乡等六位日本内阁大臣举行会议，讨论日本是否接受《波茨坦公告》。可没想到的是，除了首相铃木、外相东乡认为拒绝接受《波茨坦公告》是一种不明智的做法之外，其他以陆军大臣阿南为首的海军大臣米内、参谋总长梅津、军令部长官丰田等四位军方人士均提出了反对的意见。

屈服于多数反对意见之压力，铃木于28日向新闻界发表了日本政府拒绝接受《波茨坦公告》的决定。

得知日本拒绝接受《波茨坦公告》之后，美国即于8月6日向广岛投下了第一颗原子弹，作为对日本这一决定的惩戒。

8日下午，日本驻苏大使佐藤，应苏联政府通知，前往外交部会见苏联第一副主席兼外交部长莫洛托夫。自以为会有好消息在等着他的佐藤，一见莫洛托夫的面，就喜笑颜开、满脸献媚般地向外交部长问好。完全出乎他意料的是莫洛托夫竟然十分冷淡，并神情严肃地对他说："希特勒德国被击溃和投降后，日本是唯一仍坚持继续战争的大国，因此，日本政府要求苏联调停远东战争的建议，便失去了基础，从8月9日起，苏联将与日本处于战争状态。"尽管言简意赅，但佐藤已完全明白了苏联向日本宣战的决心和态度。

就在日本政府还未来得及对苏联声明作出任何反应的9日凌晨，苏军以迅雷不及掩耳之势，兵分三路越过中苏边境，一举击溃了入侵中国的日本关东军。

9日上午10点半，正在召开最高战争指导会议的铃木，突然接到了"美国飞机在长崎又投了一颗原子弹"的消息，这是继8月6日向广岛投下了第一颗原子弹之后的又一个如同晴天霹雳般炸惊四座的消息。

当天下午，首相官邸举行内阁会议。此次会议与以往不同，多数人已经同意接受《波茨坦公告》。尽管如此，其前提仍要保留天皇的存在，否则将来无法维持国体。他们分析了当下的局势：冲绳已成了美军进攻九州的桥头堡，美舰已开始炮轰沿海城市……眼下也就只有一条路摆在他们的面前，那就是投降。种种迹象，已很显然地表明，如若不降，那等待他们的必将是玉石俱焚。

晚上7时，日本天皇的诏书稿敲定。这是他有生以来，第一次很不情愿地在他亲自书写的诏稿上签上了"裕仁"两字，又不得不郑重其事地盖上了自己的印章，随之，内阁成员逐一在《停战诏书》上签字。临近子夜时，天皇在御用办公室手捧《停战诏书》，逐字逐句地念了起来："我深鉴于世界大势与帝国之现状，欲以非常措置收拾时局，兹告尔等忠良臣民：我已饬令帝国政府通告美、英、中、苏四国，接受其联合公告……"

1945年8月15日，日本天皇裕仁以广播《停战诏书》的形式，向全世界宣布日本无条件投降。在中国大地上横行霸道、疯狂肆虐长达14年的日本帝国轰然倒塌。

自此，上海都市和建筑完全进入了一个真正属于中国的时期。自1843年的第一次土地章程以来，在被西欧列强长达约一个世纪之久的操纵控制下，在中国人民历经了八年艰苦卓绝和浴血拼搏的抗战之后，终于从日本侵略者手中夺回来的这座城市，正满怀激情地迎接着自己的新生。

10.2 萧瑟秋风今又是

1945年，抗日战争胜利后，国民政府接管了上海。由于长时间的战争动荡，上海城市的建设发展受到了极其严重的影响。大量人口的涌入，又使上海这座城市的规模不断地扩大。由于租界的出现而导致的城市畸形发展，又使许多积累起来的矛盾，更趋尖锐化。加之租界用地的分割以及长期缺乏的统筹规划，更是加大了城市建设所面临的严峻压力。那么，究竟应该如何正确应对上海未来发展对于城市空间扩张之需求，究竟应该如何合理地布局城市之空间，这已成为当时迫切需要解决的一个首要问题。

为适应战后的重建和复兴，国民党上海市政府责成工务局筹备都市计划工作。局长赵祖康邀请鲍立克、程世抚、钟耀华、金经昌4人座谈，要求他们从速编制上海市都市计划总图三稿。鲍立克等4人在5月基本完成了《上海市都市计划三稿初期草图》，1946年8月，成立上海市都市计划委员会，开始制定《大上海区域计划总图初稿》，1947年2月和6月，分别完成了大上海都市计划的二稿和三稿。

分别完成的这三稿，首先拟定了区划的几项原则，即工商业发展趋势将由半封建状态逐步改变成为近代化企业；在工业化过程中生产事业人员、公共服务人员比重将增加，寄生剥削阶级和投机商人将淘汰；中区将限制扩展，港口及部分工业将从中区迁到新区，过剩人口也迁出中区；新计划区相互间及其与中区间用绿地隔离，并由交通紧密联系。

大上海都市计划二稿完成后的两年中，都市计划委员会曾经开过多次会议商讨，征询各方意见，开展研究工作，虽说是取得了一些成果，但终因多方面的客观原因，而常常使总图设计工作陷于停顿状态。

这三稿全面改编了当时美国功能主义城市的规划方案。其宗旨是想要创建一个卫星城市，并要在这个卫星城市里建起工厂和住宅，把人口分散开来，使绿化得到重视，以广泛的交通设施来连接郊外和市中心区域。

曾有一些现代中国都市规划的专家们对这三稿计划进行过评论。指责说这是无视社会经济状况，只偏重于技术问题的国民党的上海改造计划。他们说，仅凭这些计划又怎么可能去解决都市发展中所积累下来的诸多矛盾呢？很显然，这些评论家的口吻中夹杂着一种复杂的情绪。因为国民党的政权已摇摇欲坠，濒于崩溃……

就在国民政府第三次提出大上海都市计划方案后的1949年4月23日，取得渡江战役胜利的解放军，一举解放了南京，并于5月3日解放了杭州，完成了对上海的合围。此时，国民党京沪杭警备司令汤恩伯在蒋介石的亲自部署下，指挥20多万部队退守上海，企图凭借上海大城市的物资基础和几千个坚固工事死守，以等待国际局势的变化。蒋介石扬言，要将上海变成第二个"斯大林格勒"。5月2日，我第三野战军主力采取两路夹击的攻势，分别从浦东浦西对上海外围发起进攻，完成了对市区进攻的准备。5月23日，解放军对上海发起总攻。此前，为保护上海城市以及人民的生命财产安全，中央命令不用重武器。广大人民解放军克服重重困难，他们宁可让自己血洒苏州河，也要保存大上海的完整。经过奋战，解放军攻入市区，国民党军除5万余人登舰逃跑外，其余悉数被歼。

1949年5月27日，上海宣告解放。同日，上海市军事管制委员会和上海市人民政府成立，陈毅任上海市长。

这里不得不浓墨重彩提及的一个人物就是中华民国国民政府最后一任上海市代市长、中华人民共和国上海市副市长赵祖康先生，一览他的简历，便会对他那波澜壮阔的人生有一个大概的了解，简历上是这样记载的：

赵祖康（1900年9月1日－1995年1月19日），字静侯，上海市松江县人，著名道路工程专家，中华民国国民政府最后一任上海市代市长、中华人民共和国上海市副市长，与詹天佑、茅以升并称为中国交通工程三杰。赵祖康1914年考入江苏省立第三中学，1922年毕业于位于唐山市的交通大学土木工程系，毕业后多年从事公路建设工作。1929年，赵祖康进入国民政府交通部工作，次年被公派往美国康奈尔大学留学，进修道路与给排水工程。

1931年赵祖康回国，不久被任命为国民政府全国经济建设委员会公路处副处长，后逐渐升迁至交通部公路总局副局长。

抗战爆发后，赵祖康抢修了多条军用公路，并负责修建了西兰公路（从西安至兰州）、西汉公路（从西安至汉中）和乐西公路（乐山至西昌）。他还参与了滇缅公路、中印公路等国际通道的建设工作。

1946年，赵祖康因为在滇缅公路修筑过程中的贡献，被美国授予抗日战争自由勋章。抗战结束后，赵祖康出任上海市工务局局长，主持制定了《上海市都市计划》。1949年5月24日，赵祖康被任命为上海市代理市长。次日，中国人民解放军占领上海。赵祖康命令上海军队停止抵抗，配合解放军完成了对上海的占领。5月28日，赵祖康正式将上海市政权移交给陈毅为首的中国人民解放军上海市军事管制委员会。1951年，赵祖康加入民革，曾任民革中央副主席、上海市副市长等职，是第一至七届全国人大代表，1995年1月19日逝世于上海。

上海解放后，征得市长陈毅的同意，赵祖康继续编制三稿，并于 6 月 6 日完成了《上海市都市计划总图三稿初期草案说明》及总图，在规划原理上，仍采用"有机疏散"的理论，在人口、道路等方面作了修订。

就在这一年的 10 月 1 日，在北京的天安门城楼上，毛泽东庄严地发布了建国宣言，由此，伟大的中华人民共和国诞生在了这片有着 960 万平方公里的广袤国土上。

萧瑟秋风今又是，换了人间。

10.3 春风吹翠了黄浦江畔

中华人民共和国的成立，是中国有史以来最惊天动地的一件大事，也是 20 世纪世界上最伟大的事件之一，它结束了少数剥削者统治广大劳动人民和帝国主义奴役各族人民的历史，中国人民从此当家作主成为国家的主人，中华民族开始了一个新的历史纪元。

中国共产党遵照中国都市的改造传统，先是在北京建起了一个脱胎换骨、全新的社会主义国家的首都。与此同时，也在上海以迅雷不及掩耳之势，将那些曾让欧美国家的浪人们狂热的跑马场，变成了人民广场；那些曾任由绅士淑女们嬉戏的观赏台也被上海市图书馆所替代；那座有着新巴洛克式大圆屋顶的香港汇丰银行上海支行变成了共产党在上海的最高权力机构上海市人民政府的机关大楼；郊外豪华的公馆变成了人民政府机关的办公大楼；就连外滩岸边上那些炫耀着荣华富贵的办公大楼，也逐步变成了劳动人民的宿舍大楼。

不过，尽管政权变了，但并不意味着从第二天起就可以顺利地解决掉都市积累下来的诸多问题。只有将政府和那些踏踏实实努力、有卓越见识、经验丰富的专家们的力量合为一体，才能够使这个城市发生真正的变革。

即使是社会主义政权下的上海，也要去全面地了解这个城市意识形态方面的差异，然后尝试着用各种不同策略的都市计划方案解决这个城市种种亟待解决的问题。

首先着手的是将那些城市还能够使用的遗物进行取舍保存。之所以如此，是因为都市和建筑两面性的其中之一便是保存问题。假如来评价其保存价值，可以说上海是一座价值无可估量的宝山。在这近百年间经营构筑起来的巨大价值，还有待于去寻查、去发现、去认证……

那么，毋庸置疑，在改造、建设这座城市之前的当务之急，就是要想方设法、竭尽全力挖掘出还有保存价值的东西来，并使其能在改造和重建中，枯木逢春般地重新生根、发芽、开花和结果。

于是，在层层筛选之中，外廊式殖民地建筑成为以鸦片战争为契机的英国与西欧列强侵入中国的象征性建筑，安妮女王式和爱德华巴洛克式建筑成为英国的冒险商人穷凶极恶榨取中国人民血汗的象征性建筑，高层艺术大厦则成为懦弱文化的象征性建筑，中国的宫殿式建筑成为驻外使节们进行文化侵略的恶劣行为的象征性建筑。这么一来，这座城市留下来的究竟是什么呢？还有待历史学者们探索和研究。

此时此刻的你，如若漫步在南京路，不经意间走进了一座已经变得腐朽的红砖瓦的安妮女王样式的大楼，或是来到了上海郊外的豪宅区，闯入你眼帘的一定会是一种凌乱不堪的情景。浮现在你脑海中的，恐怕也只会是"一片茫然"而已。

由外来侵略者曾经操纵和掌控近百年之久的这座城市，犹如一座曾被强盗租借并倍受糟蹋过一般，委曲地被人遗忘在一种极度不光彩而难为情的苦涩氛围里。

面对如此情景，作为一个中国人，你就会情不自禁地深深地感到置于这块土地上自身的重大责任和义务，一种要投入到这座城市建设中的迫不及待的热切心情，就会油然而生，甚至会像一壶滚开的水那样"扑哧、扑哧"地沸腾不已。

假如能够充分地引导出这座城市和建筑所具备的初期意图，并进一步在这上面赋予新的价值和生命，那么，不管这座城市曾被外来侵略者蹂躏到什么程度，也不管留下来的这座城市是如何破烂不堪，总而言之，任何理由都阻挡不住历史前进的步伐，一座新生的城市将会在这些遗址上面拔地而起，重塑新的生命和价值。在这里，重要的不是金钱，而是一种对国家、对城市和建筑的眷恋以及竭力使其复苏的努力，锲而不舍的精神和智慧。因为归根到底，每个人对自己曾经生活和居住过的城市所持有的那种眷恋之情，是人类超越文化、单纯而又没有极限的一种东西。

太阳在东方的地平线上冉冉升起，一个伟大的中华民族正在崛起。新中国的阳光正在洒满这里的每一个角落，春风吹翠了黄浦江畔……

中国人终于可以骄傲地、自豪地、以主人公身份，按照自己的思维和愿望，来重新审视和建设这座从百年苦风凄雨中走出来的城市了。一个崭新的国际都市的光辉未来，将会被认真而仔细地描绘在改造和建设大上海的宏伟蓝图中。

上海的历史，正在所向披靡进入一个新的时代。

参考文献

(1) 罗苏文：《上海传奇》，上海人民出版社，2004年版。

(2) 陈正书：《筹办夷务始末》（道光朝）（五），中华书局，1964年版。

(3) 陈正书：《租界与近代上海工业的三大支柱》，中华书局，1964年版。

(4) 袁燮铭：《中西交汇里的历史变迁》，上海辞书出版社，2007年版。

(5) 王垂芳主编：《上海1843—1956洋商史》，上海社会科学院出版社，2008年版。

(6) 罗苏文：《文明嬗变的侧影1553—1949》，上海人民出版社，2004年版。

(7) 程童一等：《开埠：中国南京路150年》，昆仑出版社，1996年版。

(8) 张伟群：《上海弄堂元气》，上海人民出版社，2007年版。

(9) 姜龙飞：《上海租界百年》，文汇出版社，2008年版。

(10) 熊月之主编：《上海通史》第4卷，上海人民出版社，1999年版。

(11) ［美］罗兹·墨菲著，章克生等译：《上海——现代中国的钥匙》，上海人民出版社，1986年版。

(12) 王孝俭主编：《上海县志》，上海人民出版社，1993年版。

(13) 刘惠吾：《上海近代史》（上、下），华东师大出版社，1989年版。

(14) 唐振常主编：《上海史》，上海人民出版社，1989年版。

(15) 张仲礼主编：《近代上海城市研究》，上海人民出版社，1990年版。

(16) 蒯世勋等编著：《上海公共租界史稿》，上海人民出版社，1980年版。

(17) 上海通社编：《上海研究资料》（正、续集），上海书店，1984年影印版。

(18) 黄苇等编：《近代上海地区方志经济史料选辑》，上海人民出版社，1984年版。

(19) 王立民：《上海法制史》，上海人民出版社，1998年版。

(20) 胡根喜：《四马路》，学林出版社，2002年版。

(21) 徐公肃、丘瑾璋：《上海公共租界制度》，中国科学公司，1933年版。

(22) 马学强：《从传统到近代：江南城镇土地产权制度研究》，上海社会科学院出版社，2002年版。

(23) 姚雨芗原纂，胡仲山增辑：《大清律例会通新纂》。

(24) 上海档案馆编：《清代上海房地契档案汇编》，上海古籍出版社，1999年版。

(25) 徐公肃、丘瑾璋：《上海公共租界制度》，中国科学公司，1933年版。

(26) 史梅定主编：《上海租界志》，上海社会科学院出版社，2001年版。

(27) 陈正书：《近代史研究》，中华书局，1964年版。

(28) 姜飞龙：《上海租界百年》，文汇出版社，2008年版。

(29) 马长林：《上海的租界》，天津教育出版社，2008年版。

后 记

本书完稿之时，五载春秋已飘然而逝。然而，此时此刻比如释重负更多的却是万千的感慨。说起来，之所以要以上海为题来写这本书，并不仅仅是缘于我对上海的喜爱和眷恋，更主要的还是缘于这座城市多舛而丰富的历史变迁。

170年前，在一片广袤而荒凉的沼泽地上建起了租界，在其建立之后的第一个50周年（1893年）时，以英殖民者为首的欧美列强开始了对这片土地的侵占和开发，住在这里的人们开始被迫接收异域的思想和文化；当岁月蹒跚着走过其后的第二个50周年（1943年）时，这里已经被日本军国主义所占领，住在这里的人们正在遭受着日军的疯狂踩躏和摧残；当租界迎来她诞生后的106周年（1949年）时，这里已高高地飘扬起了中华人民共和国的五星红旗，住在这里的人们已经成为这片土地上真正的主人了。

社会变迁的迅速，使上海这座城市在极短的百多年的时间内走完了西方几百年的发展之路。可以说，世界上没有任何一个城市能够像上海这样，既拥有一个以旧上海县城为中心的700年历史的传统空间，而又同时拥有一个以"租界"为中心的仅有100多年历史的近代空间；世界上也没有任何一个地方能够像外滩这样，在短短千余米的黄浦江堤岸边上，浓缩着东西方建筑的精粹，浓缩着一个城市的发展史，浓缩着一个民族百年的兴衰和荣辱。

正是这样一段变幻无常的历史，才强烈地诱使我，义无反顾地去沉醉在这个城市的研究之中。于是，为挖掘出那些鲜为人知的往事和已被岁月尘封的城南旧事，为在繁杂的历史文献中探查出在这百多年间发生在这片土地上那一个又一个既神秘莫测又趣味无穷的传奇和故事，我开始不厌其烦地寻访和调查。

可是，历史的探索，决不只是去追溯那些闭塞性的过去。当然，只有具备了一种深思熟虑的洞察力，才能从过去那些零七八碎的庞大的资料库中，挑选出为己所用的诸多资料和数据来，历史永远向未来开放。

多少年来，关于上海历史的著述层出不穷，从未间断，可谓千姿百态，而名家笔下的上海更是各有千秋、气象万千。于是，我开始尝试着用文字来写作上海，尝试着用文字来表达人们所眷恋的她的传奇和故事。

从那以后，过了八个月还是九个月，似乎是忘掉了确切的日子，岁月如游梭般逝去。沉湎在上海历史往事中的我，日复一日，身不由己地查阅着大量的历史资料，将一个又一个丰富的史料筛选出来，进行分析整理，力求透过这些不知被多少文人墨客翻阅而沾满了厚厚手垢的资料，来展示出传承着中国古老文化底蕴的上海县城和富有传奇色彩的外滩内在的历史渊源，挖掘出上海在从一个小渔村走向现代化国际大都市的漫漫旅程中，所发生的那些曾经惊天动地，但又随着岁月的流逝渐渐淡出人们记忆的趣闻轶事，当然，这其中包括那些曾经将自己的作品和脚印留在了上海滩的各国人士和名流……

本书得以顺利出版问世，我要感谢诸多良师益友。感谢美国哈佛大学设计研究生院的前院长彼特·罗先生；感谢哈佛大学教授王冰博士，他们不仅为本书提供了不少珍贵的资料，而且还提出了许多指导性的意见和修改；感谢中央编译出版社总编辑刘明清先生、原社长兼总编辑和龚先生；感谢编审谭洁女士对本书内容和一些关键词语的反复推敲和把关；感谢上海电影艺术学院院长（兼美国洛杉矶电影学院院长）江泊先生拨冗为序的鼓励和嘉勉；感谢日本YIEXING株式会社社长姚奉屏先生及青岛海洋大学崔岚老师等所给予的热忱支持和帮助。在此，向他们献上我不尽的谢意和感激之情。

《上海旧事》是我人生探索的又一个新的彼岸，作为一种探索，毋庸置疑，书中不足之处在所难免，尚祈各位专家和读者不吝赐教。

特作此记。

崔淑雯

2013 年 12 月 28 日